· 三峡大学宜昌市社会管理法治化研究丛书 ·

非物质文化遗产保护
模式创新实证研究

——以宜昌长阳土家族自治县为例

朱祥贵 黄利红 余 澜 陈秀平 戴曾群 著

厦门大学出版社

国家一级出版社

全国百佳图书出版单位

总　序

　　宜昌,是全国地市中难得的同时兼获全国文明城市、国家环保模范城市、国家卫生城市、中国优秀旅游城市、国家园林城市、全国双拥模范城市、中国十佳宜居城市、全国科技进步先进城市、全国知识产权工作示范城市等称号的城市。2013 年,宜昌更是历史性地在全省同级城市中首捧全国综治最高奖项——"长安杯"。这是全国 12 年一评的重量级奖项,宜昌因而成就了城市荣誉的"大满贯"。结合三峡大学"双服务方针",三峡大学 2012 年成立了宜昌市社会管理法治化三峡大学协同创新中心,该中心的研究成员不仅有三峡大学法学与公共管理学院的部分专家教授,还有三峡大学其他学院和宜昌市实务部门的一些理论功底深厚的领导和专家。之所以组建这样一支强大的队伍,并将其成果以丛书的方式推出,就是为了对宜昌社会管理法治化问题进深入研究,以更好地推进宜昌市特大城市建设的步伐,推进三峡城市群的快速建设与发展。

　　组织出版一套以某一区域社会管理为主要研究对象的丛书,是一项十分艰巨的任务,尽管研究队伍就生活在宜昌,其中很多成员也曾经或正在参与宜昌的社会管理,但所收集到的信息难免挂一漏万,理论分析也难免有不足之处,真诚地希望广大读者给我们批评、建议,帮助我们把这套丛书出好。

"三峡大学宜昌市社会管理法治化研究丛书"

编委会

前　言

　　长阳是"长阳人"的故乡,土家族的发祥地。在人类历史发展的长河中,勤劳智慧的土家先民创造了丰富多彩的非物质文化遗产,为我们留下了宝贵的文化财富。这些珍贵的非物质文化遗产,生动、具体、全面地反映了土家族的生活和思想,是我们发展创新民族文化的源泉,发展地方文化产业和特色旅游的资源,也是我们研究记录和传承民族传统文化的"活化石"。

　　随着经济全球化、工业化、城市化、现代化的不断发展和人员交流的不断扩大,教育的现代性标准化,外来文化的影响和生活方式的演变,改变了原有的生态环境和生活空间,使产生于农耕时代的传统文化受到了直接的冲击,有的因农村生产方式的改变而消失,如群体性生产中的传统习俗——薅草锣鼓很难传承和展示;有些生产和生活中的传统习俗和礼仪逐渐濒危;大量非物质文化遗产的代表性实物和资料难以得到妥善保护,很多传统文化资料流失严重;非物质文化遗产研究人员缺乏,出现断层;很多民间老艺人年事已高,后继乏人,技艺面临失传的风险。长阳土家族非物质文化遗产保护面临严重的挑战。

　　长期以来,长阳县为保护和弘扬土家族非物质文化遗产,开展了卓有成效的工作。长阳县高度重视非物质文化遗产保护,按照"保护为主,抢救第一,合理利用,传承发展"的方针,采取多种保护措施,创造了"以政府为主导、以文化人为中介、以老百姓为主体,发展传统基因,保护整体生态;服务现代生活,大力推进创新;注重科学发展,推进文化复兴"的非物质文化遗产保护"长阳模式",取得了很多成绩和经验。

　　本书以在长阳县社会调查获得的第一手资料,研究长阳县土家族非物质文化遗产保护模式的状况,剖析长阳县土家族非物质文化遗产保护模式实践中的经验和问题,将少数民族非物质文化遗产保护的理论和实践相结合,尝试提出完善长阳少数民族非物质文化遗产保护模式的对策,使长阳少数民族非物质文化遗产保护模式不断创新,而且为国内其他少数民族非物质文化遗产保护模式提供了借鉴和参考。

目　录

第一章
长阳县土家族非物质文化遗产的概况

第一节　长阳县土家族非物质文化遗产概述

长阳土家族自治县成立于 1984 年 7 月 8 日,它地处鄂西南山区、清江中下游,位于东经 110°21′～111°21′,北纬 30°12′～30°46′,土地总面积 3430 平方千米,总人口 42 万(2009 年),境内有土家族、汉族、苗族、满族、蒙古族、侗族、壮族等 23 个民族,其中土家族人口约占 51％。长阳县政府驻地龙舟坪镇,东边距省会武汉 325 千米,北边距宜昌市 60 千米,距三峡机场 32 千米,318 国道、沪蓉高速公路和宜万铁路横贯全境。

长阳境内山重水复,巫山山脉和武陵山脉分别自县西北和县西南切入,形成峰回峦接、河谷纵横的自然面貌。域内自然资源丰富,亚热带和温带叠置重合的山地气候,创造了适宜各种植物生长的优越条件。境内旅游资源得天独厚,"清江天下秀,长阳歌舞乡",历有"佷山古地,夷水名疆"之誉。

一、非物质文化遗产历史悠久

长阳是"长阳人"的故乡,巴文化的发祥地。1956 年在大堰乡钟家湾村发现古人类化石,经中国科学院古脊椎动物研究所鉴定,表明约在 20 万年前,人类晚期智人就在这里繁衍生息。在大约八九千年前的新石器时代,长阳境内的人类活动就已经十分活跃,县内先后发现的新石器时代遗址有七处之多。

这些古文化遗址的发掘,为我们展示了长阳人在不同历史时期的生活面貌。其中,香炉石遗址的发现,为我们揭开了夏、商时期巴人祖先在清江活动的面纱。关于古代巴人的历史传说,最早的记载见于《山海经·海内经》,此书称之为"巴方",殷商甲骨文亦称"巴方",据考证约在今汉水上游一带。早在3000多年前,古代巴人首领廪君率领部落向西开拓疆土,在长阳县西渔峡口一带建立了巴国故都——夷城。据《后汉书·南蛮西南夷列传》载,"巴郡南郡蛮,本有五姓:巴氏、樊氏、瞫氏、相氏、郑氏。皆出于武落钟离山。……廪君于是君乎夷城,四姓皆臣之。"

长阳有文字可考的历史可以追溯到汉代,至今已有2000多年的历史。在几千年的历史长河中,长阳人创造了光辉灿烂的民族历史文化。

二、非物质文化遗产内容丰富

宋代时,对土家族地区实行羁縻政策,建立土司制度,由土家族的上层人物主管司内事务,并在清江南北设立"梅子关",规定"土蛮不许出境,汉人不许入峒"。一方面,这些措施严重阻碍了土家文化与其他民族文化的交流,但另一方面又使得土家文化能够原生态地得以保留和传承。清代时,为了强化中央集权,巩固封建统治,在康熙、雍正年间,对土司制的地区实行"改土归流",土家文化与其他民族的文化交流日益频繁,但土家文化仍然保留了本民族的遗风,长阳土家文化就是在这样的历史背景之下,保持着浓厚的巴文化传统。

从长阳流过的清江,古称为"夷水"、"盐水"。有了"盐水"也就有了盐水女神,有了属于土家人的凄美婉转的爱情故事。魏晋郦道元为《水经》作注时说:"夷水……水色清照十丈……因名清江。"这条穿越长阳全境的清江,浩浩荡荡八百里,从恩施利川的齐跃山逶迤西去,折而向东,一路奔腾,一路欢歌,滋润着千姿峥嵘的崇山峻岭,浇灌着两岸肥沃的土地,哺育了千千万万的生灵,培育了不老的土家文化。

土家文化一条街凝聚着长阳人对土家文化执着的爱和无限的情。在这条古色古香的街上,有巴人博物馆、彭秋潭纪念馆、汪国新诗书画院,空气里都弥漫着浓浓的文化气息。清江古城剧院是长阳人引为自豪的新建的仿古建筑。剧场可容纳500人,是集精气神、天地人、声光电、真善美于一体的现代化文化场馆。不久前,中国第一部土家族创世史诗歌舞剧在这里震撼上演。此剧的主人公就是土家族首领廪君和他的盐水女神。在"逛清江古城、看江山美人"

的巨幅宣传语下,展示着参演的著名演员那些极为传神的剧照。我们看到的是廪君和盐水女神穿戴着美丽鲜艳的红色服饰,手牵着手步入婚姻殿堂的美好瞬间的定格,波澜壮阔的历史画卷在我们眼前徐徐地展开。

第二节　长阳县土家族非物质文化遗产的内容

一、民间文学

(一)十五溪故事

十五溪故事分为神话、传说、故事、笑话这四大类,其中,神话的内容包括人类、天地、山川、河流、牲畜、农作物的起源等;传说的内容包括动物、植物、神仙、龙王、皇帝、名胜古迹、乐器、财帛星、嫁匠、风俗习惯、土特产、中草药、婚俗、丧葬等;故事的内容包括魔法、鬼狐、精怪、傻子、巧女、机智人物等。十五溪故事具有民俗学、人文科学、传承历史研究价值和娱乐教化的功能。

十五溪故事产生于 2800 多年前,重点分布在都镇湾镇的十五溪、庄溪和龙潭坪等地区,其中十五溪村是十五溪故事重点流行村落。该村辖 8 个组,全村 609 户,共 2234 人,其中土家族人口占 70%以上。全村有 75%的人会讲故事。其中能讲 400 多个故事的有 5 人,能讲 300 多个故事的有 5 人,能讲 200 多个故事的有 18 人。年过 90 的女故事家孙家香老人就是十五溪故事的杰出传承人,她能讲 600 多个故事。

2006 年 10 月,长阳县人民政府为加强对十五溪故事的保护和传承,将十五溪故事列入了五年保护计划。2008 年 6 月,以十五溪故事为中心的都镇湾故事入选第二批国家级非物质文化遗产名录。

(二)长阳竹枝词

竹枝词本为古巴渝一带的民歌,起源于巴人竹图崇拜,《太平寰宇记·达州》记载:"巴之风俗……男女皆唱竹枝词。"自唐代刘禹锡创作了九首竹枝词后,众多文人纷纷效仿,以此描山川、叙民风、记民情。清代乾隆年间,长阳著名诗人彭秋潭在其父兄的熏陶下,亲身参与民间诗歌的收集工作,不断锻炼自己的诗文写作能力。他在承袭巴人遗风的基础上,采用长阳土家族独有的民间典故和俚俗谚语,形成"敷里巷之谈,寓讽喻之旨","陈风俗之淳朴,表土物之纤薄,概习尚之变移","质而不俚,华而不靡"的风格的长阳竹枝词。

长阳竹枝词以彭秋潭创作的五十首竹枝词为代表。在 1983 年由长阳县文化教育局联合政协、文教工作组合印的《秋潭竹枝词浅注》一书中,除了收集了彭秋潭的五十首竹枝词及吴照等人的题序之外,还附有乾隆年间长阳土家族诗人彭淦等人的竹枝词。

长阳竹枝词是具有浓厚的土家族特色的诗歌题材,它是诗人笔下对长阳土家族人的生活,尤其是土家族中下层人民的现实生活的反映,具有很重要的研究意义和传承价值。

二、传统音乐

(一)长阳山歌

长阳山歌在 3000 多年前就被称为"蛮歌巴舞"、"下里巴人"。清代长阳著名诗人彭秋潭在《长阳竹枝词》中写道:"换工男女上山坡,处处歌声应鼓锣,但汝唱歌莫轻薄,那山听见这山歌。"长阳山歌在县内的地名中留下了不少痕迹,如"对舞溪"、"歌唱坪"、"锣鼓淌"、"发歌岑"等等。

长阳山歌在全县各个乡镇广泛流传,目前已收录长阳山歌一千四百余首,分为在田间边生产边喊歌和边劳动边打锣鼓喊歌两种类型。长阳山歌的内容有反映人类起源的《创世歌》;节劳逸、振精神的劳动歌;叙述时事、表达意志的"时政歌",表达爱情的"情歌",歌物咏志和奇闻趣事的"杂歌"等。长阳山歌有独唱、对唱、一人领唱众人和等多种演唱形式和多种曲式结构。

长阳山歌旋律高亢嘹亮,节奏自由奔放、悠长,旋律进行多为逐级递进,音域多在八度至十一度之间;长阳山歌开门见山的七度大跳,先声夺人,加之山歌甩腔中的颤音,具有浓郁的特型音调和山野气息。在长阳山歌中,宫、商、角、徵、羽调式均有,以羽、徵、宫、宫羽交替、羽徵交替为常见。其中调式特点最鲜明的是宫羽交替调式。

2006 年 10 月,长阳县人民政府为加强对长阳山歌的保护和传承,将长阳山歌列入了五年保护计划。

（二）长阳南曲

长阳南曲，古称"南曲"或"丝弦"，1962年改为现名。主要流行于湖北省西南部的长阳土家族自治县、五峰土家族自治县一带，其中以长阳土家族自治县的资丘镇最为盛行。以长阳资丘为中心，北至乐园，西至枝柘坪、傅家堰，南至五峰，东至都镇湾，是南曲集中传唱区，素称"南曲之乡"。逢年过节、娶媳嫁女、诞子祝寿，以及劳动之余、冬夏之夕，人们相邀聚会，你弹我唱，拍板帮腔，自演自乐，世代相传。

长阳南曲和湖北小曲一样，均与明清时代的南北俗曲及民间歌曲有着密切关系。这些曲调从江浙一带以及汉口、沙市、宜昌等地流入长阳山区，长期与外界隔绝，因而仍然保留着原貌。过去，没有专业艺人，长阳南区只作为一种业余娱乐形式，在节日、嫁娶、寿诞等喜庆日子由艺友们相聚弹唱。多为自弹自唱的坐唱形式，也有二三人的对唱。其后又出现了立唱、表演唱的形式，演员持板而唱，在以唱为主的同时增加了散白、韵白。伴奏有三弦（主弦）、二胡、琵琶、扬琴、中胡等丝弦乐器。

南曲传入长阳的时间，据田野采风、艺人口传，大约是在清代中叶的雍正、乾隆年间，距今有200余年的历史。其开山祖师名叫龚复让（音），由龚复让而下，迄今艺人们大致可数六代。由于南曲长期扎根土家山寨，经过土家族艺人为主体长期演唱实践，已成为地地道道的"土化"艺术，充分反映了巴里郢腔的土家风情，深得长阳土家族人民的喜爱。

2006年10月，长阳县人民政府为加强对长阳南曲的保护和传承，将长阳南曲列入了五年保护计划。

（三）薅草锣鼓

薅草锣鼓，俗称"打闹歌"，是土家族一种以音乐伴随着劳动生产的独有的山歌歌种，它由田间生产、薅草劳动和山歌艺术等表现形式组成。

在结群薅草、挖土、栽秧时，一般有两位歌师傅领唱或对唱山歌，一人按节奏击鼓，一人应点敲锣，锣鼓间歇，歌声即起，轮流对唱，整日不歇。历史上，土家族地区山大人稀，单家独户劳力不足，加上野兽出没、窃食庄稼、伤害人畜。在这种特定的自然条件和劳动环境中，土家族人形成了团结互助、结伴成群、协作生产的习惯，并配以锣鼓敲击，既可作为劳作的信息，又可以起到惊吓野兽的作用。久而久之，形成了风格独具的薅草锣鼓。薅草锣鼓具有相对固定的结构格式,它一般由"歌头"(俗称"引子")、"请神"、"扬歌"、"送神"几部分组成,有着请神求愿、组织生产、鼓舞生产、调节情绪等功能,是土家族人的劳动进行曲。

薅草锣鼓融山歌、民歌和地方戏曲为一体,其音域宽广、浑厚、高亢,加上巨大的锣鼓声,震撼山谷,气势磅礴。薅草锣鼓是农民在田间自娱自乐、消累解乏、调动劳动激情、统一劳动进度的一种方式。

民国年间《宣汉县志》记载:"土民自古有'薅草锣鼓'之习。夏日耘草,数家趋一家,彼此轮转,以次周而耘之,往往集数十人,其中二人击鼓鸣钲,迭应相和,耘者劳而忘疲,其功较倍。"

(四)土家吹打乐

土家吹打乐是由吹奏和击乐两种形式结合演奏,故称之"吹打乐",民间叫"响匠班子"。以打击乐为主的合奏称为"锣鼓乐",民间俗称"打家业"。

在长阳的村村寨寨,"上山踏歌声,近村闻吹打"。伴随着土家人的习俗风情、婚丧嫁娶、节日喜庆,总是响彻着吹打乐的悦耳之声。出土的六朝陶魂罐和隋朝画像砖证明,土家吹打乐在1500多年以前就已形成了一定规模的吹打乐班。至今仍在民间演奏的曲目有五百多首。吹打乐通过师徒传承,以口传心授而代代相袭。

土家吹打乐的相关乐器是两支音高、形制一样的长号、唢呐、土笛,配以打击乐组合而成。按其表现作用分为堂调、大调、宫调、笛调、菜调、丧调和综合调七种类型。

土家吹打乐有单曲体和组合体两种结构形式。单曲体一般较短,节奏流畅明快,旋律流畅婉转,音乐多跳进,其旋律运动形式多为级进。

土家吹打乐曲风独特,它不但与民间音乐中的姊妹艺术息息相通、一脉相承,集中反映了长阳一方民间音乐固有的基本风格,而且广采博纳、融四方来乐,由"堂调"吸收,并加以地方化,从而更进一步丰富与发展了土家吹打乐。吹打乐中的《十幡鼓》,有十多支不同的曲牌,其终止调式各不相同,但每首曲牌都被接上一个相对统一的、具有土家特色的商音终止乐句,使每个套曲既有感情起落的对比变化,又维系了曲牌风格的地方性与协调性。演奏过程中,整段乐曲婉转优美,其声势蔚为悲壮,是土家吹打乐中的"珍品"。

堂调有散曲和套曲两种形式,其旋律特点:一是徵商的终结音占多数,二是以羽结音为主的旋律突出。"堂调"与民俗活动具有鱼水关系,诸如酒席前演奏的各种"菜调"套曲、各种活动中的"客调",以不同乐器演奏不同的曲牌成套。堂调不仅最具土家民歌的特征,而且是土家吹打乐中的佼佼者。

长期以来,土家吹打乐多在红白喜事中演奏,乐曲委婉优美,声势蔚为壮观,具有典型的地域风格和民族特色。2006年10月,长阳县人民政府制订了土家吹打乐五年保护计划。2009年6月,土家吹打乐被湖北省人民政府列入第二批非物质文化遗产名录。

三、传统舞蹈

(一)撒叶儿嗬

土家族撒叶儿嗬是清江中游地区土家族人的一种祭奠歌舞,在民间亦称跳丧或打丧鼓。土家族撒叶儿嗬具有悠久的历史,据《蛮书》记载,土家族先民古时就有"击鼓以吊丧"、"其众必跳"的风俗,土家族人用这种歌舞来表达他们的生死观,他们认为享尽天年的老人去世是顺应自然规律,每逢这种丧事,乡亲们就聚集在亡者灵柩前,男人们载歌载舞,女人们则穿戴鲜亮的服饰围观助兴,这种活动往往通宵达旦地举行。跳舞时,一般先由歌师击鼓叫歌,舞者随着鼓声应节起舞,舞蹈形式有"风夹雪"、"凤凰展翅"、"美女梳头"、"犀牛望月"、"燕儿含泥"、"牛擦背"等24种套路。这种歌舞与土家人的生活息息相关,并世代相传,其形式完整、个性鲜明,具有传统审美特征和鲜明的文化属性。撒叶儿嗬具有很高的艺术价值和学术研究价值,2006年被国务院列入了首批非物质文化遗产保护名录。

2005年8月,长阳县委、县人民政府向县直各部门和各乡镇下发了《长阳土家族撒叶儿嗬保护计划》;2006年,在资丘镇建立了"土家族撒叶儿嗬"传习基地,并举办了有300名民间艺人参加的撒叶儿嗬大赛,资丘镇率先建立了撒叶儿嗬文化生态保护区。继2007年10月,由长阳县人民政府策划、宜昌市群艺馆研究员白晓萍撰写的田野调查与学术研究专著《清江撒叶儿嗬》由湖北美术出版社出版之后,2009年3月,长阳县第二套巴土丛书共计十本(套)由云南人民出版社出版,《土家族撒叶儿嗬》为其中一本。

(二)长阳巴山舞

长阳巴山舞是20世纪80年代兴起的群众自娱性的一种新型集体舞蹈。

长阳巴山舞是在土家人喜闻乐见的民间古老传统跳丧舞基础上,由长阳"土家舞王"覃发池收集整理并加工改编而成的群众性广场舞蹈,中国著名舞蹈家贾作光称其为"东方迪斯科"。

从跳丧到长阳巴山舞,是对弘扬民族优秀文化传统的一次有益尝试。巴山舞大胆地把跳丧这种祭礼性舞蹈变为群众自娱性舞蹈,赋予它新的生命。这不仅使舞蹈气质发生了新的变化,而且增加了新的色彩。原始的"跳丧"只有男人能跳,所谓"女人跳丧,家破人亡",而巴山舞却让过去只能旁观的女性登上了舞台,成为男女成双成对、载歌载舞的一种舞蹈。而且,长阳巴山舞将"跳丧"从窄小的灵堂前的有限空间,搬到了千百人聚会的群众文化广场和文艺表演舞台,成为一种艺术品位独特、感染力强、简单易学、参与面广的群众自娱性集体广场歌舞。

长阳巴山舞除保留了跳丧舞原有的歌、舞、鼓、乐的形式,鲜明的节奏以及粗犷、原始、古朴、豪放的风格外,在许多方面进行了改革创新。在结构上,长阳巴山舞打破原始跳丧的许多旧程式和流行区域的界限,吸取各地精华,如利用"倒叉子带犀牛望月"和"怀胎歌"的部分动作提炼发展组合起来的"风摆柳",由"摆胯"、"挑肩行进颤步"、"行进颤步前后摆手"、"双手里挽花"等动作组合而成的"半边月"等等。通过提炼实行综合利用,重新结构而成,组合成"巴山摇"、"半边月"、"四合"、"风摆柳"、"双龙摆尾"、"喜鹊登枝"这六个种类。其动作姿态各异,但都具有身体上下颤动和胯部左右摇摆的特色。这使舞蹈动作更为欢快,摒弃了"跳丧"中的压抑感,姿态亦更加优美。

在音乐上,长阳巴山舞剔除了跳丧舞音乐哀伤低沉的痕迹,只保留了原始跳丧鲜明的节奏和有特色的鼓点,选用了当地人所熟悉的与舞蹈情绪相吻合的山歌、民歌为基调,适当加以发展,同时增加了弦乐、打击乐伴奏,使音乐更加乐观活泼,并且仍具有浓郁的民族特色和地方色彩。

在编创上,长阳巴山舞把握住群众自娱性舞蹈所具备的群众性、科学性、自娱性、随意性的基本特征,所以它来自民间,又回到民间,像早春的燕子飞旋在千家万户,像七彩的阳光照进了新婚的洞房,像熊熊的篝火燃旺了土家的欢乐,而且正如一位舞蹈学教授预言的那样:"巴山舞或许会作为富于民族特色的集体娱乐舞蹈,而与世界优秀的民族娱乐舞蹈媲美。"

长阳巴山舞经过几十年的传播,已成为一种新型的民间舞蹈,在三峡地区广为流传。在清江、神农溪和三峡一些景区内,可以看到巴山舞表演。同时在一些地方,巴山舞已经成为群众文化活动的重要内容。2008年,国家体育总局已把巴山舞作为一种全民健身舞蹈向全国推广。

（三）长阳花鼓子

花鼓子是花鼓舞的俗称，民间亦称"打花鼓子"或"扭花鼓子"。它是人们在喜庆场合，如生小孩请"家家客"、"喜三"、"祝寿"等，以及劳动之余用来表达庆贺和欢乐的一种亦歌亦舞的传统舞蹈，在长阳县的榔坪、渔峡口、资丘等土家族聚居地区流传。

花鼓子舞蹈步伐为"两步半"，舞姿为典型的"三道弯"，民间舞诀称之为"脚踏之字拐，手似弱柳飘，腰儿前后扭，屁股两边翘"，"花鼓子不为巧，只要屁股扭得好"。舞蹈时，一般不用乐器伴奏，也可用锣鼓击乐或一把二胡为间奏，表演者不化妆，以一男一女或数男数女出场，手持花帕，脚踏乐节，做对称动作，边舞边唱，姿态轻盈。舞者相互眉来眼去，传情达意，可做出各种滑稽的动作，气氛活跃而热烈。

花鼓子演唱内容以男女爱情为大宗，如"十爱"、"十想"、"十送"、"十二月"、"送郎"、"送情"等，也有生产歌、生活歌等，也可即兴创作。正是由于花鼓子的演唱内容以情爱为主，因此跳花鼓子舞有一定禁忌，即父亲和女儿不能跳、公公和媳妇不能跳、小叔子和婶子不能跳、未婚姑娘不能跳等。

花鼓子音乐为传统的民歌小调，节奏多为 2/4 拍，音乐结构方整，旋律平稳、舒缓，既没有奇峰突起的大跳，也没有起伏跌宕的抒发，更没有哀声怨气的悲伤情调。

花鼓子表演者不是职业艺人，它不是以师徒的方式传承的，而是以村落传承为主要传承方式。

花鼓子是土家人原始的"交谊舞"，被学术界、舞蹈界称之为土家族摆手舞的姊妹艺术。花鼓子展现了土家民族乐观、豁达大度的胸襟，传达了土家人在艰苦的劳动环境中谦虚、勇敢、热爱生活、敢于追求真爱的生活态度，它无论表演形式，还是演唱内容，不仅给我们传递了历代土家人的很多历史文化信息，而且对民族民间舞蹈的创新发展是一个再好不过的文化资源。

花鼓子独特的演唱形式和舞蹈动作、旋律，在民族民间舞蹈中实为罕见。十多年来，长阳县、乡两级政府采取了多种保护措施，并取得了一定成效。

四、传统民俗

(一)民间崇拜

土家族的民间崇拜,一是表现为多神崇拜。在生产力低下的条件下,土家族崇拜多神:"山神土地"管坡上五谷;"家先土地"管家禽家畜;"五谷神"管五谷的神祇;"阿密嫲妈"管保佑小孩的成长;"四官神"是致富神,管六畜。二是表现为白虎崇拜。在长阳民间,白虎被塑造成仁义道德的化身,据《后汉书·南蛮西南夷列传》载,"廪君死,魂魄化为白虎。巴氏以虎饮血,遂以人祀焉。"白虎崇拜贯穿于祭祀、节日风俗、婚丧、建筑、服饰、饮食、劳动等各个环节之中,成为一种强烈的民族宗教信仰。根据古代巴人遗留的传说,还形成了"敬"白虎和"赶"白虎的习俗。传说白虎有两种,一种叫"行堂白虎",一种叫"坐堂白虎"。其中,"坐堂白虎"坐镇厅堂,是要"敬"的;"行堂白虎"破门而入、凶恶无比,是要"赶"的。在土家族地区有不少类似白虎山、白虎堂等带有"白虎"二字的地名,这也是土家族宗教信仰的反映。三是表现为对猎神的崇拜。土家先民以善于射猎著称,而每次打猎前都要祭祀猎神(称"梅山娘娘")。传说她生前擅长狩猎,死后成为猎神受人敬供,以保佑人们多获猎物并能防止野兽害人。她的神位设在房屋外的右侧,由三块砖组成。敬奉她时,猎人必须衣着整齐,将所获野物用来供祭。

(二)节日风俗

长阳土家族节日风俗虽然逐渐汉化,但是仍然保留了土家族自身的特点。

1. 春节

长阳岁时节日,一年之中,以时为序,首为农历正月的春节。

春节隆重的场面是团年和除夕。家家离不了美酒佳肴,庆祝团聚。除夕的夜晚,无论城乡,都兴守岁。农村人家,户户都要在火垄里架起大火,烤得人面红耳赤。火垄里燃烧的大树蔸子叫"火主",是在前几个月就准备好的。城镇人家则多烧白炭。"红火"预示兴旺。这个风俗大约是远古时的火崇拜的遗风。

一年之中最激动人心的活动,是从子时交庚时的"除夕"紧接新正开门的"出天行"祈福开始的。接财神、迎喜神、祭祖先、逐疠疫都在这一时刻进行。顿时,鞭炮声起,山鸣谷应。

长阳土家人特别重亲缘、重友谊,春节正是联络感情的大好时期。拜年首先是男女依次拜长辈,长辈对晚辈特别是幼辈分别给"打发",俗称"压岁钱",故俗谚有"大人爱种田,伢们爱过年"之说。届时,人们走亲访友,相互拜贺,俗话又有"初一拜父母,初二拜丈母"之说。

2. 元宵节

正月十五日的元宵节仍是春节的延续。同历史上的元宵节一样,长阳的元宵节也以张灯和观灯为主要内容,气氛尤其热烈。

因长阳是山区,受到条件的限制,花灯制作的种类并不多,不像《长阳南曲·数灯》那样,一下数了 99 种,那只是民间艺人的夸张。常见的是大红瓜灯、六角宫灯、莲花灯、兔儿灯、走马灯等。

城乡最热闹的游艺活动是舞龙灯、玩狮子、跑竹马、玩蚌壳精和划采莲船等。龙灯制作分青、黄、赤、白、黑五色,节数有九、十一、十三之分。表演花样有"二龙戏珠"、"云龙翻身"、"玉龙盘柱"、"金龙摆尾"、"四门穿花"等。表演中最热闹的是五龙俱出,互斗雌雄,此时,大鼓大锣响彻天外,鞭炮雷鸣声震屋宇,声势格外壮观。据故事相传,县城龙舟坪时谣有"东门的青龙西关外的白,何家坪的'黑臊牯'撩不得"之说。乡间也有玩"草把子龙"的,俗称"瘟灯",用茅草扎成。还有玩"板凳龙"的,即在板凳上装上龙头龙尾,一人手执凳脚而舞之,这些龙灯小巧灵便,亦极富魅力。

3. 土地节

时在二月初二日,俗传为土地生日。古代称"社祭",社即社神。在长阳,每逢社日,则兴"闹土地会"。但是,这种有一定规模的村社活动到民国年间已经消失了,仅仅在民间还可见到这种古俗的遗存,即人们多于这一天家家整治酒肉,分散到土地庙上供,敬土地公公、土地婆婆,祈求风调雨顺。此外,无子之家也就此求育,然后,回家享用"牲醪"。此间,往往也会有三五不等的乡邻亲友参加,人们俗称"吃春酒"。

4. 清明节

在长阳,清明扫墓是一项重要的礼俗活动。清明当头,更属农忙时节,依时,"乡人采'雨前茶',插'清明秧'。遇雪曰'桃花雪'。谚云:'贫人休听富人哄,桐子开花下谷种'……是月,旱苗草生须薅,曰'薅头道草'。苗初长去其太密,曰'破苗'。"

5. 端午节

在长阳,端午节一应习俗均照节礼如仪。端午节的习俗不同一般的是,不是一过了之，而是过了初五的头端阳以后，还有十五的大端阳和二十五的末端阳。三个端午节中除大端阳、末端阳不再悬艾、挂菖蒲外，一应节日饮食如旧。

6.六月六

六月六，长阳民间有"龙晒衣"的习俗。俗谚有"六月六，家家晒衣服"之说，故家家户户每于此时必然翻晒衣物，既可除虫，又可防霉。同时，不少人家还于是日用盆盛水晒热，用于儿童洗浴，据说可免疮疥，这是古人顺其自然而培植起来的一个具有保健性质的节日。

7.月半节

在长阳，土家人由于历史上崇信巫鬼，故十分注重月半节，俗谚有"年小月半大，神鬼也放三日假"之说。是时，家家接嫁女回娘家省亲扫墓，祭祀先人。

8.中秋节

长阳土家人过中秋，一般有四项活动：

一是以月饼、点心敬奉父母或馈赠亲友，以表示对父母养育之恩的感激或亲友之间的友谊，同时以应其"团圆"之意。

二是设月饼瓜果点心与家人一起赏月，士人之家亦一边吃月饼、赏月，一边咏诗，《晦斋闲稿》诗云——飞空玉镜正当头，丝管楼台竟夜游。记得儿时看月好，儿时看月不知秋。

三是"摸秋"，据道光《长阳县志·土俗》记载——（至时）三五成群，偷知好园中瓜果，谓之"摸秋"，摸得南瓜，用彩红鼓乐送无子之家，谓之"送瓜"，南男同音，谓宜得男也。这一习俗直至 20 世纪 50 年代，依然在农村可见。

四是以中秋夜月占来时气象年成，农谚云："云遮中秋月，雨打上元灯。"

9.重阳节

在长阳，亦有饮重阳酒的风俗，县志载："季秋九日，士人携酒登高，极游观之兴。人家造醪糟伏汁酒，其酒经年不艳，谓之重阳酒。"这种酒俗称"缸面酒"。

10.牛王节

传说，土家人有位祖公，曾得牛王救助，俗语有"人是吃的牛的饭"之说，因此，祭祀牛王有着不忘根本的意蕴。是日，养牛人家，一般都须以猪肉砣和糯米蒸制馔肴，为耕牛加料并停耕一天，并焚香礼拜，祈求牛王保佑。同时，正堂显眼处都要张贴《牛儿经》。

11.过小年

时在腊月二十四日。腊月二十四日过小年，是一个仅次于大年的节日。自古以来，围绕这一节日的重要俗礼便是"祭灶"，以报"火食生养之恩"。

12.过赶年

土家人一年中要过两个年,即在腊月二十九日(月小时为二十八日)先过赶年,同样吃团年饭。紧接着同汉人一样再过年,又吃团年饭。过赶年的习俗传说不一,一种说法是祖先打仗,为给敌人一个措手不及,乃提前一天团年。一种说法是"年"是一种猛兽,每到年底就出来害人,土家人为躲避年的祸害,遂提前一天,久而成俗。

(三)婚嫁风俗

土家婚嫁风俗既美又奇,美就美在用艺术的眼光,把一切关注直接投向女性,浓墨重彩地渲染她们在面对这种人生际遇的变化时,极其自然地流露出惶恐、惧怕、向往、怀旧、怨恨、挣扎等等种种不安所交织而成的情绪。土家婚俗之奇,奇就奇在用最朴实的方式,最贴切地表达了人们的亲情、友情、爱情难以割舍,浪漫与现实相互交织的复杂矛盾,最真切自然地反映了前后两种生活的联系和过渡。

土家姑娘出嫁,是一出荡气回肠的悲喜大戏。在所有土家民俗中,婚俗的仪式最复杂、程序最完整、细节最精致。从"求肯"开始,有报期过礼、上头开脸、陪十姊妹、陪十弟兄、陪媒、合八字、升号匾、迎嫁、娶亲、拦车马、迎亲、圆亲、铺床、拜堂、接腊、坐床、吃交杯酒、吃下马饭、交亲、敬大小、拜钱、陪新姑、陪送亲家、下厨房、传茶、回门等前后二十多道程序。在整个过程中,故事的男主人公其实充其量只能算是一个配角,从头至尾几乎没有几句像样的台词,倒是故事的女主角先悲后喜、悲喜交加,将一腔情绪演绎得酣畅淋漓。

常言道"父母之命,媒妁之言",土家姑娘自然也逃脱不了"明媒正娶"的道德羁绊。媒人是剧中第一个上场的人物,"求肯"是土家山寨办婚事的序幕。每年新春伊始,是媒人约定登门的时间,媒人按男方的授意来到女儿家,开始施展其如簧巧舌。如果女方同意,当年下半年即可成亲,否则,要等第二年的新春时节再求肯。不逢春不求亲,其他季节是不准媒人上门求肯的。

"求肯"成功,意味着婚事开始进入紧张的约定程序。接着男方要请阴阳先生格期,确定婚期后七月半前要举行报期过礼仪式。一旦报期过礼,意味着姑娘在娘家的日子开始进入倒计时。土家称未婚少女为"吃茶姑娘",自幼蓄着一根辫子,在出嫁的前三天,娘家要择吉时,为之"开脸"、梳头。开脸又叫"上头",或叫"弹三线"。开脸之后,昔日的"黄毛丫头"容貌一新,皮肤白了,发型变了,标志着做姑娘的时代已结束。

忐忑不安中,姑娘迎来了出嫁前的最后一天。这是出嫁的姑娘、也是所有土家女人终生难忘的一天。此前十几年的亲情,今后几十年的苦乐,在土家妹子心中犹如山洪般蓄积起来,四处奔涌,寻求宣泄。……土家婚俗在此极其妥帖地安排了精彩的一幕。正是这一幕,把整个剧情推向第一个高潮。

出嫁的前一天晚上,爹妈要请来与女儿较好的未婚姑娘九人,同坐一桌"陪十姊妹",让女儿倾情一哭,作为父母在精神上给女儿的陪嫁。陪十姊妹是土家嫁女的重要仪式之一。对于一个即将背井离乡、离别父母兄嫂弟妹、人生转折在即的出嫁女来说,"恋亲恩,伤别离",依依难舍,难免悲从中来。而"陪十姊妹"以哭释哭,以哭去哭,合理地疏导了这一情绪。刚开始的时候,曲调是孤独的、压抑的、低沉的,"间关莺语花底滑,幽咽泉流冰下难"。但姑娘们很快就找到了情感的共鸣,不同的声音转眼汇集到一起,歌声伴着哭声,如同闪电撕开雨云,就像洪峰冲出隘口,惊心动魄,催人泪下,荡气回肠,极尽缠绵。彭秋潭《长阳竹枝词》咏道"十姊妹歌歌太悲,别娘顿足泪沾衣",诗中还特别写了一段说明,描述当时的情况,但写着写着却忍不住扔下了笔,"……余不能记也"。对任何身临其境的人而言,此情此意都让人不忍卒读。姊妹歌一唱就是一个通宵。从姊妹难舍之情哭到父母养育之恩,从不满包办婚姻哭到未来生活艰难,稚嫩的嗓音变得嘶哑,低垂的眼睑哭得红肿,直至第二天婆亲队伍到来,歌声和哭声仍未结束,因为还有一个比陪"十姊妹"更热闹的"哭嫁"。

女儿出嫁的当天,全家都唱"哭嫁歌",一个一个接着唱,手拉着手对着唱,仿佛一曲永无止境的哀婉的交响。亲戚朋友也来帮唱,不会唱的,站在一旁抽泣擦泪,哭得越凶,表示感情越深。"哭嫁歌"内容比"十姊妹歌"更加丰富:女儿哭父母"姑娘长得这么大,是块石头也摸玉哒,儿在给你讲礼性,明天姑娘要出嫁";父母哭女儿"别家忙得金满斗,爹妈忙得一场空,脸哭肿来眼哭红";哥嫂哭妹子"妹妹去,哥也伤心嫂也伤心"这种以歌代哭的场面,既热闹又悲沉,但与"陪十姊妹"相比,让人觉得似乎少了些真情实意,多了些应酬表演。

女儿出嫁,要由夫妻双全的亲人作为女方亲属的全权代表将她送到婆家。除迎亲、拦车马等程序之外,次日早上还要举行"交亲"仪式,新娘房中由女方送亲客向"支客司"面交鞋礼,一边说着客气话,如姑娘呆、不知礼,如此这般,而公婆则赶紧说恭维话,双方你来我往,直到无话可说。哄笑声中,大伙散去。

正如出嫁前要陪十姊妹,结婚仪式上男方也要坐"十友席"。男方家请来九位十二岁左右的男童陪新郎,摆上果碟,边唱边说边吃喝,唱者曰"歌",说者曰"令",总称"令歌"。说令歌时,传递令杯,互比口才,如"门口一条沟,沟里出泥鳅,说得令的吃泥鳅,说不得令的啃骨头"。说不上四言八句的,顺势说一句"桌上一个洞,令杯往前送"也能应付过去,风趣诙谐,以搞笑为主,目的在于营造喜庆氛围。若论感染力，自然远不如"陪十姊妹"。

和其他地方一样，土家婚俗中"拜堂"也是婚礼中的核心仪式。合完"八字"，新郎新娘并排进入洞房，之后圆亲婆婆将房门关上，新郎新娘抢坐于床上，谓之"坐床"，据说谁的行动快，先坐定床上，谁就先当家。此后打开房门，亲友们蜂拥而入，也去抢坐新床，俗话说"抢床抢床，长发其祥"，第一个抢坐到床上的人，为"得头福"。拜堂和抢床，无疑是婚礼中最热闹的场面。但如果这算是另一个高潮的话，那也只是相对看客而言。因为在新娘眼中，一切都是那么陌生，身处热闹的中心，却有着从未有过的寂寞，叫人不寒而栗。

土家姑娘在婆家吃第一顿饭谓之"陪新姑"，新姑这天坐上席，姑娘在婆家坐上席平生也只有这么一次。席间有"插花迎酒"，是土家婚俗中新郎在开席之前拜见客人的仪式。此后三天，新姑被婆家待为上宾，三天以后下厨房，自此接过繁重的家务。昔日新媳妇"三天后下厨房"，还有一系列仪式：第三天清早起床，新媳妇由婆母领着，先到柴棚里抱一捆柴，然后跟着婆母到每间屋里走一遭，以示发家理财，称"游房"；再到厨房，放下柴火，叩拜"九天司命"（灶王），拜毕，婆母递过"吹火筒"，媳妇接过来在灶内绕三圈，以示知于灶神和水神。此后，新媳妇开始生火烧早茶做早点，做好后先孝敬公婆，而公公这时却赖在床上不起来，要等新媳妇送来早茶，才坐起来喝，叫作"喝揪脑壳茶"，喝了这种茶，就得当场给新媳妇掏茶钱。敬过公婆以后，新媳妇再按家中辈分——敬到，凡长辈均要给点"打发"。

"回门"是婚嫁中最后一个仪式。姑娘嫁到婆家后，新婚夫妇选定日期一同回拜女家的父母，叫"回门"。到了娘家屋里，一对新人要在堂前叩拜祖宗，女婿则开口称岳父岳母，女家酒席侍候，以客礼相待，新婚夫妇要坐上席。而且不论远近，回门当日都必须返回婆家。

（四）饮食习俗

1. 食物特色

长阳土家人的食物偏酸辣、熏腊，好野味。其一是偏酸辣。"要吃广椒不怕辣，要当红军不怕杀。你要砍头你就砍，你要杀来你就杀。砍掉脑壳只碗大个疤。"广椒是本地人对辣椒的俗称。每逢春夏，城乡家家户户即开始忙碌起来，做辣椒酱、腌广椒末、晒广椒皮、磨广椒粉，还有稀广椒、酢广椒、酸广椒、泡广椒等等，一用经年。平时或为主菜，或兼作料，煎炒烹炸，熟卤凉拌，可谓应用自如。正如旧志所云："丛岩幽谷中，水冷泉冽，岚瘴郁蒸，非辛辣不足以温胃健脾。"其二是喜熏腊。土家腊味中，最具代表性的是腊肉。土家人认为新鲜猪肉有毛腥气,喜欢吃是烟熏腊肉。冬季杀了年猪将鲜肉以盐腌三五天,再用松柏树枝烟熏火燎一月左右,直至水分熏干、色泽金黄,便成腊肉,做起来如腊肉芯子擀包面、腊肉丁子蒸蒸菜、玉米粉子煎腊肉粑粑、青椒炒腊肉等,香气扑鼻,四季不断,百吃不厌,堪称土家的风味食品。类似的还有腊香肠、腊猪头、腊肝、腊鸭以及腊鱼、腊羊等,甚至豆腐、豆豉等素食也可熏制成腊味,风味独特,乐在其中。其三是好野味。俗话说"家鸡子肉,野鸡子汤,吃在嘴里格外香",土家人特别喜爱山珍野味。无论天上飞的、林中跑的、水里游的,均能入席。在现代人看来,可谓口福不浅,但历史上的土家族本就是一个好渔猎的民族,鸟兽虫鱼曾经是土家人重要的食物。由于地处深山,过去这里各种珍禽异兽俯仰即是,盛产獐、麂、鹿、獾、蛇、猴、白猸、狐狸、野兔、野猪、野羊等多种野生动物,甚至华南虎、金钱豹、大熊猫等珍稀动物也不罕见。至于林中的飞禽如锦鸡、野鸡、斑鸠、鹌鹑、鹧鸪、麻雀,水中的游鱼如白甲、青鱼、鲤鱼、鲫鱼、鲇鱼、甲鱼等,皆是土家人餐桌上的美味,因此也有"宁吃飞禽四两、不吃走兽一斤"、"河里好吃是白鲣、山里好吃是白猸"等各种民谣俗语传世。只是近些年来昔日的山珍多成保护对象,土家人也渐渐明白了人与自然和谐相处的重要性,美食的兴趣开始转向各种野生植物,如竹笋、香椿、蒿子、蛮荞、蛮豆、鲇鱼须、节节根、野韭菜、野葛粉、地米菜、马齿苋、酸爪茶等,冠之以"绿色食品",别有一番风味。长阳土家人世代生活在万山丛中,靠山吃山,靠水吃水,万法自然,随遇而安。民间有一首《好吃包歌》("好吃包"即馋嘴人)唱道:"一想樱桃黄,麦李在树上,又想瓜子蜜生姜,还想血灌肠。二想蒸猪肉,黄焖煎豆腐,又想仔鸡多酌醋,高笋炒葫芦。三想腊肉干,牛肉焖得烂,又想红心腌鸭蛋,肥肉炒大蒜。四想塘里藕,豆腐斜泥鳅。又想后院红石榴,干锅炒黄豆。五想汤油茶,茶里佐芝麻。又想田鸡过油炸,还想嫩丝瓜。"另一首民歌《十大盘》,所列的菜谱显然精品迭出,令人垂涎欲滴:"清蒸鲜鱼肚,熊掌焖豆腐。红烧麂子肉,五香烧烤猪。醉虾加香醋,蒸鸡不见骨。娃娃鱼足有四尺五,一块年肉半斤足。护心油来把包子筑,清蒸鸽蛋外面生来里面熟。"

真正的土家盛宴,乃是"十碗八扣"。每逢在婚丧嫁娶、喜筵寿诞等重大喜庆节日款待贵宾,常常能见到这种最高规格的招待。其中第一碗是"头子碗",肉糕垫粉条和黄花,最后一碗是虾米肉丝汤。除这两碗不用盖碗外,其余八碗均先用盖碗(比大碗小),在碗内涂上油,将食物、作料放进,上屉蒸熟,然后以大碗扣上反转过来,拿走盖碗,其菜形制一样,表面光滑。上菜时按顺序一碗一碗地上。上第一碗,端大盘子的人就高喊一声"大炮手——",长长的拖腔直到席前,随之鸣炮,响匠吹起欢快的"菜调子",主人便前来敬酒。客人边吃边上菜。接着出第二碗,端大盘子的人高喊"顺——","菜调子"又吹起……直到上第十碗,端大盘子的人一声"齐——"后,响匠便开始吹"下席调",稍后客人的饭也就吃完了。客人座席的席位按上下左右,各分大小。十碗菜的菜谱,比较规范的说法是"一碗头子、二碗笋子、三碗鸡子、四碗鲜鱼、五碗蒸哑、六碗羊、七碗元子、八碗肚子、九碗正肉、十碗汤"。十碗菜在桌上陈放也有规矩,或摆"四角扳爪"或摆"三元及第"。除十碗菜以外,上下还要配腌菜碟两个,为客人解酒解腻,这是长阳土家地区最隆重的筵席。

长阳土家族特色烹调习俗有金包银和炕洋芋。金包银也叫"苞谷饭",其实就是玉米面裹上白米饭,土家人将这种拌在一起的食物叫作"金包银"。在过去粗粮不够的时候,它就是细粮。炕洋芋(洋芋即土豆),"刮皮洋芋煮均匀,文火慢煎翻复勤。漆籽油香酥爽口,巴乡以外哪乡寻?"在穷困的岁月,土家人吃不上大米,就吃炕洋芋:先将洋芋去皮煮熟,然后放在倒有菜油的平底锅中炕,待洋芋表面炕得焦黄时,撒入盐、葱蒜末和辣椒粉。外焦里嫩的炕洋芋色、香、味俱全,口感极佳。

2.饮品偏好

其一是好饮酒。"乡人好酒,俗虽陋而风古。"历史上的巴人即好酒:川崖惟平,其稼多黍;旨酒嘉禾,可以养父。野惟阜丘,彼稷多有;嘉禾旨酒,可以养母。在情歌中,酒成了煽情撩意的引子:煨的伏子酒,哥哥吃一口。哥哥吃哒舍不得走……挨姐坐,对姐说,要姐的头发冲酒喝……长阳传统的酿酒业中,因酿造方法和酿酒原料不同,酿出的酒也种类繁多。有以苞谷为主煮制的烧酒、堆花酒,有以糯米为主煮制的甜酒、伏子酒,有醪糟去渣煮熟而成的解水酒……殊难尽表。在饮用方法上,值得一提的是"哑酒",又叫"哑巴酒"、"哑抹坛酒",所谓"亲宾宴会,以吃哑抹坛为敬",是土家人款待客人的最高规格的礼节。饮用时将珍藏的好酒整坛取出,以通节竹管插入坛中,依宾客尊卑长幼,顺序吸饮。长阳竹枝词曾描绘过哑酒的情景:"蛮酒酿成扑鼻香,竹竿一吸胜壶觞。过桥猪肉莲花碗,大妇开坛劝客尝。"

其二是饮茶。土家人十分好客,不论生人熟人,不管自家客家,总是以茶相待。俗话说得好"来客不筛茶,家里无'达沙'(即无礼节)"。长阳土家人视茶为灵物,认为茶有茶神,禁忌将茶泼于地上,否则就会玷污茶神。抓茶叶必须先洗手,叫"净手",这是对神灵表示尊敬的举动,间有防止污染茶叶的习俗。茶不仅用于款待客人,还用于敬奉神灵,敬神灵的茶要用特制的小土罐泡煮,这小罐叫"敬茶罐儿",贵客来家也可用这小罐煮茶款待。莫看这罐儿小,一次可以款待十来人,这就是有名的土家"烤罐茶"。客人进门,主人将小土罐放于火炉上烤烫,再放进茶叶和十来颗大米,在火上不断簸动,烤焦后,将开水冲入,气泡泛起,等气泡逸出后,再冲入一点开水,直到冲满。这时有几位客人就放几个茶杯,将茶平均倒入杯内,再向小土罐内冲开水,再平均倒入杯内,反复多次,直到各杯茶满,方上给客人饮用。这种茶十分可口,饮后,张嘴让风一吹,喉管里有一种清甜的味道,巴不得再喝一杯。不习惯喝茶的人喝了,则会如醉酒一般。

长阳土家人喜饮茶,他们的土家四道茶具有独特的喻义。一道茶——"罐罐茶",用来招待日常来客。其制作方式为:先将铜壶置于明火上,斟水加热,另将小陶罐在微火边翻烤,待发烫时放入茶叶半两,不停颠簸烘烤,直至茶香时,倒入开水冲泡,两分钟后分敬客人。二道茶——鸡蛋茶,是用来招待"嘎嘎客"的。也就是家中添小孩后,整"祝米酒"时才上鸡蛋茶。其做法为:将煮好的荷包蛋用碗分装,每碗一个,再加白糖,放上一支竹筷子,喻义一生平安、健康成长。三道茶——阴米茶,是在婚宴酒席前食用的。做法是用糖水冲泡炒熟的米花。四道茶——酥茶汤,在冬季用来御寒取暖。其制作方法是将生姜、茶叶同时放入锅中炒热待香气散出时,装入碗中,加入红糖,开水冲泡即饮。

(五)建筑、服饰习俗

土家族大都居住在山坡陡岭,因为地势关系,所以传统民居建筑多采用吊脚楼形式。在住宅两端立四根木柱,沿着山坡的走向搭成木架,在以正屋地面齐平的高度上搭横木,盖上木板,三面装半装台的板壁或木走廊,以草或杉树皮做天盖。楼下四面皆空,可用来堆积肥料,也可以临时拴牲口,楼上一般是闺女儿做鞋、绣花或家里人吃饭乘凉的地方。吊脚楼通风防潮,阳光充足,土家人十分喜爱,是土家地区具有重要特色的建筑之一,如今清江两岸的高山或半高山上,吊脚楼仍在使用,现在在长阳县城、五峰县城所建的高楼大厦也多采用吊脚楼形式,只是建材改成了钢筋混凝土。

长阳土家人服饰喜宽松,袖裤粗短,其图案及色彩融汇了大自然的山水、花鸟虫鱼,体现了在崇山峻岭中习武、渔猎、农耕的土家人的特点。

五、传统工艺

长阳土家族传统工艺主要包括织锦和雕刻两类。

织锦中以"土锦"即"西兰卡普"最为著名,"西兰卡普"意思是"打花铺盖",在土家织锦中最具代表性和典型性。"西兰卡普"过去是土家女子出嫁必备的被套嫁妆,使用古老的纯木质腰式斜织机织造,织造过程中采用"通经断纬"的挖花技术。其制作工序复杂,多达12道。其花色分为"对斜"平纹素色系列和"上下斜"斜纹彩色系列两大流派。

雕刻工艺主要体现在建筑纹饰、木雕、墓碑石刻上。长阳县西渔峡口、资丘等地,民间雕刻工艺炉火纯青,体现了较高的艺术水准,具有特殊的历史文化研究价值。

第三节　长阳县土家族非物质文化遗产的特点

由于长阳土家族所处的复杂地形、相对落后的经济,再加上与汉族之间的语言障碍等原因,使得其历史上形成的非物质文化遗产具有自身鲜明的特点。

一、独特性

长阳土家族非物质文化遗产体现了长阳土家族文化的独特性,其内容和表现形式都具有唯一性、不可取代性。

土家族是一个有自己的语言却没有自己的文字的特殊民族,其创造的非物质文化遗产既有有形的物质成果,如织锦、雕刻等工艺,又有无形的信仰、习俗、音乐、舞蹈等非物质成果。无论是有形的物质成果,还是无形的非物质成果,土家族非物质文化遗产非常重视人的价值,重视活的、动态的、精神的元素,体现出来的思想意识、民族情感、价值观以及思维方式,都具有土家族自身的独特性,是难以被模仿和再生的。

二、地域性

长阳土家族非物质文化遗产是特定的自然环境与文化背景的产物,"十里不同风,百里不同俗"就是对民族地区文化的区域性的生动写照。长阳土家族非物质文化遗产是在其特殊的地理环境、生产生活方式,特有的民族价值观、民族心理以及民族信仰等特定的环境和区域中产生的,这种非物质文化遗产也只有在特定的环境和区域才能得以延续和发展。

三、传承性

非物质文化遗产的传承性是指人们通过口口相传、模仿、学习等方式,在集体、群体或子孙后代中间进行各种行为、技能、风俗习惯的传承活动,使本民族的非物质文化遗产在不同人群之间发展、延续和世代享用。

土家族非物质文化遗产,如前述民间故事、长阳山歌、南曲、撒叶儿嗬等,都是通过"活化石"——传承人的口传心授来实现世代不息、代代相传。传承环节一旦中断,非物质文化遗产就会消亡。

四、民众性

土家族非物质文化遗产产生于民众生活,广布于民众生活。无论是传统音乐、传统舞蹈、传统民俗,还是民间文学、传统工艺,都是产生于民间普通民众的日常生活,并且在民众中世代相传。可以说,没有土家族普通民众的创造,就没有土家族非物质文化遗产的存在。也正是土家族非物质文化遗产的民众性,才使得土家族非物质文化遗产能够代代相传、永不泯灭。

五、濒危性

民族文化资源流失加剧,民族文化的传承与发展面临严峻挑战。改革开放以来,一是市场因素和广播、电视、电影、互联网等现代传媒对产生于农耕时代的民族文化冲击很大,各种流行文化、都市文化不断进入土家山寨,致使民族传统文化生活结构和文化环境再度发生巨大变化,民族文化不断流失、萎缩和严重变异;二是民族文化后继乏人,面临失传;三是随着农村城镇化建设步伐的不断加快和农村体制改革,部分传统文化失去了生存环境。

第二章
长阳县土家族非物质文化遗产保护的法制保障①

·第一节 保护立法现状

一、《长阳土家族自治县自治条例》的原则规定

长阳县是最早把非物质文化遗产传承工作纳入法制化轨道的自治县。1989 制定、2011 年修改的《长阳土家族自治县自治条例》对非物质文化遗产的抢救、保护、传承有原则性规定，第 56 条第 2 款规定："自治机关采取有效措施，保护、抢救本行政区域内非物质文化遗产和重要历史文物古迹，整理和出版民族文化书籍，培养和保护有才华、有贡献的民族民间艺人，继承和发展优秀的民族传统文化。"

二、《长阳土家族自治县民族民间传统文化保护条例》单行条例

为了进一步规范对非物质文化遗产等民族民间传统文化进行保护的工作，保护、继承和弘扬民族民间传统文化，促进自治县经济和社会发展，2006 年 6 月 10 日长阳县公布实施了我国第一部县级《长阳土家族自治县民族民间

---

① 本章系国家社科基金项目"少数民族非物质文化遗产教育传承研究"（12BMZ084）的成果之一。

传统文化保护条例》（以下简称《条例》）。《条例》对法律所保护的民族民间传统文化进行了列举，并从成立保护机构、落实保护经费、制定保护措施及违法承担的法律责任等方面，对该县非物质文化遗产的保护和传承作出了较为详细的规定，《条例》的实施，标志着长阳县非物质文化遗产保护工作步入了法制化轨道。

（一）列举保护范围

《条例》所称的民族民间传统文化共包括九项：1. 民间故事、歌谣、谚语、谜语等口述文学；2. 长阳南曲、山歌、薅草锣鼓、吹打乐等传统音乐；3. 撒叶儿嗬、花鼓子等传统舞蹈；4. 渔猎、农耕、婚嫁、丧葬等生产、生活中的传统习俗和礼仪；5. 节庆、游艺、体育等传统活动；6. 西兰卡普、刺绣、雕刻等传统工艺和制作技艺；7. 白虎神、向王天子、自然崇拜等民族信仰；8. 与上述传统文化表现形式相关的代表性原始资料、实物、场所；9. 需要保护的其他形式的民族民间传统文化。民族民间传统文化资料、实物、场所等已被确定为文物或者文物保护单位的，依照有关文物保护法律、法规的规定进行保护。（第 1 条）

（二）确定保护原则

长阳自治县民族民间传统文化保护工作，实行保护为主、抢救第一、合理利用、传承发展的指导方针，确保民族民间传统文化保护的真实性和整体性，防止对民族民间传统文化的误解、歪曲或者滥用，使民族民间传统文化得到确认、尊重或弘扬。（第 4 条）

（三）确认保护机构和职责

长阳自治县人民政府领导本行政区域内的民族民间传统文化保护工作，并将其纳入国民经济和社会发展计划，鼓励和支持开展健康有益的民族民间传统文化活动，积极争取国家对民族民间传统文化保护工作的扶持和帮助，依法享受国家关于加强民族自治地方文化事业发展的政策待遇。（第 5 条）自治县文化行政主管部门负责本行政区域内民族民间传统文化的保护工作；其他有关部门应当根据各自的职责，配合文化行政主管部门共同做好民族民间传统文化保护工作。（第 6 条）自治县建立县、乡（镇）、村三级民族民间传统文化保护网络。自治县成立民族民间传统文化保护委员会，研究、协调民族民间传统文化保护工作。乡（镇）成立民族民间传统文化保护小组，具体实施民族民间传统文化的保护工作。对传统文化生态保持较完整,具有特殊价值的村寨或者民居,可以设立保护小组。(第7条)自治县成立由文化行政主管部门有关负责同志和相关领域专家组成的民族民间传统文化评审鉴定委员会(以下简称评审鉴定委员会),承担民族民间传统文化代表作、传承人、传承单位和传统文化生态保护区的评审、鉴定和专业咨询工作。(第13条)

(四)创设保障义务

1.保障经费

自治县人民政府设立民族民间传统文化保护专项资金,实行专款专用,接受审计监督。具体管理办法由自治县人民政府制定。鼓励国内外机构、个人捐赠财物,用于自治县民族民间传统文化保护工作。(第8条)

2.激励引导

自治县人民政府鼓励拥有民族民间传统文化资料、实物的公民、法人和其他组织将资料、实物捐赠给自治县公益性收藏机构;收藏机构应当根据具体情况给予奖励,并发给证书。自治县文化行政主管部门征集公民、法人和其他组织收藏的民族民间传统文化资料或实物时,应当以自愿为原则,合理作价,并发给证书。(第9条)自治县鼓励各类文化单位、研究机构、学术团体、院校及专家学者,从事民族民间传统文化的考察、发掘、整理、传承、研究工作,鼓励公民、法人和其他组织开展民族民间传统文化的交流与合作,提倡资源共享。公民、法人和其他组织投入经费用于民族民间传统文化的保护、研究、整理和出版的,依照国家规定享受有关税收优惠政策待遇。(第11条)

(五)确定保护方法

1.普查、收集、整理、出版、研究

自治县文化行政主管部门应当会同民族事务部门组织开展对本行政区域内民族民间传统文化的普查、收集、整理、出版、研究等工作,建立民族民间传统文化保护档案和数据库,对民族民间传统文化进行真实、全面和系统的记录。(第10条)

2.抢救

对于濒危的、有重要价值的民族民间传统文化,自治县文化行政主管部门应当会同有关部门及时组织抢救。

3.申报名录

对自治县行政区域内的民族民间传统文化项目,各单位或者公民认为符合民族民间传统文化代表作申报条件的,可以向自治县文化行政主管部门推荐或者提出要求保护的申请,经评审鉴定委员会评审认定后,由自治县人民政府公布,列入保护范围。对符合市、省或者国家非物质文化遗产代表作申报条件的民族民间传统文化项目,自治县文化行政主管部门应当积极组织申报。(第14条)

4.保护传承人和传承团体

符合下列条件之一的公民,可以申报或者被推荐为自治县民族民间传统文化传承人:(1)本地方群众公认的、通晓某一种或多种民族民间传统文化活动内涵、形式、流程、规则的;(2)熟练掌握某种或者多种民族民间传统技艺,在当地有影响或者被公认的;(3)掌握和保存重要的民族民间传统文化原始文献和其他实物、资料的。(第16条)符合下列条件之一的团体,可以申报或者被推荐为自治县民族民间传统文化传承单位:(1)以弘扬本行政区域内民族民间传统文化为宗旨,开展相关活动,挖掘、发展民族民间传统文化内容和表现形式有独特之处的;(2)掌握某种民族民间传统文化表现形式的技艺或者开展相关研究、传播民族民间传统文化取得显著成绩的;(3)保存一定数量的民族民间传统文化表现形式的相关资料或者实物的。(第17条)

5.原生境保护

符合下列条件之一的村寨,可以申报为自治县民族民间传统文化生态保护区:居住相对集中,生产、生活习俗特点突出,保持较好的;建筑风格独特,并具有一定规模的。(第18条)

6.确认和撤销名录

自治县人民政府每三年公布一次民族民间传统文化代表作名录,并对民族民间传统文化传承人和传承单位进行命名。自治县民族民间传统文化传承人、传承单位、生态保护区丧失命名条件的,由自治县人民政府撤销其命名。(第19条)

7.社会传承

自治县文化行政主管部门应当为自治县命名的民族民间传统文化传承人、传承单位建立档案,鼓励、支持和帮助其依法开展传承活动。民族民间传统文化的传承人可以按照师承形式选择、培养新的传承人。对经济困难的高龄传承人,自治县人民政府应当按照有关政策规定予以救助或者补贴。(第

20 条)民族民间传统文化传承人、传承单位向有关单位或者个人提供民族民间传统文化资料,传承人、传承单位依照约定获得报酬。(第 21 条)自治县人民政府应当重视和发挥文化馆、博物馆、图书馆等公共文化机构在征集、收藏、研究和展示地方民族民间传统文化中的作用。新闻出版、广播电视、网站等公共传媒应当积极做好民族民间传统文化的展示和传播工作,提高全社会自觉保护民族民间传统文化的意识。(第 22 条)

8. 学校传承

教育行政主管部门和各级各类学校应当逐步将优秀的、体现民族精神和民间特色的民族民间传统文化内容编入地方教材或者地方课程,聘请民族民间传统文化传承人为兼职教师,开展教学活动。(第 22 条)

9. 培养传承人

自治县人民政府应当加强对民族民间传统文化专门人才的培养,有计划地选送人才到高等院校深造。(第 23 条)

10. 产业化保护

自治县人民政府鼓励开发创新、合理利用民族民间传统文化资源,大力发展文化产业:开发、生产有民族特色的传统工艺品、服饰、器皿等旅游商品;挖掘、整理具有民族和地方特色的民俗表演项目,增强其艺术性和观赏性;鼓励以弘扬优秀民族民间传统文化为目的的文学艺术和影视创作活动;建立和恢复集中反映民族民间传统文化的设施;建立自治县民族民间传统文化网站,扩大对外宣传;有重点地对外开放具有民族民间传统文化特色的民居场所等。

第二节　保护政策现状

一、制定实施民族民间传统文化保护条例的意见

为了认真贯彻落实《条例》精神,进一步加强长阳县民族民间传统文化保护工作,保护、继承、弘扬长阳县优秀的民族民间传统文化,深入推进"文化长阳"建设,长阳县委、县人民政府在 2006 年制定了《关于贯彻实施〈长阳土家族自治县民族民间传统文化保护条例〉的意见》,就贯彻落实《条例》提出如下实

施意见。

(一)充分认识民族民间传统文化保护工作的重要性和紧迫性

民族民间传统文化是世代相承、与群众生活密切相关的各种传统文化表现形式,既是历史发展的见证,又是珍贵的、具有重要价值的文化资源。加强民族民间传统文化保护工作,制定《条例》,用法律的形式保护优秀民族民间传统文化遗产,是落实科学发展观、构建社会主义和谐社会,促进经济社会协调发展,传承中华文明、繁荣社会主义文化的必然要求,对于继承和弘扬我县优秀文化传统,维护文化的多样性,增进民族团结,促进社会主义物质文明、精神文明和政治文明健康协调发展具有重要的现实意义和深远的战略意义。

长阳是一个具有悠久历史和民族文化传统的少数民族文化大县,民族民间艺术资源蕴藏丰厚,民族文化的多样性、丰富性和独特性一直为国内外所瞩目。但是,随着我县改革开放的进一步深入发展,全球化和现代化影响不断加强,全县的文化生态也发生了巨大变化,民族民间传统文化受到越来越大的冲击,依靠口授和行为传承的民族民间传统文化正在不断消失。民族民间传统文化发展形势日益严峻,因农村生产方式的改变,群体性生产中的传统习俗很难传承和展示;大量民族民间传统文化的代表性实物和资料难以得到妥善保护;许多传统技艺濒临消亡;随意滥用、过度或掠夺式地开发民族民间传统文化的现象时有发生;很多民间文化传承人年事已高或离世;年轻人对传统文化的认识淡薄,等等。有效地保护和抢救各种民族民间传统文化资源,是当前各级各有关部门一项重要而紧迫的任务,是当前全县广大干部群众的一项义不容辞的义务。

(二)加强协调,全面构建保护工作制度新体系

做好民族民间传统文化保护工作,功在当代、利在千秋。各级各有关部门要按照《条例》要求和所赋予的职责,密切配合,形成合力,构建保护民族民间传统文化工作制度新体系。文化部门要在科学论证的基础上,抓紧制定全县民族民间传统文化保护规划,进一步明确长远目标和近期工作任务,扎实有序地开展民族民间传统文化保护工作。教育部门要将优秀传统文化和传统文化保护知识纳入教学计划,编入地方教材,进入地方课教学,从而激发青少年热爱家乡传统文化的热情,推进我县民族民间传统文化的传承工作。广播电视部门要通过开设专题、专栏等方式,广泛宣传介绍我县悠久的传统文化和保护

知识,进一步提高全民的保护意识。国土资源和城建部门在制定城镇化建设过程中,要把保护优秀乡土建筑等文化遗产作为城镇化发展战略的重要内容,切实做好文化生态保护区、土家村寨或民居的保护规划;在文化生态区内规划重大建设项目,必须建立公示制度,广泛征求社会各界意见,并征得自治县民族民间传统文化保护委员会的同意。县旅游部门要对旅游从业人员进行民族民间传统文化知识和保护的培训,各旅游景点要举办传统文化展演活动,并开发其有地方特色的旅游产品。民族宗教部门要加强对民族民间文化的研究,力争多出研究成果。公安、工商部门要严厉打击破坏民族民间传统文化的各类违法犯罪行为。

(三)突出重点,积极推进各项保护工作措施得到全面落实

按照"保护为主、抢救第一、合理利用、传承发展"的原则,突出重点,细化措施,扎实抓好民族民间传统文化保护工作。

1. 建立县民族民间传统文化保护中心。民族民间传统文化保护工作专业性强、要求高,是一项系统工程。建立专门的业务工作机构,是使各项保护措施落到实处的根本保证。文化部门要在本系统内抽调事业心强、业务素质高的干部组建民族民间传统文化保护中心。保护中心在县文体局的领导下,按计划完成保护工作的各项具体任务。

2. 开展民族民间传统文化资源普查工作。根据文化部的统一部署和要求,普查工作在 2008 年前顺利完成。普查工作由县文体局牵头,县民族宗教事务局和各乡镇人民政府密切配合,利用电脑、数码摄像机、数码照相机等现代化设备和相应科技手段获得第一手资料。在传统文化普查工作中,做到不漏线索、不漏村组、不漏种类,确保普查内容和成果的真实可靠,杜绝提供虚假材料。通过普查,建立自治县民族民间传统文化资源数据库,在此基础上编制《长阳土家族自治县民族民间传统文化资源分布地图》。

3. 建立县级民族民间传统文化保护名录。根据国家、省、市有关部门的规定,县级以上的非物质文化遗产名录从县级保护名录中筛选产生,湖北省在 2007 年年底公布首批省级非物质文化遗产名录。全县上下积极配合文化部门做好民族民间传统文化的搜集、整理、传承、申报等工作,抓紧时间建好县级保护名录,为进一步做好非物质文化遗产的推荐、申报工作奠定基础。

4. 重视文化传承人队伍建设。要采取有力措施,努力改变目前民族民间传统文化队伍后继乏人的现状。对具有重要价值的民族民间文化传承人,要尽力保护,在政策上给予重点扶持,加强中青年艺术骨干的培养,鼓励民族民间文化艺人带徒授艺,使民族民间传统文化后继有人、代代相传。

5.重视民族民间传统文化继承发展。要正确处理保护和开发利用的关系,既要防止开发性破坏,也要克服封闭式保护,注重保护好民族民间传统文化资源的真实性与完整性。要充分发挥民族民间传统文化资源的优势,在有效保护的前提下,合理开发利用,促进文化产业发展,促进县域经济和社会协调发展。积极探索社会力量参与非物质文化保护的新路子,鼓励支持社会力量以各种形式参与民族民间传统文化的保护。加强民族民间传统文化的对外交流与合作,学习借鉴外地先进管理经验和技术,提高我县民族民间传统文化保护工作水平。

6.对确属具有重要历史、文化、科学价值而濒危消亡的项目,要采取切实可行的措施,进行抢救性保护。

(四)加强对民族民间传统文化保护工作的组织领导

1.加强领导。要充分发挥政府主导作用,建立健全民族民间传统文化保护工作机制。各级各有关部门要把民族民间传统文化保护工作列入重要日程,成立民族民间文化保护领导小组及工作专班,制定并实施保护中长期规划与年度计划,切实履行职责,扎实做好民族民间传统文化保护的日常工作。对传统文化生态保持较完整,有特殊价值的村寨或者民居,相关乡镇要成立专门保护小组,进行专门保护。

2.加大投入。各级财政要加大对民族民间传统文化保护工作的支持力度,安排专项资金,保障工作的正常开展。各乡镇政府每年要给文化站安排一定的经费用于民族民间传统文化保护工作,完成好民族民间传统文化保护工作的"五个一"任务,即每个乡镇建立一个民间艺人协会,建立一套民间艺人档案,建立一支民族民间文化骨干队伍,每年召开一次民间艺人座谈会,每年组织开展一次有一定影响的民族民间传统文化活动。在充分发挥政府主导作用的同时,充分调动社会各界的积极性,多方吸纳社会资金参与保护工作。

3.广泛宣传。要进一步加大对《条例》的宣传力度,充分发挥广播、电视、三峡长阳网等各类新闻媒体的作用,广泛宣传民族民间传统文化保护在我县经济社会发展中的重要意义和作用,增强全社会和广大群众的保护意识,努力形成全社会共同关心、爱护并积极参与民族民间传统文化保护的社会氛围。

二、制定民族民间传统文化项目代表性传承人认定与管理办法

为有效保护和传承民族民间传统文化,鼓励和支持民族民间传统文化传承人开展传习活动,根据《中华人民共和国非物质文化遗产法》、文化部《国家级非物质文化遗产项目代表性传承人认定与管理暂行办法》和《长阳土家族自治县民族民间传统文化保护条例》的有关规定,为了进一步完善《条例》,2009年10月长阳县政府颁布了《长阳土家族自治县民族民间传统文化项目代表性传承人认定与管理暂行办法》;该《办法》对传承人的认定管理、权利和义务进一步作了明确规定。

(一)界定代表性传承人的内涵

"民族民间传统文化项目代表性传承人"是指县委、县人民政府认定并命名表彰,具有公认的代表性、权威性与影响力的传承人。(第2条)

(二)设立代表性传承人的条件

1.本地方群众公认的、通晓某一种或多种民族民间传统文化活动内涵、形式、流程、规则的;2.熟练掌握某一种或多种民族民间传统文化技艺,在当地有影响或者被公认的;3.掌握和保存重要的民族民间传统文化原始文献和其他实物、资料的;4.努力培养民间艺术后继人才,积极参加文化部门组织的各类民间艺术活动。(第4条)

(三)确立认定程序

1.申报

民族民间传统文化项目代表性传承人的认定,由个人向乡(镇)综合文化站申请,并提供以下材料:申请人基本情况,包括年龄、性别、民族、文化程度、职业、工作单位等;本人学习、实践经历和传承谱系;本人的技艺特点、成就及相关的证明材料;本人持有民族民间传统文化的相关实物、资料的情况;其他有助于说明申请人代表性的材料。(第5条)

2.审核

乡(镇)文化站对申请人提供的材料进行审核,提出推荐名单报乡(镇)政府签署意见后,报送县民族民间传统文化保护中心。

3. 评议

县民族民间传统文化保护中心对申请人的申请表及相关证明材料进行审核后，由县民族民间传统文化评审鉴定委员会进行审核评议，提出民族民间传统文化项目代表性传承人推荐名单。（第6条）

4. 公示

县文化行政主管部门将推荐名单向社会公示，公示期15天。（第7条）

5. 公布

县文化行政主管部门根据公示结果，将确认的名单报送县人民政府审批，并予以公布。（第8条）

（四）确立代表性传承人的义务

1. 在不违反国家有关法律法规的前提下，向县民族民间传统文化保护中心提供完整的传统文化项目操作程序、技术规范、原材料要求、技艺等；2. 制订传统文化项目传承计划、报县民族民间传统文化保护中心备案；3. 采取收徒、办学等方式，开展传承工作，无保留地传授技艺、培养后继人才；4. 积极参与各级政府部门组织的展览、演示、研讨、交流等活动；5. 每年应向县民族民间传统文化保护中心汇报项目传承情况。（第11条）

（五）细化行政保障措施

1. 建档

县民族民间传统文化保护中心应采用文字、图片、录音、录像的方式，全面记录民族民间传统文化项目代表性传承人掌握的民族民间传统文化表现形式、特点和知识等，征集并保管传承人的代表作品，建立传承人档案。（第9条）

2. 资助

县文化行政主管部门应对开展传习活动的民族民间传统文化项目代表性传承人予以支持，如资助有关技艺资料的整理、出版，提供展示、宣传及其他有利于传承的帮助。（第10条）

3. 表彰和奖励

县文化、教育、民族宗教部门应当对做出突出贡献的民族民间传统文化传承人，给予表彰和奖励。（第12条）

4. 补贴

县人民政府设立高龄民间艺人生活困难补贴专项经费,由县文化行政主管部门管理并发放。(第14条)男年满65周岁、女年满60周岁的县级以上非物质文化遗产项目代表性传承人,可申报高龄民间艺人生活困难补贴。(第16条)

三、制定县级和局级领导联系民族民间文化人才政策

(一)长阳县委、县政府研究制定的县级领导联系民族民间文化人才的制度

针对长阳县各界涌现出的一大批优秀民族民间文化人才,推出了许多在全国、全省、全市有影响的艺术精品和文学力作,促进了长阳县民族民间文化事业的蓬勃发展。为更好地打造长阳民族文化产业大县的品牌,大力培养更多的优秀民族民间文化人才,为各类民族民间文化人才搭建展示才华、服务经济、贡献社会的平台,2006年长阳县委、县政府研究制定了县级领导联系民族民间文化人才的通知,建立县级领导联系民族民间文化人才制度。

1.联系范围

国家级文化艺术协会会员及部分省级会员,受到各级表彰的拔尖文化人才、文化功臣、优秀文化工作者和有潜力的中青年文化人才。

2.联系方式

县级领导采取走访、慰问、约谈等形式,经常关心民族民间文化人才的工作和生活,加强沟通,了解心声,听取意见和建议,为民族民间文化人才发挥作用创造良好环境。

3.联系要求

县级领导所在单位负责填写《县级领导联系民族民间文化人才信息反馈卡》。县委组织部人才工作科及时收集汇总,综合分析,研究加强民族民间文化人才队伍建设的具体措施和办法。

(二)县文体局关于县直文体单位联系民族民间文化优秀传承人的通知

为贯彻实施《县委、县人民政府关于进一步加强人才工作的意见》,落实长办发〔2007〕11号文件精神,切实关心民族民间文化优秀传承人的生产和生

活,2008年制定了县文体局关于县直文体单位联系民族民间文化优秀传承人的通知,在文体系统实行县直文体单位联系民族民间文化优秀传承人的制度。

1.参加单位及联系对象

县直文体单位联系优秀民间艺人工作参加单位有文体局、文联、文化馆、博物馆、民间文化保护中心、图书馆、歌舞剧团、资丘民族文化馆、业余体校这九个单位,联系对象为受县委、县政府表彰的民族民间传统文化优秀传承人。

2.联系内容

(1)掌握情况。主要掌握联系对象家庭的基本情况以及民族民间文化的传授情况,帮助协调解决生产生活及文化传承中的困难和问题,维护好他们的合法权益。

(2)宣传政策。向联系对象宣传党的文艺方针政策和国家的法律法规,宣传《长阳土家族自治县民族民间传统文化保护条例》及民族民间文化保护方面的有关政策等。

(3)加强沟通。听取联系对象对发展民族民间传统文化的意见和建议;有针对性地做好思想政治工作,引导他们发挥聪明才智,不断创新民族民间文化。

(4)进行帮扶。根据民间艺人具体情况,帮助解决一些生产生活上的困难,采取多种措施丰富他们的精神生活。

3.联系方式

(1)走访慰问。采用定期或不定期走访的方式,到被联系人家中进行慰问,深入了解家庭生产生活情况,做到心中有数。

(2)电话联系。根据被联系人的生活和思想状况,经常性地通过电话进行沟通,建立起密切友好的关系。

4.工作要求

各单位要把联系优秀民间艺人当作一项重要工作来抓,切实关心他们的生产生活,脚踏实地地帮助他们解决困难和问题,为他们从事民间文化传承工作创造一个良好的环境。要求每季度至少与联系对象有一次以上的联络,每年到联系对象家中走访不得少于两次。每次开展联络活动后,要及时做好相关记录。被联系对象生产生活中的困难及从事民间艺术传承情况,要有较完整的情况记载,重要情况要及时向局党委汇报。

四、制定申报非物质文化遗产传承基地和推荐民族民间文化优秀传承人政策

为有效保护和传承民族民间传统文化,鼓励和支持民族民间传统文化的传习活动,根据《长阳土家族自治县民族民间传统文化保护条例》精神,县委、县人民政府决定命名一批非物质文化遗产传承基地和命名表彰第三批民族民间文化优秀传承人。长阳县文体局制定了关于申报首批非物质文化遗产传承基地和推荐第三批民族民间文化优秀传承人的通知。

(一)命名表彰名额

全县命名非物质文化遗产传承基地两个,表彰第三批民族民间传统文化优秀传承人20名。

(二)推荐范围及条件

1.具备下列条件的长阳土家族自治县域内的单位和合法组织可推荐申报非物质文化遗产传承基地:(1)长期从事非物质文化遗产某一项或多项的表演艺术、传统工艺、制作技艺的展示、培训和研究;(2)保存非物质文化遗产某一项或多项民族民间传统文化的原始资料、代表性实物;(3)有传授人;传习授徒活动正常开展,培养民间艺术新人成效显著,传承工作在县以上范围产生影响;(4)有固定的排练、教学或制作(陈列)场所;有专职或兼职管理人员和必需的经费保障。非物质文化遗产传承基地的申报中要有该基地组织活动的数码照片10张以上(像素500万以上、附文字说明摄影者或版权所有者,及其未经压缩的电子版本)。非物质文化遗产传承基地的申报辅助材料中应出具一份同意无偿使用申报材料进行宣传和推广工作的授权书。

2.具备民族民间传统文化优秀传承人的条件。户口在长阳土家族自治县域内的民族民间传统文化艺人中符合下列条件两项以上的,可以推荐申报民族民间传统文化优秀传承人:(1)本地方群众公认的、通晓某一种或多种民族民间传统文化活动内涵、形式、流程、规则的;(2)熟练掌握某一种或多种民族民间传统文化技艺,在当地有影响或者被公认的;(3)掌握和保存重要的民族民间传统文化原始文献和其他实物、资料的;(4)努力培养民间艺术后继人才,积极参加文化部门组织的各类民间艺术活动。

（三）推荐、评审程序

1. 推荐。各乡镇文化站（文广中心）和文体部门各二级单位在对本地传承单位和民间艺人进行摸底排查的情况下，按照推荐条件进行推荐，填写《长阳非物质文化遗产传承基地推荐表》和《长阳民族民间传统文化优秀传承人推荐表》（以下简称《推荐表》）。《推荐表》一式两份，由乡镇文化站（文广中心）和文体部门各单位负责填写，被推荐人所在村（或单位）及乡镇人民政府签署意见后上报。

2. 资格审查。在推荐的基础上，由民族民间传统文化保护中心对被推荐的非物质文化遗产传承基地和民族民间传统文化优秀传承人进行资格审查。

3. 评审及公示。将资格审查合格的申报单位和个人材料交由县民族民间传统文化评审鉴定委员会进行评审，将评审通过的非物质文化遗产传承基地、民族民间传统文化优秀传承人名单进行公示，公示期 15 天。

4. 审批及表彰。公示期满后，将公示合格的非物质文化遗产传承基地和民族民间传统文化优秀传承人呈报县人民政府审批。

五、制定专项保护计划

长阳山歌、长阳南曲、十五溪故事、土家吹打乐，是长阳世代土家族儿女为我们留下的珍贵文化遗产。2006 年长阳县为申报市级、省级非物质文化遗产代表作名录，切实加强对以上四个项目的保护，制定了五年保护计划。

（一）长阳山歌五年保护计划

长阳山歌是同民俗融为一体的，它伴随着土家人的生活、生产习俗在民间保存着。随着历史的发展、社会的进步，尤其是社会经济发展和生产、生活方式的更新，使得长阳山歌的生存环境受到很大的冲击。长阳山歌是民族音乐文化中的宝贵财富，是我们进行艺术创作取之不尽、用之不竭的源泉，它为民族音乐创作和表现生活提供了广阔的天地，无论是在音乐主题的选择与拓展、音乐形象的丰富和塑造、音乐语言的结构与锤炼，还是在表现内容和形式等方面，都有纵横驰骋的天地。为了加强对长阳山歌的保护和传承，根据《国务院关于加强文化遗产保护的通知》（国发〔2005〕42 号）、《国务院办公厅关于加强我国非物质文化遗产保护工作意见》（国办发〔2005〕18 号）、湖北省人民政府《关于省级非物质文化遗产名录申报评审工作的通知》精神，特制定如下五年保护计划。

1.保护范围及内容

本计划所保护的"长阳山歌"是指在自治县区域内流传了几千年的山歌这一民族音乐文化瑰宝。

2.保护工作的指导方针及原则

保护工作的指导方针是:保护为主、抢救第一、合理利用、传承发展;实施原则是:政府主导、社会参与、长远规划、分步实施、点面结合、讲求实效。

3.主要保护措施

(1)建立"长阳山歌"文献档案室,在县民族民间传统文化保护中心建立长阳山歌资源数据库。(2)实施"长阳山歌"传承计划。继续开展评选民族民间传统文化优秀传承人活动,对传承人给予表彰和经济奖励。对高龄的长阳山歌歌手给予一定的传承补贴,以解决生活困难,确保其艺术生命得以延长。对长阳山歌流传重点区域实行重点保护。对保护和传承工作成绩突出的乡(镇)、村落给予扶持和奖励。在中、小学的地方教材中,开设"长阳山歌"课程。举办中、小学"长阳山歌"比赛。(3)实施"长阳山歌"传播计划。编印出版《长阳山歌》专著和刻录"长阳山歌"光盘。在三峡长阳网设置"长阳山歌"固定栏目。在长阳山歌流行重点区域的榔坪、贺家坪、资丘、渔峡口建立"长阳山歌"培训基地,组织"长阳山歌"培训。举办全县"长阳山歌"擂台赛。举办湘、鄂边土家族民歌擂台赛。

4.五年保护年度计划

时间	保护措施	预期目标
2007	(1)进一步在全县范围内挖掘、收集、整理长阳山歌,在此基础上建立"长阳山歌"文献、资料档案,为今后建立资源数据库做好基础工作; (2)在全县命名、表彰"长阳山歌"优秀传承人; (3)在三峡长阳网开设"长阳山歌"知识及习俗网页; (4)在长阳山歌重点流行乡(镇)的中、小学开设长阳山歌教学课程。	做好基础工作,使长阳山歌更加深入人心,进一步增强人们对长阳山歌的保护和传承意识。

续表

时间	保护措施	预期目标
2008	(1)制作"长阳山歌"资料光盘,编写"长阳山歌"中、小学地方教材; (2)编印出版《长阳山歌》专著。	在中小学生中传承长阳山歌。
2009	(1)举办全县"长阳山歌"擂台赛; (2)在全县命名、表彰"长阳山歌"优秀传承人。	
2010	举办湘、鄂边土家族民歌学术研讨会。	形成一定的研究成果,并进行学术交流。
2011	举办湘、鄂边土家族民歌擂台赛。	

5.经费预算

组织专班,进一步在县境内收集、整理长阳山歌。建立"长阳山歌"文献资料和资源数据库,经费 10 万元。在三峡长阳网开设"长阳山歌"资料介绍网页,经费 2 万元。在全县命名表彰"长阳山歌"传承人为主的第二批民族民间传统文化优秀传承人,经费 5 万元。编辑出版《长阳山歌》专著,经费 14 万元。制作"长阳山歌"资料光盘和编印"长阳山歌"地方教材,经费 8 万元。举办"长阳山歌"歌手擂台赛和全县中、小学生"长阳山歌"歌手比赛,经费 12 万元。在长阳山歌流行重点区域的榔坪、贺家坪、资丘、渔峡口建立"长阳山歌"培训基地,组织长阳山歌培训,经费 12 万元。举办湘、鄂边土家族民歌擂台赛,经费 14 万元。举办湘、鄂边土家族民歌学术研讨会,经费 10 万元。以上合计 87 万元。

6.经费来源

完成本保护计划需投入经费 87 万元,将通过以下途径筹措资金:一是争取将"长阳山歌"列入宜昌市级、湖北省级非物质文化遗产保护名录,争取各级政府拨专款支持保护传承工作;二是县财政每年将保护经费纳入财政预算;三是向社会募集一定经费,以弥补经费的不足。资金来源安排为:县财政投入约 22 万元;文化部门及所在乡、镇、村自筹 5 万元;民族部门筹集民族文化事业发展项目资金支持 15 万元;向上争取项目资金 45 万元。

7.保障措施及相关机制

(1)法制保障。为了加强对民族民间传统文化的保护,自治县人民政府制定的《长阳土家族自治县民族民间传统文化保护条例》于2006年3月31日经湖北省第十届人民代表大会第二十次常务委员会批准,2006年6月10日起颁布施行。2006年6月,县委、县人民政府发布了《关于宣传、贯彻〈长阳土家族自治县民族民间传统文化保护条例〉实施意见》,成立了县民族民间传统文化保护委员会,县民族民间传统文化评审鉴定委员会和县民族民间传统文化保护中心。县保护中心具体实施民族民间传统文化的收集、整理、研究、保护、传承等日常工作。(2)经费保障。从2006年起,县人民政府将民族民间传统文化的保护经费纳入财政预算,建立专项资金。(3)规划保障。根据《长阳土家族自治县民族民间传统文化保护条例》的相关规定,长阳山歌、薅草锣鼓等民间音乐受"条例"保护,并将此项工作纳入自治县国民经济和社会发展计划。(4)组织保障。建立县、乡(镇)、村三级民族民间传统文化保护网络,具有特殊价值的村寨或者民居,设立保护小组。(5)传承人保护。建立民族民间传统文化优秀传承人申报命名机制,为传承人建立个人档案,鼓励民间艺人从事民间文化传承。(6)生态保护。建立自治县民族民间传统文化生态保护区,建立自治县民族民间传统文化资源数据库。(7)约束机制。依照《长阳土家族自治县民族民间传统文化保护条例》中的"法律责任"内容,对给长阳山歌、薅草锣鼓等民间音乐保护造成损失的当事人追究其法律责任。

(二)长阳南曲五年保护计划

长阳南曲,古称南曲,亦称丝弦,在长阳已流传两百多年。长阳南曲最显著的特点是悠婉细腻,优美抒情,唱腔曲牌丰富,被誉为"郁香山花"。随着历史的发展、社会的进步,尤其是社会经济发展和生产、生活方式的更新,使得长阳南曲的生存环境受到很大的冲击。为了加强对长阳南曲的保护和传承,根据《国务院关于加强文化遗产保护的通知》(国发〔2005〕42号)、《国务院办公厅关于加强我国非物质文化遗产保护工作的意见》(国办发〔2005〕18号)、湖北省人民政府《关于省级非物质文化遗产名录申报评审工作的通知》精神,特制定如下五年保护计划。

1.保护范围及内容

本计划所保护的"长阳南曲"是指在自治县区域内流传的长阳南曲及相关传统民俗。

2.保护工作的指导方针及原则

保护工作的指导方针是：保护为主、抢救第一、合理利用、传承发展；实施原则是：政府主导、社会参与、长远规划、分步实施、点面结合、讲求实效。

3.主要保护措施

(1)建立"长阳南曲"文献档案室，在县民族民间传统文化保护中心建立"长阳南曲"资源数据库。(2)实施"长阳南曲"传承计划。继续开展评选民族民间传统文化优秀传承人活动，对传承人进行表彰和经济奖励，对高龄的长阳南曲艺人给予一定的传承补贴，以解决生活困难，确保其艺术生命得以延长。(3)对长阳南曲流传重点区域实行重点保护。对保护和传承工作成绩突出的乡(镇)、村落给予扶持和奖励。在长阳南曲流传区域的各中、小学的地方教材中，开设"长阳南曲"课程。举办中、小学"长阳南曲"比赛。(4)实施"长阳南曲"传播计划。刻录"长阳南曲"光盘，在三峡长阳网设置"长阳南曲"固定栏目。每年举办一次"长阳南曲"培训班。举办长阳南曲师徒大赛。举办长阳南曲学术研讨会。在资丘镇建立"长阳南曲演艺堂"。

4.五年保护年度计划

时间	保护措施	预期目标
2007	(1)进一步在全县范围内挖掘、收集、整理长阳南曲，建立"长阳南曲"文献、资料档案，为今后建立资源数据库做好基础工作； (2)在全县命名、表彰"长阳南曲"优秀传承人； (3)在三峡长阳网开设"长阳南曲"知识网页； (4)在长阳南曲重点流行乡(镇)的中、小学校开设"长阳南曲"教学课程； (5)在资丘、渔峡口等乡(镇)中、小学校举办"长阳南曲"比赛。	做好基础工作，使长阳南曲更加深入人心，进一步增强人们对长阳南曲的保护和传承意识。

续表

时间	保护措施	预期目标
2008	（1）制作"长阳南曲"经典传统曲目光盘，"长阳南曲"创新演唱作品光盘，"长阳南曲"教学光盘；编写"长阳南曲"中、小学地方教材； （2）举办中、小学生"长阳南曲"演唱比赛； （3）举办"长阳南曲"培训班。	在中小学生中传唱长阳南曲。
2009	（1）在全县命名、表彰"长阳南曲"优秀传承人； （2）举办"长阳南曲"师徒大赛。	
2010	举办"长阳南曲"学术研讨会。	形成一定的研究成果，并进行学术交流。
2011	在资丘镇建立"长阳南曲演艺堂"。	

5.经费预算

组织专班，进一步在县境内收集、整理长阳南曲。建立"长阳南曲"文献资料和资源数据库，经费 10 万元。在三峡长阳网开设"长阳南曲"资料介绍网页，经费 2 万元。在全县命名表彰"长阳南曲"传承人为主的民族民间传统文化优秀传承人，经费 5 万元。制作"长阳南曲"教学光盘、经典传统曲目光盘、创新演唱作品光盘，编印"长阳南曲"中、小学地方教材，经费 23 万元。一年一度的"长阳南曲"师徒大赛（共 5 年），经费 20 万元。举办"长阳南曲"学术研讨会，经费 6 万元。建立"长阳南曲演艺堂"，经费 80 万元。以上合计 146 万元。

6.经费来源

完成本保护计划需投入经费 146 万元，将通过以下途径筹措资金：一是争取将"长阳南曲"列入宜昌市级、湖北省级非物质文化遗产保护名录，争取各级政府拨专款支持保护传承工作；二是县财政每年将保护经费纳入财政预算；三是向社会募集一定经费，以弥补经费的不足。资金来源安排为：县财政投入 35 万元；文化部门及所在乡、镇、村自筹 6 万元；民族部门筹集民族文化事业发展项目资金支持 25 万元；向上争取项目资金 80 万元。

7. 保障措施及相关机制

(1)法制保障。为了加强民族民间传统文化的保护,自治县人民政府制定的《长阳土家族自治县民族民间传统文化保护条例》于 2006 年 3 月 31 日经湖北省第十届人民代表大会第二十次常务委员会批准,2006 年 6 月 10 日起颁布施行。2006 年 6 月,县委、县人民政府发布了关于宣传、贯彻《长阳土家族自治县民族民间传统文化保护条例》实施意见,成立了县民族民间传统文化保护委员会,县民族民间传统文化评审鉴定委员会和县民族民间传统文化保护中心。县保护中心具体实施民族民间传统文化的收集、整理、研究、保护、传承等日常工作。(2)经费保障。从 2006 年起,县人民政府将民族民间传统文化的保护经费纳入财政预算,建立专项资金。(3)规划保障。根据《长阳土家族自治县民族民间传统文化保护条例》的相关规定,长阳南曲、薅草锣鼓等民间音乐受"条例"保护,并将此项工作纳入自治县国民经济和社会发展计划。(4)组织保障。建立县、乡(镇)、村三级民族民间传统文化保护网络,具有特殊价值的村寨或者民居,设立保护小组。(5)传承人保护。建立民族民间传统文化传承人申报命名机制,为传承人建立个人档案,鼓励民间艺人从事民间文化传承。(6)生态保护。建立自治县民族民间传统文化生态保护区,建立自治县民族民间传统文化资源数据库。(7)约束机制。依照《长阳土家族自治县民族民间传统文化保护条例》中的"法律责任"内容,对给长阳南曲等民间曲艺保护造成损失的当事人追究其法律责任。

(三)十五溪故事五年保护计划

十五溪村会讲故事的人很多。故事类型分为神话、传说、故事、笑话等四大类,具有民俗学、人文科学、传承历史研究价值和娱乐教化的功能。随着历史的发展,社会的进步,尤其是社会经济发展和生产、生活方式的更新,使得十五溪故事的生存环境受到很大的冲击。为了加强对十五溪故事的保护和传承,根据《国务院关于加强文化遗产保护的通知》(国发〔2005〕42 号)、《国务院办公厅关于加强我国非物质文化遗产保护工作意见》(国办发〔2005〕18 号)、湖北省人民政府关于省级非物质文化遗产名录申报评审工作的通知精神,特制定如下五年保护计划。

1. 保护范围及内容

本计划所保护的"十五溪故事"是指在都镇湾镇十五溪及周边村寨流传了几千年的民间故事及相关文化空间。

2.保护工作的指导方针及原则

保护工作的指导方针是：保护为主、抢救第一、合理利用、传承发展；实施原则是：政府主导、社会参与、长远规划、分步实施、点面结合、讲求实效。

3.主要保护措施

(1)建立"都镇湾镇十五溪民间故事"文献档案室，在县民族民间传统文化保护中心建立民间故事资源数据库。(2)实施"十五溪故事"传承计划。继续开展评选优秀民间传承人活动，对传承人进行表彰和经济奖励。对高龄的民间故事讲述家给予一定的传承补贴，以解决生活困难，确保其艺术生命得以延长。(3)对十五溪故事实行重点保护。对保护和传承工作成绩突出的村组、个人给予扶持和奖励。在都镇湾镇举办中、小学校"民间故事"演讲比赛。(4)实施"十五溪故事"传播计划。出版《十五溪故事》专著并刻录"十五溪故事"光盘。在三峡长阳网设置"十五溪故事"固定栏目。举办湘鄂边土家族民间故事及其他口头文学等学术研讨会。修建"十五溪故事堂"。

4.五年保护年度计划

时间	保护措施	预期目标
2007	(1)进一步在十五溪内挖掘、收集、整理"十五溪故事"，在此基础上建立"十五溪故事"文献、资料档案，为今后建立资源数据库做好基础工作； (2)命名、表彰"十五溪民间故事"优秀传承人； (3)在三峡长阳网开设"十五溪故事"网页； (4)在都镇湾镇十五溪小学、宝塔中学开设民间故事演讲及其他口头文学课程。 (5)在都镇湾镇各个学校举办"民间故事"演讲赛。	做好基础工作，使十五溪故更加深入人心，进一步增强人们对"十五溪故事"的保护和传承意识。
2008	(1)制作"十五溪故事"资料光盘，编写"十五溪故事"中、小学地方教材； (2)出版《十五溪故事》专著。	在中小学生中传承十五溪民间故事。

续表

时间	保护措施	预期目标
2009	（1）在都镇湾镇举办中、小学生"民间故事"演讲赛； （2）命名、表彰"十五溪民间故事"优秀传承人。	
2010	举办湘鄂边土家族民间故事及其他口述文学学术研讨会。	形成一定的研究成果，并进行学术交流。
2011	建立十五溪故事堂。	

5. 经费预算

组织专班，进一步在十五溪境内收集、整理"十五溪故事"。建立"十五溪民间故事"文献资料和资源数据库，经费 12 万元。在三峡长阳网开设"十五溪故事"资料介绍网页，经费 2 万元。命名、表彰以"十五溪故事"传承人为主的第二批民族民间传统文化优秀传承人，经费 2 万元。编辑出版《十五溪故事》专著，经费 10 万元。制作"十五溪故事"传承光盘和编印"十五溪故事"地方教材，经费 8 万元。在都镇湾镇举办"十五溪故事擂台赛"，经费 2 万元。举办湘鄂边土家族民间故事及其他口头文学等学术研讨会，经费 10 万元。修建"十五溪故事堂"30 万元。以上合计 76 万元。

6. 经费来源

完成本保护计划需投入经费 76 万元，将通过以下途径筹措资金，一是争取将"十五溪故事"列入宜昌市级、湖北省级非物质文化遗产保护名录，争取各级政府拨专款支持保护传承工作；二是县财政每年将保护经费纳入财政预算；三是向社会募集一定经费，以弥补经费的不足。资金来源安排为：县财政投入 21 万元；文化部门及所在乡、镇、村自筹 5 万元；民族部门筹集民族文化事业发展项目资金支持 10 万元；向上争取项目资金 40 万元。

7. 保障措施及相关机制

（1）法制保障。为了加强对民族民间传统文化的保护，自治县人民政府制定的《长阳土家族自治县民族民间传统文化保护条例》于 2006 年 3 月 31 日经湖北省第十届人民代表大会第二十次常务委员会批准，2006 年 6 月 10 日起颁布施行。2006 年 6 月，县委、县人民政府发布了关于宣传、贯彻《长阳土家族自治县民族民间传统文化保护条例》实施意见,成立了县民族民间传统文化保护委员会、县民族民间传统文化评审鉴定委员会和县民族民间传统文化保护中心。县保护中心具体实施民族民间传统文化的收集、整理、研究、保护、传承等日常工作。(2)经费保障。从 2006 年起,县人民政府将民族民间传统文化的保护经费纳入财政预算,建立专项资金。(3)规划保障。根据《长阳土家族自治县民族民间传统文化保护条例》的相关规定,民间故事等口头文学受《条例》保护,并将此项工作纳入自治县国民经济和社会发展计划。(4)组织保障。建立县、乡(镇)、村三级民族民间传统文化保护网络,具有特殊价值的村寨或者民居,设立保护小组。(5)传承人保护。建立民族民间传统文化传承人申报命名机制,为传承从建立个人档案,鼓励民间艺人从事民间文化传承。(6)生态保护。建立自治县民族民间传统文化生态保护区,建立自治县民族民间传统文化资源数据库。(7)约束机制。依照《长阳土家族自治县民族民间传统文化保护条例》中的"法律责任"内容,对给民间故事等口头文学保护造成损失的当事人追究其法律责任。

(四)土家吹打乐五年保护计划

土家吹打乐形成于宋代,它同民俗融为一体,伴随着土家人的生活、生产习俗在民间保存着。随着历史的发展、社会的进步,尤其是社会经济发展和生产、生活方式的更新,使得土家吹打乐的生存环境受到很大的冲击。为了加强对土家吹打乐的保护和传承,根据《国务院关于加强文化遗产保护的通知》(国发〔2005〕42 号)、《国务院办公厅关于加强我国非物质文化遗产保护工作意见》(国办发〔2005〕18 号)、湖北省人民政府关于省级非物质文化遗产名录申报评审工作的通知精神,特制定如下五年保护计划。

1.保护范围及内容

本计划所保护的"土家吹打乐"是指在自治县区域内流传了 500 多年的民间吹打乐以及与之相关的土家民俗。

2.保护工作的指导方针及原则

保护工作的方针是:保护为主,抢救第一,合理利用,传承发展;实施原则是:政府主导,社会参与,长远规划,分步实施,点面结合,讲求实效。

3.主要保护措施

(1)建立"土家吹打乐"文献档案室,在县民族民间传统文化保护中心建立土家吹打乐资源数据库。(2)实施"土家吹打乐"传承计划。继续开展评选优秀民间文化传承人活动,对传承人实行表彰和经济奖励。对高龄的土家吹打乐艺人给予一定传承补贴,以解决生活困难,确保其艺术生命得于延长。(3)对土家吹打乐流传重点区域实行重点保护。对保护和传承工作成绩突出的乡(镇)、村落给予扶持和奖励。在土家吹打乐流行区域的中、小学校扶持建立"土家吹打乐"演奏队。(4)实施"土家吹打乐"传播计划。刻录"土家吹打乐"传统曲牌光盘。在三峡长阳网设置"土家吹打乐"知识介绍及优秀曲目欣赏固定栏目。举办"土家吹打乐"培训班;举办全县"土家吹打乐"比赛。(5)举办湘、鄂边土家族民间吹打乐学术研讨会。

4.五年保护年度计划

时间	保护措施	预期目标
2007	(1)进一步在全县范围内挖掘、收集、整理土家吹打乐,在此基础上建立"土家吹打乐"文献、资料档案,为今后建立资源数据库做好基础工作; (2)在全县命名、表彰土家吹打乐优秀传承人; (3)在三峡长阳网开设介绍"土家吹打乐"知识网页; (4)在土家吹打乐重点流行乡(镇)的中、小学校建立"土家吹打乐"演奏队。	做好基础工作,使土家吹打乐更加深入人心,进一步增强人们对土家吹打乐的保护和传承意识。
2008	制作"土家吹打乐"资料光盘,编写"土家吹打乐"中、小学地方教材。	在中小学生中传承土家吹打乐。
2009	在全县命名、表彰土家吹打乐优秀传承人。	
2010	举办全县"土家吹打乐"比赛。	
2011	举办湘、鄂边土家族民间吹打乐学术研讨会。	形成一定的研究成果,并进行学术交流。

5.经费预算

组织专班,进一步在县境内收集、整理土家吹打乐。建立"土家吹打乐"文献资料和资源数据库,经费 10 万元。在三峡长阳网开设"土家吹打乐"资料介绍网页,经费 2 万元。在全县命名、表彰以"土家吹打乐"传承人为主的第二批民族民间传统文化优秀传承人,经费 5 万元。制作《土家吹打乐》传承光盘和编印"土家吹打乐"地方教材,经费 8 万元。举办"土家吹打乐"比赛,经费 3 万元。在土家吹打乐流行重点区域的都镇湾、贺家坪、资丘、椰坪、渔峡口中、小学扶持建立"土家吹打乐"演奏队,经费 6 万元。举办湘、鄂边土家族民间吹打乐学术研讨会,经费 10 万元。以上合计 44 万元。

6.经费来源

完成本保护计划需投入经费 44 万元,将通过以下途径筹措资金,一是争取将"土家吹打乐"列入宜昌市级、湖北省级非物质文化遗产保护名录,争取各级政府拨专款支持保护传承工作;二是县财政每年将保护经费纳入财政预算;三是向社会募集一定经费,以弥补经费的不足。资金来源安排为:县财政投入 14 万元;所在乡、镇自筹 2 万元;民族部门筹集民族文化事业发展项目资金支持 6 万元;向上争取项目资金 22 万元。

7.保障措施及相关机制

(1)法制保障。为了加强对民族民间传统文化的保护,自治县人民政府制定的《长阳土家族自治县民族民间传统文化保护条例》于 2006 年 3 月 31 日经湖北省第十届人民代表大会第二十次常务委员会批准,2006 年 6 月 10 日起颁布施行。2006 年 6 月,县委、县人民政府发布了关于宣传、贯彻《长阳土家族自治县民族民间传统文化保护条例》实施意见,成立了县民族民间传统文化保护委员会,县民族民间传统文化评审鉴定委员会和县民族民间传统文化保护中心。县保护中心具体实施民族民间传统文化的收集、整理、研究、保护、传承等日常工作。(2)经费保障。从 2006 年起,县人民政府将民族民间传统文化的保护经费纳入财政预算,建立专项资金。(3)规划保障。根据《长阳土家族自治县民族民间传统文化保护条例》的相关规定,土家吹打乐、薅草锣鼓等民间音乐受"条例"保护,并将此项工作纳入自治县国民经济和社会发展计划。(4)组织保障。建立县、乡(镇)、村三级民族民间传统文化保护网络,具有特殊价值的村寨或者民居,设立保护小组。(5)建立民族民间传统文化传承人申报命名机制,为传承人建立个人档案,鼓励民间艺人从事民间文化传承。(6)生态保护。建立自治县民族民间传统文化生态保护区,建立自治县民族民间传统文化资源数据库。(7)约束机制。依照《长阳土家族自治县民族民间传统文化保护条例》中的"法律责任"内容,对给土家吹打乐、薅草锣鼓等民间音乐保护造成损失的当事人追究其法律责任。

(五)长阳土家跳丧习俗五年保护计划

"长阳土家跳丧习俗",俗称"打丧鼓"。这种土家人民几千年来以歌舞祭奠亡人的习俗,充分体现了土家族独特的民族心理素质,是民族精神的凝聚力量和民族情感纽带,是中国巴文化的活化石。近年来,因外来文化的冲击、年轻外出打工者剧增等多种原因致使该习俗具有濒危性,亟待保护。为了加强我县"长阳土家跳丧习俗"保护工作,根据《国务院办公厅关于加强我国非物质文化遗产保护工作的意见》(国办发〔2005〕18号)精神,特制定如下五年保护计划。

1. 保护范围及内容

本计划所保护的"长阳土家跳丧习俗"是指在自治县区域内流传了几千年的以跳丧为主要内容的土家祭祀民俗活动的文化空间。

2. 保护工作的指导方针及原则

保护工作的方针是:保护为主、抢救第一、合理利用、传承发展。实施原则是:政府主导、社会参与、长远规划、分步实施、点面结合、讲求实效。

3. 主要保护措施

(1)建立"长阳土家跳丧习俗"文献档案室、实物陈列室、研究室和电子资源库。从2006年开始,用两年左右的时间,建立"长阳土家跳丧习俗"研究室;在县图书馆内建立"长阳土家跳丧习俗"文献档案室;在县博物馆内设立"长阳土家跳丧习俗"实物陈列室;在县文化馆内建立"长阳土家跳丧习俗"电子资源库。

(2)实施"长阳土家跳丧习俗"传承计划。继续开展评选非物质文化遗产优秀传承人活动,进行表彰并给予经济奖励。对高龄传承人给予一定的传承补贴,以解决其生活困难和医疗方面的后顾之忧,确保其艺术生命得以延长。

(3)建立重点保护乡(镇)、村。县政府出台政策,对保护和传承工作成绩突出的镇和村给予扶持和奖励。在县内各学校地方教材中,开设《长阳土家跳丧习俗》课程,每学生每学期保证两课时的授课时间,了解相关知识及习俗。农村学生有条件的要进行田野考察;县城附近的学校,每学生安排一个课时参观"长阳土家跳丧习俗"陈列室。

(4)实施"长阳土家跳丧习俗"的传播计划。编印《长阳土家跳丧习俗资料集》等图书并公开出版。出版《长阳土家跳丧习俗》资料光盘。在三峡长阳网设置"长阳土家跳丧习俗"知识及习俗介绍固定栏目,宣传"长阳土家跳丧习俗"。

(5)兴建白虎堂计划。白虎堂是"长阳土家跳丧习俗"活动及传承的主要场所,兴建白虎堂便于展示"长阳土家跳丧习俗"文化空间。长阳县政府计划在资丘、都镇湾、火烧坪、椰坪、渔峡口等地兴建五座白虎堂,每处面积在 500～800 平方米。

(6)制定相关法规,走法制化的保护道路。充分利用民族区域自治法赋予我县的权力,制定《长阳土家族自治县非物质文化遗产保护条例》,对"长阳土家跳丧习俗"等给予保护,使保护工作走上法制化轨道。

4.五年保护工作日程

时间	保护措施	预期目标
2006 年	(1)制定、颁布实施《长阳土家族自治县非物质文化遗产保护条例》; (2)深入普查摸底,搞好搜集整理工作,建立跳丧文献档案室,成立研究室; (3)在三峡长阳网开设"长阳土家跳丧习俗"知识及习俗介绍栏目; (4)在全县命名、表彰以跳丧传承人为主的第二批非物质文化遗产优秀传承人。	做好基础工作,公布保护条例,使跳丧习俗保护意识深入人心。
2007 年	(1)编辑出版《长阳土家跳丧习俗资料集》一书; (2)制作"长阳土家跳丧习俗"资料光盘; (3)启动"长阳土家跳丧习俗"知识进入地方教材编写计划; (4)建立实物陈列室和电子资源库。	初步形成研究成果;在中小学生中进行传承。
2008 年	(1)编写出版《长阳土家跳丧习俗代表性传承人传记集》一书; (2)召开第一次"长阳土家跳丧习俗理论研讨会",并出版理论研究文集; (3)开展一次全县中小学生非物质文化遗产知识竞赛。	使跳丧研究工作走向深入,理论研究取得重要成果。

续表

时间	保护措施	预期目标
2009年	（1）命名表彰以跳丧艺人为主的全县第三批非物质文化遗产优秀传承人； （2）组织一次全县跳丧传承人师徒大赛； （3）启动白虎堂建设计划，年内投资兴建两座白虎堂。	继续推进跳丧研究工作，并筹集资金，启动跳丧基础设施建设。
2010年	（1）组织编印《长阳土家跳丧习俗》画册； （2）年内兴建三座白虎堂，使全县达到五座。	设施建设基本到位。

5.项目经费预算

制定、颁布、宣传、实施《长阳土家族自治县非物质文化遗产保护条例》15万元；深入普查摸底，搞好搜集整理，建立跳丧文献档案室，成立研究室20万元；在三峡长阳网开设"长阳土家跳丧习俗"资料介绍栏目2万元；在全县命名、表彰以跳丧传承人为主的第二批非物质文化遗产优秀传承人5万元；编辑出版《长阳土家跳丧习俗资料集》一书10万元；制作《长阳土家跳丧习俗》资料光盘4万元；启动"长阳土家跳丧习俗"知识进入地方教材编写计划5万元；建立实物陈列室和电子资源库20万元；编写出版《长阳土家跳丧习俗代表性传承人传记集》一书5万元；召开第一次"长阳土家跳丧习俗理论研讨会"，并出版理论研究文集20万元；开展一次全县中小学生非物质文化遗产知识竞赛3万元；命名表彰、以跳丧艺人为主的全县第三批非物质文化遗产优秀传承人5万元；组织一次全县跳丧传承人师徒大赛10万元；启动白虎堂建设计划，投资兴建五座白虎堂250万；组织编印《长阳土家跳丧习俗》画册15万元。以上合计需资金389万元。

6.经费来源

完成本保护计划，需投入389万元，将通过以下途径筹措资金，一是争取将"长阳土家跳丧习俗"列入国家级非物质文化遗产保护名录，争取国家专款支持保护传承工作；二是县人大通过《长阳土家族自治县非物质文化遗产保护条例》后,县财政每年将保护经费纳入财政预算;三是向社会募集一定经费,以弥补经费之不足。资金来源安排为:县财政投入 100 万元;镇、村自筹 20 万元;文化部门筹集 24 万元;民族部门筹集民族文化事业发展项目资金支持 45 万元;向上级部门争取项目资金 200 万元。

7.保障措施和相关机制

(1)法制保障。组织起草《长阳土家族自治县非物质文化遗产保护条例》,并于 2006 年 3 月经湖北省第十届人代会审批通过并颁布实施。

(2)经费保障。向国家申报专项经费与县人民政府纳入财政预算相结合。

(3)组织保障。县成立"长阳土家跳丧习俗"保护工作领导小组。明确县文化体育局为项目责任单位,并成立跳丧研究室,落实研究人员编制和工作经费。

(4)建立激励机制。每三年对以跳丧为主的非物质文化遗产优秀传承人进行一次表彰;通过立法为高龄传承人解决传承补贴问题,解决其生活和医疗方面的困难;加大宣传力度,树立民间艺人的良好文化形象。

(5)建立约束机制。依照《长阳土家族自治县非物质文化遗产保护条例》中的"奖励与处罚"内容对给"长阳土家跳丧习俗"保护造成损失的当事人追究责任。

六、制定长阳土家族自治县传统文化生态保护区总体规划

(一)建立长阳土家族自治县传统文化生态保护区的目的和意义

文化生态,也称文化背景,它是一个民族在一定历史阶段生存状态、生活方式、思维方式和情感道德的反映,同时反过来会对民族的生存发展产生巨大影响。随着经济全球化和市场一体化的日益加深,各个民族和地区都在探索一个共同的问题,即如何吸收外来文化以丰富本土文化的内涵,促进本土文化适应现代化建设的要求,同时又不被外来文化所吞噬,保持本土文化的特有气质和秉性。在这种背景下,民族文化生态保护被提升到战略的高度而被人们所重视。长阳是一个以土家族和汉族为主体的多民族地区,土家文化在传统文化中占据着主导地位,构成长阳有别于其他地方的独特文化色彩,形成鲜明的土家族文化个性。在多种思想文化激荡交融过程中,长阳土家族传统文化中一些流传久远的文化艺术面临失传消亡的危险。新中国成立以来,在县委、

县政府的高度重视下,长阳开展了卓有成效的对民间文化的搜集整理和研究工作。1984 年长阳土家族自治县成立以后,长阳区域性文化的土家族文化特征得以确认,进一步提高了各级对传统文化保护的认识,增强了工作的信心和力度,产生了一大批文化成果,积累了丰富的实践经验。但是同时我们也看到,民族传统文化生态的保护及利用工作还比较零散,还缺乏系统的设计和更深入更全面的发掘。2004 年长阳土家族自治县民族宗教事务局、长阳土家族自治县文化体育局、长阳土家族自治县计划发展局联合编制了《长阳土家族自治县传统文化生态保护区总体规划》。

建立长阳土家族自治县传统文化生态保护区,是贯彻落实党的十六大精神、努力实践"三个代表"重要思想、弘扬民族优秀传统文化、建设有中国特色社会主义先进文化的一项重要举措。文化生态是民族文化的深刻积淀,是凝聚民族精神、民族意志的重要源泉,保护土家族传统文化生态,对于团结民族力量、促进民族繁荣进步,有着十分重要的作用。

建立长阳土家族自治县传统文化生态保护区,是全面建设小康长阳和推动经济、社会协调发展的战略要求。科学的发展观中,不再把经济的增长作为发展的唯一目标,而强调经济、社会的协调发展。文化生态保护体现了以人为本的科学发展观的思想。全面建设小康社会,必须坚持经济、社会及人的全面发展的价值目标。因此,对民族传统文化生态的保护,不仅是提高社会文明程度的要求,也是促进社会可持续发展的重要措施。

建立长阳土家族自治县传统文化生态保护区,是促进民族文化繁荣的必然要求。文化生态是民族文化创新发展的根本所在。长阳文化发展的历史表明,民族文化的进步始终离不开民间文化的支撑和滋养。实现长阳民族文化的复兴繁荣,民族文化生态的保护具有非比寻常的意义。

建立长阳土家族自治县传统文化生态保护区,是培植新兴经济产业的重要措施。随着经济社会的快速发展,以文化为内涵的相关产业迅猛崛起,独具特色的文化旅游资源将成为长阳经济的重要支柱产业。优美的自然风光,淳厚的土家文化构成了长阳旅游的两翼。对文化生态资源的保护利用,在长阳旅游业和其他相关产业的发展中具有特殊的地位和作用。

(二)建立长阳土家族自治县传统文化生态保护区的条件分析

长阳土家族历史文化悠久,民间文化底蕴深厚。其主要表现在以下方面:

1.民间信仰

　　长阳土家族民间信仰，一是表现为图腾崇拜，其中以白虎崇拜最具代表性。《后汉书·南蛮西南夷列传》记，"廪君死，魂魄化为白虎。巴氏以虎饮血，遂以人祀焉。"在长阳民间，白虎被塑造成仁德礼义的化身，白虎崇拜贯穿于祭祀、节俗、婚丧、建筑、服饰、饮食、劳动之中，成为一种强烈的民族文化心理。二是表现为祖宗崇拜。即对先祖廪君、德济娘娘以及对宗教的崇拜祭奠。三是表现为宗教信仰。长阳民间宗教信仰杂糅了道、释、儒和巫种种，其中又以对巫的信仰表现最为突出。巫是古老的历史文化。《世本》载："廪君之先，故出巫诞也。"巫文化在长阳土家族文化中可以说是无处不在，其表现也五花八门，大体可分为迷信端公巫婆，忌讳犯禁，迷信巫嫁（即用巫法嫁祸于人）。在巫文化中，既有信鬼、畏鬼、敬鬼的恐惧心理，更有降鬼、驭鬼、辟鬼的精神力量。

　　2.民间习俗

　　长阳民间建筑、饮食、婚嫁、生育、丧葬、服饰、节俗等体现了浓厚的土家民俗和地方风俗特点。

　　长阳传统民居建筑历来采用吊脚楼这种独具特色的干栏模式。吊脚楼多由正居和厢房组成，造型上分一字屋、撮箕口、四合院等。长阳土家人饮食喜辛辣，好豪饮，喜饮茶，吸山烟，宴席以十碗八扣为盛，具有浓重的山乡风味。婚嫁特点体现在"哭嫁"这个独特的风俗上。哭嫁以歌代哭，叙说别离之情、养育之恩。哭嫁歌内容丰富，内涵深厚，包含着深刻的人生哲理，被誉为土家婚俗的奇葩和土家女儿的绝唱。长阳丧俗体现了土家人顺应自然、旷达生死的态度。土家族撒叶儿嗬、坐丧、转丧各显其长，其中又以土家族撒叶儿嗬最具魅力，其舞姿以模仿山中奔兽为特点，形神兼备，透视出土家人豪迈奔放的性格和天人合一的生命理解。长阳土家服饰喜宽松，袖裤粗短，其图案色彩融汇了大自然山水花鸟虫鱼，体现了土家人生活在崇山峻岭中习武、渔猎、农耕的特点。

　　长阳节俗虽多数已被汉化，但仍有许多节俗保持了土家民族的特点，主要有六月六祭祀廪君的"向王节"、"赶毛狗"的元宵节、祭祀牛王的"牛王节"、腊月二十九过"赶年"等。在这些节日中都融入了节日饮食、节日娱乐、节日礼仪、节日禁忌等，构成完整的节日风习文化传统。

　　3.民间文艺

　　民间文化涉及土家族民族语言，民间故事、传统音乐、传统舞蹈、传统戏剧、曲艺等，其中最具代表性的是长阳山歌、长阳南曲和土家族撒叶儿嗬，它们被誉为长阳民间文化"三件宝"。"三件宝"在民间广为流传,并被挖掘、整理、创新,搬上舞台,影响巨大。长阳山歌曲调高尤奔放,劲吹一股强烈的山野之风。根据长阳山歌原始素材创作的《开创世界我工农》、《丰收调》曾风靡全国。长阳南曲词曲高雅,三弦伴奏,辅以云板,闲云野鹤,大有山野名士之风。由土家族撒叶儿嗬发展而来的长阳巴山舞被列为全国重点推广的文化体育项目。除此之外,在长阳传统音乐中还蕴藏着极其丰富的民歌俚曲,如薅草锣鼓、坐丧鼓、哭嫁歌、五句子等。与民间音乐相应的民间器乐也非常丰富,分吹打乐、吹管乐和锣鼓乐等。民间吹打乐是活跃在民间最广泛的文化活动;吹管乐主要是土笛、巴乌、木叶等,多用于吹奏民间小调;锣鼓乐曲牌最多,其中以"十板鼓"最为热烈、最具特色。长阳出土的虎钮錞于、猪头磬等是古代军中之乐,尚待研究开发。民间舞蹈除土家族撒叶儿嗬外,花鼓子风格柔美,自成一格,在县西民间广为流行。长阳民间故事、歌谣、谚语、谜语、歇后语等,在长阳民间繁若星辰。在深厚的民间土壤里,培育了大批民间故事家,其中都镇湾镇农民孙家香可以讲述 400 多个民间故事,被命名为湖北省优秀民间故事家。长阳土家族语言中没有独立的文字,但方言方音异彩纷呈。

4.传统工艺

长阳民间传统工艺主要包括织锦和雕刻两类。织锦中以"土锦"即"西兰卡普"最为著名。"西兰卡普"过去是土家女子出嫁必备的被套嫁妆,土布机织,工艺源远流长,其色彩斑斓,风格古雅。其次是挑花,它是在平纹的布底上绣出的图案,典雅质朴。雕刻艺术主要体现在建筑纹饰、木雕、墓碑石刻上。县西渔峡口、资丘等地民间雕刻艺术炉火纯青,体现了较高的艺术水准,同时具有特殊的历史文化研究价值。

长阳民间文化比较集中地体现了土家族传统文化的特点,打上了浓重的巴文化印记,忠实地记录了在长阳这片土地上巴文化发展的历程,直接地或曲折地表现了土家人的内心世界,它是我们认识土家族的一扇窗口。

5.民族文化建设阵地和队伍巩固发展

长阳建立了比较完备的民族文化基础设施。新中国成立以来,先后建成了县文化馆、县博物馆、县图书馆、县歌舞剧团、县电影院、毕兹卡民俗文化村、巴人发祥地——武落钟离山朝圣地,开发了鄂西南道教圣地中武当天柱山、石柱观、佛教场所观音阁,发掘了香炉石文化遗址等等。全县乡镇建立了文化站,大多数村建立了村级文化活动室,建成了一大批文化中心户和文化专业户。其中县文化馆、县图书馆达到国家二级标准,博物馆馆藏文物达三万多件,资丘、都镇湾、高家堰等乡镇文化基础设施达到全省山区一流水平。

全县民族文化队伍不断巩固壮大。至 2002 年,全县文化艺术事业机构达到 19 个,从业人员达到 230 多人,中高级职称人数占比较达到 2%。农村民间文艺队伍日益发展。截至 2003 年年底,全县具有一定影响并登记建档的各类民间艺术社有 6 个。全县各乡镇建立了民间艺人协会网络,各类民间艺人达 3000 人。社会文化机构组织健全,先后成立了长阳民族文化研究会、巴文化研究所、文学艺术界各单项协会,组织完善网络,全县各类文学艺术人才达 460 多人。

长阳民族文化队伍具有较强的研究创新能力。新中国成立以来,共出版有关民族民间文化研究论著和资料达 200 种,关于巴文化的研究取得了一系列成果。文艺创作硕果累累,以反映土家族婚俗为题材的大型歌舞剧《土里巴人》获全国"文华大奖"和"五个一工程奖","长阳巴山舞"获全国广场舞群星奖并改编成体育健身舞向全国推广。

6.各级党委政府高度重视民族文化建设

长阳县委政府历来高度重视民族文化建设,把建设文化名县列入全县经济和社会发展的战略目标,积极培养文化人才,大力改善文化设施,切实增加文化投入。2002 年,用于发展文化事业的投入占全县财政支出的比例达到了 1.2%。认真组织和动员广大专业、余文化队伍大力开展民族民间文化资源的搜集、整理和创新工作。20 世纪 80 年代,长阳即基本完成了对民间歌谣、民间故事、民间谚语、长阳南曲、长阳山歌、土家族撒叶儿嗬等主要民间文艺资料的搜集整理出版,并开展了卓有成效的研究创新工作,取得了一大批研究创新成果。1996 年和 1998 年,长阳先后被湖北省人民政府和国家文化部命名为全省、全国文化先进县,1996 年被国家文化部授予"中国民间艺术之乡(歌舞)"称号。2003 年被国家民委确立为全国民族文化工作联系点。

通过以上分析,我们可以得出这样的结论:建立长阳土家族传统文化生态保护区基础良好,条件具备,符合发展所需,应加紧实施。

(三)建立长阳土家族传统文化生态保护区的原则和目标

1.实施原则

建立长阳土家族文化生态保护区实施的原则是:政府主导、社会参与、统筹规划、分步实施、明确职责、形成合力。坚持立法保护与政策保障相结合,政府保护与民间保护相结合,财政投入与社会资助相结合。保护工作坚持"保护为主、抢救第一、合理利用、继承发展"的指导方针,正确处理抢救、保护和利用三者间的关系,在确保民族民间文化获得有效保护的前提下,促进抢救、保护、利用的有机结合与协调统一。

2.规划目标

长阳土家族传统文化生态保护区建设的总目标是:通过实施专业文化生态保护,到 2015 年左右,使长阳土家族传统文化濒危品种和主要特色品种得到有效保护,初步建立起比较完善的传统文化保护制度和保护体系,在全社会形成比较自觉的保护传统文化的意识,传统文化与现代经济发展的关联度显著增强,实现传统文化生态保护工作的科学化、规范化、网络化、法制化。

(四)建立长阳土家族传统文化生态保护区的主要内容

长阳土家族传统文化生态保护区的范围系长阳土家族自治县域面积 3430 平方千米,含 11 个乡镇。根据资源分布和保护状况,保护区又以县西渔峡口镇、资丘镇、榔坪镇、都镇湾镇、贺家坪镇为重点,面积约 1800 平方千米。保护区保护的主要内容为:民间文学、戏剧、曲艺、舞蹈、美术等;传统工艺和制作技艺;传统礼仪、节日、庆典等民俗活动;地方语言;各项相关的代表性原始资料、实物、建筑物和场所;其他需要保护的项目。

实施保护的主要方式为:

1.实施文化生态保护专业区计划

长阳土家族传统文化资源丰富,种类繁多,分布广泛,全县 3430 平方千米的土地上到处都生长着参天的传统文化之树,其中在种类上以歌舞艺术最有影响,地域上又以县西五乡镇最具特色。

根据长阳土家族传统文化生态的特点,拟在全县优先设立六个传统文化生态保护专业区。

"长阳南曲"保护区。保护区设置在资丘镇。资丘位于县西 90 千米,辖地面积 383.2 平方公里,总人口 41769 人,其中土家族占 97%。资丘民族民间文化底蕴深厚,它是长阳南曲、土家族撒叶儿嗬的主要流行地区。长阳南曲在长阳流传已有 300 多年的历史,至目前,长阳仅有 60 余人熟悉南曲艺术,其中南曲艺人绝大多数分布在资丘各地。南曲艺术面临着灭绝失传的危险。

"土家族撒叶儿嗬"保护区。"土家族撒叶儿嗬"又叫"跳丧"。保护区设在资丘镇及榔坪镇八角庙村。资丘土家族撒叶儿嗬在民间广为流行,全镇跳丧从艺人员达 2000 余人。八角庙村位于榔坪镇东南部,总面积 47.9 平方千米,总人口 4298 人,其中土家族占 90% 以上。该村以擅长跳丧而闻名,全村有 160 余人精于跳丧。其井水(自然村)跳丧风格古雅,自成一派。除此之外,八角庙村山歌、花鼓子参与人员众多,在全县亦有很大影响。

"长阳山歌"保护区。保护区设在渔峡口镇双古墓村、榔坪镇沙地村、乐园村。双古墓村位于渔峡口镇东南,总面积 29.8 平方千米,总人口 3434 人,其中土家族占 98%。该村以擅长喊山歌中的"穿号子"而闻名,全村有 1300 余人会喊山歌,土家风情歌舞剧《夷城巴风》的"穿"就是由该村农民演唱的。位于榔坪镇南部的沙地村和乐园村,总面积分别为 39.7 平方千米和 43.9 平方千米,总人口分别为 2771 人和 2961 人,其中土家族均占 95%。两村有 520 余人会唱歌,由取材于这里的民歌创作而成的《开创世界我工农》、《丰收调》等风靡全国。闻名全国的农村合作医疗也发祥于这里。除此之外,还有 320 人精通跳丧,108 人会跳花鼓子,有 13 个吹打乐班子。

"长阳民间吹打乐、民间故事"保护区。保护区设在都镇湾镇十五溪村。该村位于都正湾镇西南,辖地面积 9.07 平方千米,总人口 2261 人,其中土家族占 76.9%,因土家吹打乐、民间故事而闻名,吹打乐多次参加县民间吹打乐比赛,红白喜事中都有他们的身影。此外,该村有 700 多人会讲民间故事,正在积极申报民间故事村。

"长阳薅草锣鼓"保护区。保护区设在贺家坪镇紫台村、高家堰镇界岭村。紫台村位于贺家坪镇西南部,北邻 318 国道,总面积 80 平方千米,总人口 3335 人,其中土家族占 65%。薅草锣鼓是该村较普及的民间艺术,有 200 多人会打会唱薅草锣鼓。此外,还有民间吹打乐、山歌等民间艺术亦广为流行。界岭村位于高家堰镇东北部,面积 11.32 平方千米,共 3 个村民小组,247 户,总人口 912 人,其中土家族占 55%。该村素有"锣鼓之乡"的美名,全村 900 多人中有三百人能奏薅草锣鼓、打击乐或配唱山歌,除薅草锣鼓外,还有坐丧、吹打乐、车子灯、皮影戏等各种民间艺术。

"长阳花鼓子"保护区。保护区设在渔峡口镇枝柘坪村。枝柘坪村位于渔峡口镇西南面,面积 6.4 平方千米,总人口 2974 人,其中土家族占 94%。该村每逢生儿打喜,做生祝寿,人们喜跳花鼓子,且参与人数多,全村有千余人会跳花鼓子。此外还有土家族撒叶儿嗬、民间吹打乐等。

在实施非物质口头民间艺术专门区保护的同时,选择四至五个民族民间文化形态保存比较完整、具有特殊的历史研究和审美价值、特色鲜明的村落进行全面的文化保护。其主要任务是:

第一，保护传统民居建筑。采取制定村民公约与适当物质奖励以及帮助改善基础设施、引入旅游经济等综合手段，鼓励居民对传统民居和民居特点因素予以保护。

第二，保护传统民间生产生活中健康有益或具有一定研究价值的民俗。通过建立鼓励民间风俗传承机制，促进特色风俗流传。

第三，保护传统民间艺术。以村为单位，大力开展旨在弘扬传统艺术的民间文化活动，奖励优秀民间艺人，使传统民间艺术不断发扬光大。

第四，保护具有地方影响的古迹遗存，如墓葬、作坊、庙宇等。

落实传统文化生态保护专业区和民俗村保护措施，主要是以县人民政府名义上对上述保护区予以命名保护。制定相应政策措施，鼓励和保护传统文化艺术形态和发展。建立详细民间艺人档案和艺术传承图谱，借此准确掌握保护区内传统艺术生存及成长状态。

2. 实施民间文化资源库建设计划

第一，全面普查，建立民族民间文化资源档案。从 2004 年开始用两年左右的时间，按照"全面普查、广泛采集、确立重点、建档立卡、分类制作、图文并茂"的要求和统一的格式，分别建立各民间文化艺人、民间文艺社团、民间文艺之乡(村)、民间文化艺术品种的文字、图片、音像档案。建立长阳土家族传统文化保护名录。

第二，对传统文化资源进一步进行挖掘整理。从 2004 年开始，用两到三年的时间，对民间文艺进行新一轮的搜集整理。主要是民间故事、民间谚语、民间歌谣、民间传统工艺等，整理成册，印刷出版。在此前出版发行物中已经录入的资料，不再列入此次搜集整理的范畴。

第三，建立民间文化资源数据库。即将重点民间艺术形式、重点民间艺人和重点作品摄制为音像资料，对已经形成的文字、图片资料分类整理，录入微机，建立数据信息库。并逐步通过信息网络和地方资源库互通有无，实施资源共享。

(五)长阳土家族传统文化生态保护与利用规划实施保障措施

1. 建立保护工作机制

成立长阳土家族传统文化生态保护区工作委员会，全面负责长阳土家族传统文化生态保护工作的组织领导和决策。委员会主任由县人民政府分管民族文化工作的副县长担任，县直相关部门和乡镇行政负责人为成员，委员会下设办公室,由民族宗教事务局和文化体育局联合组建,负责委员会日常工作。设立长阳土家族传统文化生态保护区工作专家委员会,主要对保护工作提供专业咨询、理论指导和科学论证工作。专家委员会由保护区工作委员会聘请有关专家学者组成。各乡镇根据本地的实际情况,建立相应的文化生态保护区工作组织和工作机制,负责协调、指导和组织实施当地保护工作。

2.制定政策法规

积极促进《长阳土家族自治县民族民间文化保护条例》尽早出台,为传统文化生态保护工作提供法律保障。将传统文化保护工作纳入全县各级经济和社会发展计划、城乡建设规划。将传统文化保护经费纳入各级财政预算。

3.建立专项基金

建立长阳土家族传统文化生态保护区规划实施专项基金,成立基金管理委员会,负责基金的管理使用。

4.制定工作标准

为保障长阳土家族传统文化生态保护区工作有效实施,由保护区工作委员会制定长阳土家族传统文化生态保护区工作各类标准规范,使保护工作科学有序。

5.培养干部队伍

在委员会的领导和组织下,建立一支由各个门类专业人员组成的保护区工作队伍,聘请有关专家学者对相关人员进行培训,不断充实和提高保护工作的能力和水平。

6.建立奖励机制

一是对民族民间文化建设做出突出贡献的人才给予精神奖励和适当的物质奖励,二是在对保护工作中做出突出成绩的人员进行奖励,一般每两年奖励一次。

第三章

长阳县土家族非物质文化
遗产的抢救普查与确认

第一节 抢救与普查

一、抢救与普查的主体

《中华人民共和国非物质文化遗产法》第 11 条规定:"县级以上人民政府根据非物质文化遗产保护、保存工作需要,组织非物质文化遗产调查。非物质文化遗产调查由文化主管部门负责进行。县级以上人民政府其他有关部门可以对其工作领域内的非物质文化遗产进行调查。"《长阳土家族自治县民族民间传统文化保护条例》(以下简称《条例》)第 5 条规定:"自治县人民政府领导本行政区域内的民族民间传统文化保护工作,并将其纳入国民经济和社会发展计划,鼓励和支持开展健康有益的民族民间传统文化活动,积极争取国家对民族民间传统文化保护工作的扶持和帮助,依法享受国家关于加强民族自治地方文化事业发展的优惠政策待遇。"第 6 条规定:"自治县文化行政主管部门负责本行政区域内民族民间传统文化的保护工作;其他有关部门应当根据各自的职责,配合文化行政主管部门共同做好民族民间传统文化的保护。"第 10 条规定:"自治县文化行政主管部门应当会同民族事务部门组织开展对本行政区域内民族民间传统文化的普查、收集、整理、出版、研究等工作,建立民族民间传统文化保护档案和数据库,对民族民间传统文化进行真实、全面和系统的记录。"第 12 条规定:"对于濒危的、有重要价值的民族民间传统文化,自治县文化行政主管部门应当会同有关部门及时组织抢救。"长阳县人民政府2006年发布的关于贯彻实施《长阳土家族自治县民族民间传统文化保护条例》的意见中也指出："普查工作由县文体局牵头,县民族宗教事务局和各乡镇人民政府密切配合……"根据上述规定,抢救与普查的主体是长阳县人民政府,长阳县文化体育局是具体负责部门,其他有关部门(如民宗局、财政局等)予以协调和配合。

二、抢救与普查的内容

普查的主要目的,就是要全面、系统、仔细地摸清县内非物质文化遗产资源的基本情况,为非物质文化遗产的全面保护提供可靠的现实依据。因此,把握县域内各非物质文化遗产的分布状况、生存环境、濒危程度、保护现状及存在的问题等,掌握传承人情况和入选各级名录情况,厘清资源类别和资源数量,成为了抢救与普查工作的主要内容。长阳县在非物质文化遗产的普查过程中,共调查传统舞蹈、传统音乐、曲艺、民间文学、人生礼俗、岁时节令、消费习俗、生产商贸习俗、民间信俗、传统技艺、传统美术、传统体育及游艺与竞技、传统医药、民间知识、传统戏剧、杂技总计16个资源类别。各类资源类别项下具体资源名称、分布区域、传承人情况、濒危状况和入选非物质文化遗产名录情况的调查,如以下普查工作资源目录清单所示:

全国非物质文化遗产普查工作资源目录清单

湖北省宜昌市长阳土家族自治县　　　　　　　　　　　　　　　2009年8月

序号	资源类别	资源名称	分布区域	传承人情况(人)	濒危状况	入选各级名录情况			
						国家级	省级	市级	县级
1	传统舞蹈	土家族撒叶儿嗬	资丘、渔峡口、榔坪、火烧坪	2070	减少	√			
2	传统舞蹈	长阳花鼓子	资丘、渔峡口、榔坪、火烧坪	1200	减少		√		
3	传统音乐	长阳山歌	榔坪、贺家坪、渔峡口	221	减少	√			
4	传统音乐	长阳薅草锣鼓	榔坪、贺家坪、高家堰	500	减少	√			
5	传统音乐	土家吹打乐	榔坪、贺家坪、高家堰、资丘、都镇湾、渔峡口	1600	减少		√		
6	传统音乐	道教音乐	都镇湾、资丘、榔坪	23	减少				

续表

序号	资源类别	资源名称	分布区域	传承人情况（人）	濒危状况	入选各级名录情况			
						国家级	省级	市级	县级
7	传统音乐	科仪唱腔曲牌(74个)	全县各乡镇		减少				
8	传统音乐	罗鼓经曲调(17个)	全县各乡镇		减少				
9	传统音乐	吹坛(5个)	全县各乡镇		减少				
10	传统音乐	送戏唱腔(3个)	全县各乡镇		减少				
11	传统音乐	创世古歌(16首)	全县各乡镇		减少				
12	传统音乐	劳动歌(156首)	全县各乡镇		减少				
13	传统音乐	时政歌(42首)	全县各乡镇		减少				
14	传统音乐	婚嫁歌(31首)	全县各乡镇		减少				
15	传统音乐	撒叶儿嗬(34首)	全县各乡镇		减少				
16	传统音乐	风情歌(42首)	全县各乡镇		减少				
17	传统音乐	情歌(283首)	全县各乡镇		减少				
18	传统音乐	苦歌(38首)	全县各乡镇		减少				
19	传统音乐	儿歌(63首)	全县各乡镇		减少				
20	曲艺	长阳南曲	资丘	240	减少		√		
21	民间文学	都镇湾故事	都镇湾	580	减少	√			
22	民间文学	十五溪村民间故事·各类846则	都镇湾	110	减少	√			
23	民间文学	孙家香故事集·神话10则	都镇湾	1	濒危	√			
24	民间文学	孙家香故事集·传说113则	都镇湾	1	濒危	√			
25	民间文学	孙家香故事集·故事130则	都镇湾	1	濒危	√			
26	民间文学	中国民间故事·长阳卷·神话8则	全县各乡镇		减少				

续表

序号	资源类别	资源名称	分布区域	传承人情况（人）	濒危状况	入选各级名录情况			
						国家级	省级	市级	县级
27	民间文学	中国民间故事·长阳卷·传说 34 则	全县各乡镇		减少				
28	民间文学	中国民间故事·长阳卷·动植物传说 43 则	全县各乡镇		减少				
29	民间文学	中国民间故事·长阳卷·故事 18 则	全县各乡镇		减少				
30	民间文学	中国民间故事·长阳卷·人物 61 则	全县各乡镇		减少				
31	民间文学	中国民间故事·长阳卷·幻想故事 64 则	全县各乡镇		减少				
32	民间文学	中国民间故事·长阳卷·嫁匠故事 14 则	全县各乡镇		减少				
33	民间文学	中国民间故事·长阳卷·鬼狐精怪故事 39 则	全县各乡镇		减少				
34	民间文学	中国民间故事·长阳卷·生活故事 14 则	全县各乡镇		减少				
35	民间文学	中国民间故事·长阳卷·笑话故事 24 则	全县各乡镇		减少				
36	民间文学	姜晴舫对联集 409 副	龙舟坪		绝迹				

续表

序号	资源类别	资源名称	分布区域	传承人情况（人）	濒危状况	入选各级名录情况			
						国家级	省级	市级	县级
37	民间文学	楹联:山水联 15 副	全县各乡镇		绝迹				
38	民间文学	楹联:地名联 9 副	全县各乡镇		绝迹				
39	民间文学	楹联:古建筑·祠堂 10 副	全县各乡镇		绝迹				
40	民间文学	楹联:古建筑·楼堂 8 副	全县各乡镇		绝迹				
41	民间文学	楹联:古建筑·墓联 175 副	全县各乡镇		绝迹				
42	民间文学	楹联:古建筑·县衙 8 副	全县各乡镇						
43	民间文学	楹联:古建筑·庙宇 35 副	全县各乡镇						
44	民间文学	楹联:宗教·道教 15 副	全县各乡镇						
45	民间文学	楹联:宗教·神佛 17 副	全县各乡镇						
46	民间文学	楹联:宗教·新居落成 18 副	全县各乡镇						
47	民间文学	楹联:居室·迁居 6 副	全县各乡镇						
48	民间文学	楹联:居室·厅堂 8 副	全县各乡镇						
49	民间文学	楹联:居室·重门 6 副	全县各乡镇						

续表

序号	资源类别	资源名称	分布区域	传承人情况（人）	濒危状况	入选各级名录情况			
						国家级	省级	市级	县级
50	民间文学	楹联:居室·房门5副	全县各乡镇						
51	民间文学	楹联:居室·书房9副	全县各乡镇						
52	民间文学	楹联:居室·厨房4副	全县各乡镇						
53	民间文学	楹联:居室·后门4副	全县各乡镇						
54	民间文学	楹联:行业·教育7副	全县各乡镇						
55	民间文学	楹联:行业·生意35副	全县各乡镇						
59	民间文学	楹联:行业·文化9副	全县各乡镇						
57	民间文学	楹联:题赠2副	全县各乡镇						
58	民间文学	楹联:喜庆·春联38副	全县各乡镇						
59	民间文学	楹联:喜庆·嫁娶48副	全县各乡镇						
60	民间文学	楹联:喜庆·寿联55副	全县各乡镇						
61	民间文学	楹联:喜庆·生育6副	全县各乡镇						
62	民间文学	楹联:哀挽97副	全县各乡镇						

续表

序号	资源类别	资源名称	分布区域	传承人情况（人）	濒危状况	入选各级名录情况			
						国家级	省级	市级	县级
63	民间文学	楹联:巧对·趣对 40 副	全县各乡镇						
64	民间文学	楹联:巧对·文字联 2 副	全县各乡镇						
65	民间文学	楹联:巧对·药名联 1 副	全县各乡镇						
66	民间文学	楹联:巧对·臭对 2 副	全县各乡镇						
67	民间文学	楹联:巧对·绝对 2 副	全县各乡镇						
68	民间文学	楹联:事理 76 副	全县各乡镇						
69	民间文学	楹联:杂题 12 副	全县各乡镇						
70	民间文学	长阳歇后语:人品类 7 条	全县各乡镇						
71	民间文学	长阳歇后语:神态类 3 条	全县各乡镇						
72	民间文学	长阳歇后语:心态类 44 条	全县各乡镇						
73	民间文学	长阳歇后语:言语类 27 条	全县各乡镇						
74	民间文学	长阳歇后语:交际类 9 条	全县各乡镇						
75	民间文学	长阳歇后语:得失类 23 条	全县各乡镇						

续表

序号	资源类别	资源名称	分布区域	传承人情况（人）	濒危状况	入选各级名录情况			
						国家级	省级	市级	县级
76	民间文学	长阳歇后语：事态类 105 条	全县各乡镇						
77	民间文学	长阳歇后语：物态类 35 条	全县各乡镇						
78	民间文学	长阳歇后语：世态类 22 条	全县各乡镇						
79	民间文学	长阳歇后语：地名 10 条	全县各乡镇						
80	民间文学	长阳歇后语：其他 9 条	全县各乡镇						
81	民间文学	长阳谚语：风俗类 288 条	全县各乡镇						
82	民间文学	长阳谚语：生活类 663 条	全县各乡镇						
83	民间文学	长阳谚语：行业类 699 条	全县各乡镇						
84	民间文学	长阳谚语：自然类 224 条	全县各乡镇						
85	民间文学	长阳谚语：事理类 149 条	全县各乡镇						
86	民间文学	长阳谚语：修养类 248 条	全县各乡镇						
87	民间文学	长阳谚语：社交类 301 条	全县各乡镇						
88	民间文学	长阳谚语：时政类 293 条	全县各乡镇						

续表

序号	资源类别	资源名称	分布区域	传承人情况（人）	濒危状况	入选各级名录情况			
						国家级	省级	市级	县级
89	民间文学	长阳谚语：人格 28 条	全县各乡镇						
90	民间文学	长阳谚语：品性 82 条	全县各乡镇						
91	民间文学	长阳谚语：事态 85 条	全县各乡镇						
92	民间文学	长阳谚语：言语 24 条	全县各乡镇						
93	民间文学	长阳谚语：心态 18 条	全县各乡镇						
94	民间文学	长阳谚语：父际 12 条	全县各乡镇						
95	民间文学	长阳谚语：得失 11 条	全县各乡镇						
96	民间文学	长阳谚语：其他 68 条	全县各乡镇						
97	民间文学	长阳明清诗词：七绝四首（三济和尚）	鸭子口						
98	民间文学	长阳明清诗词：五律·白沙驿（黄辉）	贺家坪						
99	民间文学	长阳明清诗词：七律（刘胤）	龙舟坪						
100	民间文学	长阳明清诗词：七绝·鸡公岩（杨起隆）	龙舟坪						
101	民间文学	长阳明清诗词：五绝·藏书洞（向君佐）	龙舟坪两河口						

续表

序号	资源类别	资源名称	分布区域	传承人情况（人）	濒危状况	入选各级名录情况			
						国家级	省级	市级	县级
102	民间文学	长阳明清诗词： 五律·方山	龙舟坪两河口						
103	民间文学	长阳明清诗词： 七律·藏书洞	龙舟坪两河口						
104	民间文学	长阳明清诗词： 七律·观音阁(李廷芳)	龙舟坪城区						
105	民间文学	长阳明清诗词： 七律·观音阁(罗物载)	龙舟坪城区						
106	民间文学	长阳明清诗词： 七绝·八首(方玉莲)	龙舟坪城区						
107	民间文学	长阳明清诗词： 七绝(刘显功)	龙舟坪城区						
108	民间文学	长阳明清诗词： 七绝·西沙古渡(林捷)	龙舟坪城区						
109	民间文学	长阳明清诗词： 绝句八首(彭祖贤)	龙舟坪城区						
110	民间文学	长阳明清诗词： 七绝(谭一豫)	龙舟坪城区						
111	民间文学	长阳明清诗词： 七律(张荣伦)	龙舟坪城区						
112	民间文学	长阳明清诗词： 七律(向廷言)	龙舟坪城区						
113	民间文学	长阳明清诗词： 七绝(李拔)	龙舟坪城区						
114	民间文学	长阳明清诗词： 七律·县治八景(李拔)	龙舟坪城区						

续表

序号	资源类别	资源名称	分布区域	传承人情况（人）	濒危状况	入选各级名录情况			
						国家级	省级	市级	县级
115	民间文学	长阳明清诗词：古风七首(李拔)	龙舟坪城区						
116	民间文学	长阳明清诗词：七律(陈从玉)	龙舟坪城区						
117	民间文学	长阳明清诗词：七律(王廷相)	龙舟坪城区						
118	民间文学	长阳明清诗词：古风·过石岭作(纪淑曾)	龙舟坪城区						
119	民间文学	长阳明清诗词：五律(田榕)	龙舟坪城区						
120	民间文学	长阳明清诗词：五律、七律(饶绣)	龙舟坪城区						
121	民间文学	长阳明清诗词：五律、七律(孙锡)	龙舟坪城区						
122	民间文学	长阳明清诗词：七绝(方懋畴)	龙舟坪城区						
123	民间文学	阳明清诗词：五绝(方懋畴)	龙舟坪城区						
124	民间文学	长阳明清诗词：五律(方懋畴)	龙舟坪城区						
125	民间文学	长阳明清诗词：七绝(左馆)	龙舟坪城区						
126	民间文学	长阳明清诗词：七律(左馆)	龙舟坪城区						

续表

序号	资源类别	资源名称	分布区域	传承人情况（人）	濒危状况	入选各级名录情况			
						国家级	省级	市级	县级
127	民间文学	长阳明清诗词：七律、五律（彭奕）	龙舟坪城区						
128	民间文学	长阳明清诗词：七绝、五律（李友梅）	龙舟坪城区						
129	民间文学	长阳明清诗词：诗一首（李云芳）	龙舟坪城区						
130	民间文学	长阳明清诗词：七绝（饶观光）	龙舟坪城区						
131	民间文学	长阳明清诗词:古风·舟发资丘（饶锡光）	龙舟坪城区						
132	民间文学	长阳明清诗词：古风（李万华）	龙舟坪城区						
133	民间文学	长阳明清诗词：古风二首（刘钰）	龙舟坪城区						
134	民间文学	长阳明清诗词：古风（彭人檀）	龙舟坪城区						
135	民间文学	长阳明清诗词：古风（冯廷镐）	龙舟坪城区						
136	民间文学	长阳明清诗词：七律·观音阁（李鸿敏）	龙舟坪城区						
137	民间文学	长阳明清诗词：七绝·鲤鱼洲（方国政）	龙舟坪城区						
138	民间文学	长阳明清诗词：七律三首（向廷对）	龙舟坪城区						
139	民间文学	长阳明清诗词:浪淘沙·佷山八景（何其昌）	龙舟坪城区						

续表

序号	资源类别	资源名称	分布区域	传承人情况（人）	濒危状况	入选各级名录情况			
						国家级	省级	市级	县级
140	民间文学	长阳明清诗词：古风(蒋振万)	龙舟坪城区						
141	民间文学	长阳明清诗词：五律八首(彭世臻)	龙舟坪城区						
142	民间文学	长阳明清诗词：古风·藏书洞(彭世德)	龙舟坪城区						
143	民间文学	长阳明清诗词：七律(李楚蒲)	龙舟坪城区						
144	民间文学	长阳明清诗词：七绝(刘斌)	龙舟坪城区						
145	民间文学	长阳明清诗词：七律(刘斌)	龙舟坪城区						
146	民间文学	长阳明清诗词：七律·官山晚眺(谭楚)	龙舟坪城区						
147	民间文学	长阳明清诗词：七律·鳌渚渔歌(谭楚)	龙舟坪城区						
148	民间文学	长阳明清诗词：七律·白石关山行(胥大绶)	龙舟坪城区						
149	民间文学	长阳明清诗词：七律·靖安道中(李宗赞)	龙舟坪城区						
150	民间文学	长阳明清诗词：五律二首(刘斌儒)	龙舟坪城区						
151	民间文学	长阳明清诗词：七绝·钓鱼溪(吴治国)	龙舟坪城区						
152	民间文学	长阳明清诗词：七律·观音阁(李定达)	龙舟坪城区						

续表

序号	资源类别	资源名称	分布区域	传承人情况（人）	濒危状况	入选各级名录情况			
						国家级	省级	市级	县级
153	民间文学	长阳明清诗词：古风(彭辅智)	龙舟坪城区						
154	民间文学	长阳明清诗词：五律一首(陈本红)	龙舟坪城区						
155	民间文学	长阳明清诗词：七律二首(陈本红)	龙舟坪城区						
156	民间文学	长阳明清诗词：古风二首(谭大勋)	龙舟坪城区						
157	民间文学	长阳明清诗词：古风一首(杨正纲)	龙舟坪城区						
158	民间文学	长阳明清诗词：五律·罗隐山(杨誉)	龙舟坪城区						
159	民间文学	长阳明清诗词：五律·望香炉石(刘正早)	龙舟坪城区						
160	民间文学	长阳明清诗词：七绝·拖溪山庄(覃宽泽)	龙舟坪城区						
161	民间文学	长阳明清诗词：七律·藏书洞(李嗣济)	龙舟坪城区						
162	民间文学	长阳明清诗词：古风(官必宦)	龙舟坪城区						
163	民间文学	长阳明清诗词：五律八首·俣阳八景(王有榕)	龙舟坪城区						
164	民间文学	长阳明清诗词：七绝·聚云洞(侯成岐)	龙舟坪城区						
165	民间文学	长阳明清诗词：七绝·西沙古渡(吴琏)	龙舟坪城区						

续表

序号	资源类别	资源名称	分布区域	传承人情况（人）	濒危状况	入选各级名录情况			
						国家级	省级	市级	县级
166	民间文学	长阳明清诗词：七律(吕遇文)	龙舟坪城区						
167	民间文学	长阳明清诗词：七律·戏赠吸洋烟者(李少岭)	龙舟坪城区						
168	民间文学	长阳明清诗词：七律·刘先生(晏卓甫)	龙舟坪城区						
169	民间文学	长阳明清诗词：七律·诸葛亮(晏卓甫)	龙舟坪城区						
170	民间文学	长阳明清诗词：七律·曹操(晏卓甫)	龙舟坪城区						
171	民间文学	长阳明清诗词：七律·孙权(晏卓甫)	龙舟坪城区						
172	民间文学	长阳明清诗词：七律·袁绍(晏卓甫)	龙舟坪城区						
173	民间文学	长阳明清诗词：七律·周瑜(晏卓甫)	龙舟坪城区						
174	民间文学	长阳明清诗词：七律·荀彧(晏卓甫)	龙舟坪城区						
175	民间文学	长阳明清诗词：七律·管宁(晏卓甫)	龙舟坪城区						
176	民间文学	长阳明清诗词：七律·司马懿(晏卓甫)	龙舟坪城区						
177	民间文学	长阳明清诗词：七律·明成祖(晏卓甫)	龙舟坪城区						

续表

序号	资源类别	资源名称	分布区域	传承人情况（人）	濒危状况	入选各级名录情况			
						国家级	省级	市级	县级
178	民间文学	长阳明清诗词:七律·方孝孺(晏卓甫)	龙舟坪城区						
179	民间文学	长阳明清诗词:七律·于谦(晏卓甫)	龙舟坪城区						
180	民间文学	长阳明清诗词:七律·姚广孝(晏卓甫)	龙舟坪城区						
181	民间文学	长阳明清诗词:七绝十首·袁项城(晏卓甫)	龙舟坪城区						
182	民间文学	长阳明清诗词:古风·王将军行(晏卓甫)	龙舟坪城区						
183	民间文学	长阳明清诗词:五律·向王庙题壁(晏卓甫)	龙舟坪城区						
184	民间文学	长阳明清诗词:七绝二首(王琴石)	龙舟坪城区						
185	民间文学	长阳明清诗词:古风(邓南煊)	龙舟坪城区						
186	民间文学	长阳明清诗词:七律二首(向宗鼎)	龙舟坪城区						
187	民间文学	长阳明清诗词:五律·重阳(杨涛)	龙舟坪城区						
188	民间文学	长阳明清诗词:七律三首(杨涛)	龙舟坪城区						
189	民间文学	长阳明清诗词:七律四首(杨涛)	龙舟坪城区						

续表

序号	资源类别	资源名称	分布区域	传承人情况（人）	濒危状况	入选各级名录情况			
						国家级	省级	市级	县级
190	民间文学	长阳明清诗词：七律二首(潘南陔)	龙舟坪城区						
191	民间文学	长阳明清诗词：七绝三十四首(李鼎三)	龙舟坪城区						
192	民间文学	长阳明清诗词：七律十六首(李鼎三)	龙舟坪城区						
193	民间文学	长阳竹枝词 127 首	龙舟坪城区						
194	民间文学	土家谜语：谜语单句式 15 则							
195	民间文学	土家谜语：谜语双句式 49 则							
196	民间文学	土家谜语：谜语三三七式 42 则							
197	民间文学	土家谜语：谜语四四五五式 123 则							
198	民间文学	土家谜语：谜语五五七七式 9 则							
199	民间文学	土家谜语：谜语七七五五式 8 则	全县各乡镇						
200	民间文学	土家谜语：谜语六六六六式 11 则	全县各乡镇						
201	民间文学	土家谜语：谜语七七七七式 123 则	全县各乡镇						

续表

序号	资源类别	资源名称	分布区域	传承人情况（人）	濒危状况	入选各级名录情况			
						国家级	省级	市级	县级
202	民间文学	土家谜语：谜语无定式 42 则	全县各乡镇						
203	民间文学	廪君的传说 44 则	全县各乡镇						
204	民间文学	长阳传说：神仙系列 9 则	全县各乡镇						
205	民间文学	长阳传说：精怪系列 12 则	全县各乡镇						
206	民间文学	长阳传说：风水系列 14 则	全县各乡镇						
207	民间文学	长阳传说：抗争系列 42 则	全县各乡镇						
208	民间文学	长阳传说：其他系列 20 则	全县各乡镇						
209	民间文学	长阳传说：无定式 10 则	全县各乡镇						
210	民间文学	长阳传说：长阳地名传说	全县各乡镇						
211	民间文学	长阳传说：上古系列 6 则	全县各乡镇						
212	民间文学	长阳传说：人物系列 17 则	全县各乡镇						
213	民间文学	长阳传说：善恶	全县各乡镇						

续表

序号	资源类别	资源名称	分布区域	传承人情况（人）	濒危状况	入选各级名录情况			
						国家级	省级	市级	县级
214	民间文学	长阳传说：三国系列 22 则	全县各乡镇						
215	民间文学	廪君的传说 44 则	全县各乡镇						
216	人生礼俗	婚娶礼言	榔坪、贺家坪、资丘、渔峡口	31	减少				
217	人生礼俗	殡葬习俗	全县各乡镇	45	减少				
218	人生礼俗	拿魂	全县各乡镇		濒危				
219	人生礼俗	烧落气纸	全县各乡镇		减少				
220	人生礼俗	人死关猫(特别是黑毛)	榔坪、渔峡口、贺家坪		濒危				
221	人生礼俗	收殓	全县各乡镇		普遍				
222	人生礼俗	家业进门(民间吹打乐)三眼铳	全县各乡镇		减少				
223	人生礼俗	游丧	全县各乡镇		减少				
224	人生礼俗	死人不穿斜纱衣、不戴金属扣子	全县各乡镇		减少				
225	人生礼俗	开路	榔坪、都镇湾、渔峡口		濒危				
226	人生礼俗	奠酒	全县各乡镇		绝迹				
227	人生礼俗	出柩	全县各乡镇						
228	人生礼俗	抬重·夹杠子	除高家堰界岭村外各乡镇						
229	人生礼俗	抬重·抬龙杠	高家堰界岭村						

续表

序号	资源类别	资源名称	分布区域	传承人情况（人）	濒危状况	入选各级名录情况			
						国家级	省级	市级	县级
230	人生礼俗	回灵	全县各乡镇						
231	人生礼俗	圆坟	全县各乡镇						
232	人生礼俗	坟上插伞	都镇湾		濒危				
233	人生礼俗	洞葬	资丘		濒危				
234	人生礼俗	碑屋	资丘		濒危				
235	人生礼俗	夭孩睡簸箕	榔坪、都镇湾、渔峡口		濒危				
236	人生礼俗	叫饭	全县各乡镇		濒危				
237	人生礼俗	死人嘴里放茶叶	全县各乡镇		绝迹				
238	人生礼俗	生娃挖窝	全县各乡镇		绝迹				
239	人生礼俗	生女栽泡桐树	全县各乡镇		绝迹				
240	人生礼俗	逢生人	全县各乡镇		濒危				
241	人生礼俗	红鸡蛋	全县各乡镇		普遍				
242	人生礼俗	割绊根草	全县各乡镇		绝迹				
243	人生礼俗	喊魂	全县各乡镇		绝迹				
244	人生礼俗	扯脸	全县各乡镇		绝迹				
245	人生礼俗	送手巾	全县各乡镇		绝迹				
246	人生礼俗	瓮肚盆	全县各乡镇		濒危				

续表

序号	资源类别	资源名称	分布区域	传承人情况（人）	濒危状况	入选各级名录情况			
						国家级	省级	市级	县级
247	人生礼俗	陪十姊妹	椰坪、渔峡口、贺家坪、资丘		濒危				
248	人生礼俗	哭嫁	椰坪、渔峡口、贺家坪、资丘		濒危				
249	人生礼俗	发亲	椰坪、渔峡口、贺家坪、资丘		濒危				
250	人生礼俗	交亲	椰坪、渔峡口、贺家坪、资丘		濒危				
251	人生礼俗	求肯	椰坪、渔峡口、贺家坪、资丘		濒危				
252	人生礼俗	吃喜饼	椰坪、渔峡口、贺家坪、资丘		濒危				
253	人生礼俗	坐十友席	椰坪、渔峡口、贺家坪、资丘		濒危				
254	人生礼俗	迎风	椰坪、渔峡口、贺家坪、资丘		濒危				
255	人生礼俗	拦车马	椰坪、渔峡口、贺家坪、资丘		绝迹				
256	人生礼俗	升号圝	椰坪、渔峡口、贺家坪、资丘		绝迹				
257	人生礼俗	拜堂	全县各乡镇		普遍				
258	人生礼俗	合八字	全县各乡镇		濒危				
259	人生礼俗	抢床	全县各乡镇		绝迹				
260	人生礼俗	迎膀	全县各乡镇		绝迹				
261	人生礼俗	插花迎酒	磨市、都镇湾		濒危				
262	人生礼俗	回门	全县各乡镇		普遍				
263	人生礼俗	新婚三天无大小	全县各乡镇		绝迹				

续表

序号	资源类别	资源名称	分布区域	传承人情况（人）	濒危状况	入选各级名录情况			
						国家级	省级	市级	县级
264	人生礼俗	婚后三天下厨房	全县各乡镇		绝迹				
265	人生礼俗	接亲	榔坪、渔峡口、资丘		濒危				
266	人生礼俗	填 房	全县各乡镇		绝迹				
267	人生礼俗	姊妹开亲	全县各乡镇		绝迹				
268	人生礼俗	调换亲	全县各乡镇		绝迹				
269	人生礼俗	烧"化生子"	全县各乡镇		濒危				
270	人生礼俗	百家锁	全县各乡镇		绝迹				
271	人生礼俗	竖旗杆还愿心	全县各乡镇		绝迹				
272	人生礼俗	喊 喜	全县各乡镇		绝迹				
273	人生礼俗	赞四句	榔坪、津洋口、龙舟坪、渔峡口、都镇湾		绝迹				
274	人生礼俗	开 盒	全县各乡镇		濒危				
275	岁时节令	土地会	榔坪、贺家坪		减少				
276	岁时节令	土地会	榔坪、贺家坪		减少				
277	岁时节令	娘娘会	贺家坪、都镇湾		濒危				
278	岁时节令	向王节	龙舟坪、都镇湾、鸭子口、渔峡口		减少				
279	岁时节令	龙晒衣	全县各乡镇		普遍				
280	岁时节令	月半节	全县各乡镇		普遍				

续表

序号	资源类别	资源名称	分布区域	传承人情况（人）	濒危状况	入选各级名录情况			
						国家级	省级	市级	县级
281	岁时节令	牛王会	全县各乡镇		普遍				
282	岁时节令	摸秋	榔坪、贺家坪、渔峡口		普遍				
283	岁时节令	端午节	全县各乡镇		普遍				
284	岁时节令	乱岁节	榔坪、贺家坪、渔峡口		濒危				
285	岁时节令	寒婆婆打柴	全县各乡镇		濒危				
286	消费习俗	三幅围裙	榔坪、贺家坪、资丘		濒危				
287	消费习俗	满耳草鞋	榔坪、贺家坪、资丘		濒危				
288	消费习俗	偏耳草鞋	榔坪、贺家坪、资丘		濒危				
289	消费习俗	背褡子	榔坪、贺家坪、资丘		濒危				
290	消费习俗	蛮头袜子	榔坪、贺家坪、渔峡口		濒危				
291	消费习俗	沙撮袜子	榔坪、贺家坪、渔峡口、资丘		濒危				
292	消费习俗	脚马子	榔坪、渔峡口		濒危				
293	消费习俗	干湿鞋	榔坪、都镇湾		濒危				
294	消费习俗	菟根鞋	榔坪、都镇湾		濒危				
295	消费习俗	露水衣	全县各乡镇		绝迹				
296	消费习俗	鹩鹊服	全县各乡镇		绝迹				
297	消费习俗	响铃裙	全县各乡镇		绝迹				

续表

序号	资源类别	资源名称	分布区域	传承人情况（人）	濒危状况	入选各级名录情况			
						国家级	省级	市级	县级
298	消费习俗	对襟子	全县各乡镇		濒危				
299	消费习俗	滚身子	全县各乡镇		绝迹				
300	消费习俗	裹肚子	椰坪、渔峡口		濒危				
301	消费习俗	人字包巾	椰坪、渔峡口、贺家坪		濒危				
302	消费习俗	供祖牌子	全县各乡镇		绝迹				
303	消费习俗	上　梁	全县各乡镇		濒危				
304	消费习俗	滴水床	全县各乡镇		濒危				
305	消费习俗	百铃床	磨市、大堰		濒危				
306	消费习俗	打扬尘	椰坪、贺家坪、都镇湾、渔峡口		濒危				
307	消费习俗	火　坑	全县各乡镇		减少				
308	消费习俗	茶篓子(疙瘩)	半高山地区		绝迹				
309	消费习俗	竹茶筒	椰坪、渔峡口		绝迹				
310	消费习俗	烟荷包	椰坪、渔峡口、贺家坪、资丘		减少				
311	消费习俗	洁　井	椰坪、渔峡口、磨市		濒危				
312	消费习俗	炸跳蚤	不明		绝迹				
313	消费习俗	门楼改向	椰坪		濒危				
314	消费习俗	饭碗喝水	全县各乡镇		濒危				

续表

序号	资源类别	资源名称	分布区域	传承人情况（人）	濒危状况	入选各级名录情况			
						国家级	省级	市级	县级
315	消费习俗	醉心花	全县各乡镇		绝迹				
316	消费习俗	十碗八扣	全县各乡镇		减少				
317	消费习俗	金包银(夹米饭)	全县各乡镇		普遍				
318	消费习俗	烧洋芋	高山与半高山地区		减少				
319	消费习俗	懒豆腐	全县各乡镇		普遍				
320	消费习俗	炸广椒	全县各乡镇		普遍				
321	消费习俗	熏腊肉	全县各乡镇		普遍				
322	消费习俗	吃血糍子	椰坪、贺家坪		减少				
323	消费习俗	十五粑粑	全县各乡镇		普遍				
324	消费习俗	连皮羊肉	全县各乡镇		普遍				
325	消费习俗	熏稀豆豉	全县各乡镇		普遍				
326	消费习俗	山鸡煮板栗	全县各乡镇		普遍				
327	消费习俗	柿　饼	椰坪、渔峡口、贺家坪、资丘		普遍				
328	消费习俗	糖果子	椰坪、渔峡口、贺家坪、资丘		减少				
329	消费习俗	雅谷片	椰坪、渔峡口、贺家坪、资丘		减少				
330	消费习俗	神豆腐	全县各乡镇		绝迹				
331	消费习俗	打糍粑	全县各乡镇		普遍				

续表

序号	资源类别	资源名称	分布区域	传承人情况（人）	濒危状况	入选各级名录情况			
						国家级	省级	市级	县级
332	消费习俗	绿豆皮	全县各乡镇		普遍				
333	消费习俗	打葛粉	半高山地区		减少				
334	消费习俗	冲茶	椰坪、渔峡口		濒危				
335	消费习俗	咂酒	全县各乡镇		绝迹				
336	消费习俗	烤罐茶	椰坪、渔峡口		濒危				
337	消费习俗	酸榨菜	全县各乡镇		减少				
338	消费习俗	炸豆腐果子	全县各乡镇		普遍				
339	消费习俗	打洋芋粉	全县各乡镇		普遍				
340	消费习俗	打苕糖	全县各乡镇		减少				
341	消费习俗	打高粱糖	全县各乡镇		减少				
342	消费习俗	豆渣	全县各乡镇		减少				
343	消费习俗	臜腌菜	全县各乡镇		普遍				
344	消费习俗	霉豆腐	全县各乡镇		普遍				
345	消费习俗	苕泡子	全县各乡镇		普遍				
346	消费习俗	洋芋泡子	全县各乡镇		普遍				
347	消费习俗	苞子砣	椰坪、渔峡口、贺家坪、资丘		濒危				
348	消费习俗	麻儿	椰坪、渔峡口、贺家坪、资丘		濒危				

续表

序号	资源类别	资源名称	分布区域	传承人情况（人）	濒危状况	入选各级名录情况			
						国家级	省级	市级	县级
349	消费习俗	干腌菜	榔坪、渔峡口、贺家坪、资丘		普遍				
350	消费习俗	蒿子饭	榔坪、渔峡口、贺家坪、资丘		普遍				
351	消费习俗	盖碗肉	榔坪		濒危				
352	消费习俗	蒸格子肉	全县各乡镇		普遍				
353	消费习俗	看菜	全县各乡镇		绝迹				
354	消费习俗	做米酒	全县各乡镇		普遍				
355	消费习俗	苕圆子	全县各乡镇		普遍				
356	消费习俗	豆腐圆子	全县各乡镇		普遍				
357	消费习俗	锅巴肉	全县各乡镇		普遍				
358	消费习俗	做汤圆	全县各乡镇		普遍				
359	消费习俗	疙瘩子	全县各乡镇		普遍				
360	消费习俗	烧茄子	全县各乡镇		濒危				
361	消费习俗	烧广椒	榔坪、渔峡口、贺家坪、资丘		濒危				
362	消费习俗	豌豆瓣	全县各乡镇		普遍				
363	消费习俗	稀广椒	全县各乡镇		普遍				
364	消费习俗	揣牙棒	全县各乡镇		普遍				
365	生产商贸习俗	稻草人	全县各乡镇		普遍				

续表

序号	资源类别	资源名称	分布区域	传承人情况（人）	濒危状况	入选各级名录情况			
						国家级	省级	市级	县级
366	生产商贸习俗	窝　棚(千脚落地)	全县各乡镇		濒危				
367	生产商贸习俗	出天行	全县各乡镇		绝迹				
368	生产商贸习俗	女人穿草鞋耕田	磨市、椰坪、渔峡口		绝迹				
369	生产商贸习俗	毒　鱼	椰坪、高家堰、资丘、渔峡口、都镇湾		濒危				
370	生产商贸习俗	支　筛	椰坪、高家堰、资丘、渔峡口、都镇湾		濒危				
371	生产商贸习俗	支　晒	椰坪、磨市、渔峡口		濒危				
372	生产商贸习俗	铎　鱼	椰坪、磨市、渔峡口		绝迹				
373	生产商贸习俗	钩　鱼	椰坪、磨市、渔峡口		绝迹				
374	生产商贸习俗	钓　鱼	全县各乡镇		普遍				
375	生产商贸习俗	拖缆子	椰坪		绝迹				
376	生产商贸习俗	撒　网	椰坪、渔峡口、磨市、龙舟坪、津洋口		普遍				
377	生产商贸习俗	卡网子	椰坪、渔峡口、磨市、龙舟坪、津洋口		普遍				
378	生产商贸习俗	抬　网	椰坪、渔峡口、磨市、龙舟坪、津洋口		普遍				
379	生产商贸习俗	震　鱼	椰坪		绝迹				
380	生产商贸习俗	放豪子	高家堰、渔峡口、资丘、龙舟坪、津洋口		普遍				
381	民间信俗	树　神	都镇湾、椰坪、贺家坪、渔峡口		濒危				
382	民间信俗	石　神	资丘		濒危				

续表

序号	资源类别	资源名称	分布区域	传承人情况（人）	濒危状况	入选各级名录情况			
						国家级	省级	市级	县级
383	民间信俗	白虎神	全县各乡镇		濒危				
384	民间信俗	五谷神	全县各乡镇		绝迹				
385	民间信俗	家神	榔坪、渔峡口、都镇湾		濒危				
386	民间信俗	赫神			绝迹				
387	民间信俗	土地神	榔坪		濒危				
388	民间信俗	猎神	榔坪、渔峡口		濒危				
389	民间信俗	打桃叉（民间破案）	榔坪、渔峡口		绝迹				
390	民间信俗	嘱司命（灶王菩萨）	榔坪、贺家坪		濒危				
391	民间信俗	拖柴土地	榔坪、贺家坪		濒危				
392	民间信俗	端公	榔坪、都镇湾、大堰、资丘		濒危				
393	民间信俗	挂吞口（辟邪）	都镇湾、大堰、资		绝迹				
394	民间信俗	荫壁（门前一堵墙）	资丘		濒危				
395	民间信俗	嫁老鼠	榔坪、贺家坪、资丘、都镇湾、渔峡口		绝迹				
396	民间信俗	嫁毛娘	榔坪、贺家坪、资丘、都镇湾、渔峡口		绝迹				
397	民间信俗	砸龙洞	榔坪、贺家坪、资丘、都镇湾、渔峡口		绝迹				
398	民间信俗	赶毛狗	榔坪、贺家坪、资丘、都镇湾、渔峡口		濒危				
399	民间信俗	"许愿"与"还愿"	全县各乡镇		减少				

续表

序号	资源类别	资源名称	分布区域	传承人情况（人）	濒危状况	国家级	省级	市级	县级
400	民间信俗	风水	全县各乡镇		绝迹				
401	民间信俗	算命	全县各乡镇		濒危				
402	民间信俗	行业神崇拜	全县各乡镇		濒危				
403	民间信俗	挂艾蒿（辟邪）	全县各乡镇		濒危				
404	民间信俗	猫死树葬	全县各乡镇		濒危				
405	民间信俗	杀鸡替生	榔坪、都镇湾		濒危				
406	民间信俗	小声子	榔坪、都镇湾、贺家坪		绝迹				
407	民间信俗	梦花树	全县各乡镇		减少				
408	民间信俗	猫吃缺碗	全县各乡镇		减少				
409	民间信俗	逢亥不杀猪	全县各乡镇		普遍				
410	民间信俗	关财门	全县各乡镇		绝迹				
411	民间信俗	立分关	全县各乡镇		绝迹				
412	民间信俗	门牌:泽世黄内	磨市						
413	民间信俗	大门上方挂明镜（辟邪）	全县各乡镇						
414	民间信俗	大门上方挂筛子（唤猫）	全县各乡镇						
415	传统技艺	篾鸡蛋（篾匠）	全县各乡镇		濒危				
416	传统技艺	剪纸（花儿匠）	全县各乡镇		濒危				

续表

序号	资源类别	资源名称	分布区域	传承人情况（人）	濒危状况	入选各级名录情况			
						国家级	省级	市级	县级
417	传统技艺	纸扎(花儿匠)	全县各乡镇		濒危				
418	传统技艺	制　陶(瓦匠)	渔峡口、榔坪		濒危				
419	传统技艺	铁　匠	全县各乡镇		减少				
420	传统技艺	铜　匠	都镇湾、资丘		濒危				
421	传统技艺	棕　匠	渔峡口、磨市、龙舟坪		濒危				
422	传统技艺	皮　匠	渔峡口		濒危				
423	传统技艺	椅　匠	全县各乡镇		濒危				
424	传统技艺	石　匠	全县各乡镇		濒危				
425	传统技艺	木　匠	全县各乡镇		濒危				
426	传统技艺	裁　缝	全县各乡镇		濒危				
427	传统技艺	漆　匠	全县各乡镇		濒危				
428	传统技艺	焗　匠	全县各乡镇		普遍				
429	传统技艺	烧窑货(生活用品)	资丘、渔峡口		绝迹				
430	传统技艺	烧　窑(石灰、炭、瓦等建筑材料)	全县各乡镇		绝迹				
431	传统技艺	西兰卡普	渔峡口、龙舟坪		濒危				
432	传统技艺	数花:如鞋垫、手帕等	渔峡口、都镇湾、资丘		濒危				
433	传统美术	吊脚楼建筑工艺	榔坪、贺家坪、资丘、渔峡口		濒危				

续表

序号	资源类别	资源名称	分布区域	传承人情况 (人)	濒危 状况	入选各级名录情况			
						国家级	省级	市级	县级
434	传统美术	吞口屋建筑工艺	榔坪、贺家坪、资丘、渔峡口		濒危				
435	传统美术	转角楼建筑工艺	榔坪、贺家坪、资丘、渔峡口		濒危				
436	传统美术	刘坪农民画(李银林)	鸭子口刘坪村						
437	传统美术	家具绘画、雕刻							
438	传统美术	墙面绘画与堆塑							
439	传统美术	各种用具装饰							
440	传统体育、游艺与竞技	抵　杠	榔坪、火烧坪、资丘		减少				
441	传统体育、游艺与竞技	五子飞	全县各乡镇		濒危				
442	传统体育、游艺与竞技	花牌、骨牌(点子)	全县各乡镇		濒危				
443	传统体育、游艺与竞技	撮　牌	榔坪、贺家坪		濒危				
444	传统体育、游艺与竞技	对木脸	全县各乡镇		濒危				
445	传统体育、游艺与竞技	成山棋	榔坪、渔峡口、贺家坪		濒危				

续表

序号	资源类别	资源名称	分布区域	传承人情况（人）	濒危状况	入选各级名录情况			
						国家级	省级	市级	县级
446	传统体育、游艺与竞技	玩桌凳	榔坪、渔峡口、贺家坪		濒危				
447	传统体育、游艺与竞技	射箭	榔坪、渔峡口、贺家坪		濒危				
448	传统体育、游艺与竞技	放扬灯	榔坪、渔峡口、贺家坪		濒危				
449	传统体育、游艺与竞技	打拖板	榔坪、渔峡口、贺家坪		濒危				
450	传统体育、游艺与竞技	摸打互换	榔坪、渔峡口、贺家坪、资丘		濒危				
451	传统体育、游艺与竞技	杀羊儿	榔坪、渔峡口、贺家坪、资丘		濒危				
452	传统体育、游艺与竞技	推磨拐磨（打豆腐）	榔坪、渔峡口、贺家坪、资丘		濒危				
453	传统体育、游艺与竞技	跳房子	全县各乡镇		减少				

续表

序号	资源类别	资源名称	分布区域	传承人情况（人）	濒危状况	入选各级名录情况			
						国家级	省级	市级	县级
454	传统体育、游艺与竞技	放风筝	全县各乡镇		普遍				
455	传统体育、游艺与竞技	跳绳	全县各乡镇		普遍				
456	传统体育、游艺与竞技	打纸炮	全县各乡镇		普遍				
457	传统体育、游艺与竞技	捉迷藏	全县各乡镇		普遍				
458	传统体育、游艺与竞技	发拳	全县各乡镇		普遍				
459	传统体育、游艺与竞技	猜指头	全县各乡镇		普遍				
460	传统体育、游艺与竞技	掰手腕	全县各乡镇		普遍				
461	传统体育、游艺与竞技	打陀螺	全县各乡镇		普遍				

续表

序号	资源类别	资源名称	分布区域	传承人情况（人）	濒危状况	入选各级名录情况			
						国家级	省级	市级	县级
462	传统体育、游艺与竞技	滑雪板	全县各乡镇		普遍				
463	传统体育、游艺与竞技	打竹枪	全县各乡镇		普遍				
464	传统体育、游艺与竞技	打弹弓	全县各乡镇		普遍				
465	传统体育、游艺与竞技	踢毽子	全县各乡镇		普遍				
466	传统体育、游艺与竞技	踩高跷	全县各乡镇		普遍				
467	传统体育、游艺与竞技	丢沙包	全县各乡镇		濒危				
468	传统体育、游艺与竞技	堆雪人	全县各乡镇		减少				
469	传统体育、游艺与竞技	扯铜钱	全县各乡镇		濒危				

续表

序号	资源类别	资源名称	分布区域	传承人情况（人）	濒危状况	入选各级名录情况			
						国家级	省级	市级	县级
470	传统体育、游艺与竞技	喔老虎	全县各乡镇		濒危			•	
471	传统体育、游艺与竞技	扯核桃	全县各乡镇		濒危				
472	传统体育、游艺与竞技	打水枪	全县各乡镇		濒危				
473	传统体育、游艺与竞技	吸水筒	榔坪、龙舟坪		濒危				
474	传统体育、游艺与竞技	翘旱船	榔坪、贺家坪		减少				
475	传统体育、游艺与竞技	踩竹马	榔坪、贺家坪		濒危				
476	传统体育、游艺与竞技	板凳龙	资丘		濒危				
477	传统体育、游艺与竞技	拖兔儿	榔坪		绝迹				

续表

序号	资源类别	资源名称	分布区域	传承人情况（人）	濒危状况	入选各级名录情况			
						国家级	省级	市级	县级
478	传统体育、游艺与竞技	玩梭板	榔坪、渔峡口、贺家坪、资丘		减少				
479	传统体育、游艺与竞技	打翻杈	全县各乡镇		减少				
480	传统体育、游艺与竞技	跳　马	全县各乡镇		濒危				
481	传统体育、游艺与竞技	丢　包(丢手绢)	全县各乡镇		减少				
482	传统体育、游艺与竞技	玩纸船	全县各乡镇		濒危				
483	传统体育、游艺与竞技	叠飞机	全县各乡镇		减少				
484	传统医药	中医正骨	全县各乡镇						
485	传统医药	针灸	全县各乡镇						
486	传统医药	拔火罐	全县各乡镇						
487	传统医药	推拿	全县各乡镇						

续表

序号	资源类别	资源名称	分布区域	传承人情况（人）	濒危状况	入选各级名录情况			
						国家级	省级	市级	县级
488	传统医药	草药(喝、敷、熏)	全县各乡镇						
489	传统医药	治疗疾病偏方	全县各乡镇						
490	传统医药	家传医书	全县各乡镇						
491	传统医药	巫 医	全县各乡镇						
492	传统医药	医药谚语(203条)	全县各乡镇						
493	传统医药	保护水源:石灰消毒	全县各乡镇						
494	传统医药	保护水源:沙石过滤	全县各乡镇						
495	传统医药	处理垃圾:焚烧	全县各乡镇						
496	传统医药	处理垃圾:深埋	全县各乡镇						
497	民间知识	测量:斗	全县各乡镇						
498	民间知识	测量:升子	全县各乡镇						
499	民间知识	测量:秤	全县各乡镇						
500	民间知识	测量:碗	全县各乡镇						
501	民间知识	测量:算盘	全县各乡镇						
502	民间知识	测量:尺	全县各乡镇						
503	民间知识	测量:手势	全县各乡镇						
504	民间知识	测量:足步(二步为一米)	全县各乡镇						

续表

序号	资源类别	资源名称	分布区域	传承人情况（人）	濒危状况	入选各级名录情况			
						国家级	省级	市级	县级
505	民间知识	测量:箍(一箍为5尺)	全县各乡镇						
506	民间知识	测量:篓子	全县各乡镇						
507	民间知识	测量:瓢	全县各乡镇						
508	民间知识	测量:麻布口袋	全县各乡镇						
509	民间知识	测量:箩筐	全县各乡镇						
510	民间知识	测量:背篓	全县各乡镇						
511	民间知识	测量:担(一担为100斤)	全县各乡镇						
512	民间知识	记事:刻树(割漆)	全县各乡镇						
513	民间知识	记事:挽草	全县各乡镇						
514	民间知识	记事:垒石	全县各乡镇						
515	民间知识	记事:搁石	全县各乡镇						
516	民间知识	记事:记号(木匠、篾匠、石匠、裁缝等)	全县各乡镇						
517	民间知识	建筑:信鲁班	全县各乡镇						
518	民间知识	建筑:石凿	全县各乡镇						
519	民间知识	建筑:瓦盖	全县各乡镇						
520	民间知识	建筑:打土墙	全县各乡镇						
521	民间知识	建筑:土木	全县各乡镇						

续表

序号	资源类别	资源名称	分布区域	传承人情况（人）	濒危状况	入选各级名录情况			
						国家级	省级	市级	县级
522	民间知识	建筑:石垒·石板屋	全县各乡镇						
523	民间知识	时间:太阳(影子)	全县各乡镇						
524	民间知识	物候天象:气象谚语(224 条)	全县各乡镇						
525	民间知识	物候天象:12 时辰	全县各乡镇						
526	民间知识	物候天象:方位(坐南朝北)	全县各乡镇						
527	民间知识	物候天象:风雨预测	全县各乡镇						
528	民间知识	物候天象:历法(阴、阳)	全县各乡镇						
529	民间知识	物候天象:灭虫(撒地灰)	全县各乡镇						
530	传统戏剧	柳鼓子戏	鸭子口、磨市						
531	传统戏剧	皮影子戏	乐园、椰坪、高家堰						
532	杂技	玩狮子	全县各乡镇						
533	杂技	踩高跷	全县各乡镇						
534	杂技	顶竹竿	全县各乡镇						
535	杂技	抵棍	全县各乡镇						

三、抢救与普查的方法

(一)成立普查工作领导小组

为全面调动各方的积极性,确保"非遗"资源普查的顺利开展,县委宣传部召集了由各乡镇分管领导、宣传委员参加的"非遗"资源普查动员大会,明确各乡镇宣传委员为本地区普查工作牵头人。

为了加强对长阳县非物质文化遗产资源普查工作的组织领导,加快推进长阳县非物质文化遗产普查工作,长阳县文体局2009年第7号文件发布《县文体局关于成立非物质文化遗产资源普查工作领导小组的通知》,公布领导小组组成成员如下:

组　长:胡世春	文化体育局局长
副组长:覃万勤	县文化体育局副局长
成　员:刘宗琦	县文化体育局文化艺术股股长
戴曾群	县民族民间文化保护中心指导专家
张颖辉	县民族民间文化保护中心主任
刘利华	县文化馆馆长
习桂菊	龙舟坪镇文化站站长
赵运坤	磨市镇文化站站长
李　勇	大堰乡文化站站长
陈　云	都镇湾镇文化站站长
邓守钦	鸭子口乡文化站站长
田玉成	资丘镇文化站站长
黄文汉	渔峡口镇文化站站长
刘在新	火烧坪乡文化站站长
李德荣	榔坪镇文化站站长
秦大平	贺家坪镇文化站站长
范厚林	高家堰镇文化站站长
尤兴林	县民族民间文化保护中心副主任
谭晓丽	县文化馆副馆长

以文体局局长为组长,各乡镇文化站站长、县文化馆、县民族民间文化保护中心相关人员为组成成员的普查工作领导小组对非物质文化遗产普查工作的顺利展开起到了很好的领导和组织作用,是非物质文化遗产普查工作顺利展开的关键。

（二）开展"非遗"资源普查培训

为了使普查人员熟悉非物质文化遗产普查的具体内容和操作流程,民族民间文化保护中心开设"非遗"资源普查培训班,培训班由分管非物质文化遗产保护工作的县文体局副局长覃万勤主持。县文体局全体领导班子、文体系统二级单位班子成员、县保护中心和县文化馆全体人员近 50 人参加了开班仪式和业务培训。开班仪式上,首先学习了省文化厅、市文化局关于认真做好非物质文化遗产资源普查的相关文件,县文体局局长胡世春同志在大会上作了培训动员讲话。开班仪式结束后,县"非遗"工作指导专家戴曾群同志以图文、讲述的形式对非物质文化遗产的内涵、外延和种类,长阳县公布的第一批、第二批民族民间传统文化保护名录、调查方法以及关于"非遗"资源普查表格的填写等技术性工作进行了翔实的讲解,通过培训,使普查工作人员基本具备了普查技能。

附:长阳非遗普查培训课件资料

（一）什么是非物质文化遗产

非物质文化遗产是指各族人民世代传承的、与群众生活密切相关的各种传统文化表现形式(如民俗活动、表演艺术、传统知识和技能,以及与之相关的器具、实物、手工制品等)和文化空间(即定期举行传统文化活动或集中展现传统文化表现形式的场所),兼具空间性和时间性。

非物质文化遗产的范围包括:

1.口头传统,包括作为文化载体的语言。

2.传统表演艺术。

3.民俗活动、礼仪、节庆。

4.与自然界和宇宙相关的民间传统知识和实践。

5.传统手工艺技能。

6.与上述表现形式相关的文化空间。

（二）非物质文化遗产十大类

1.民间文学:包括神话,关于地名、节日、特产、人物等的传说,故事,笑话,歌谣(包括儿歌)以及民间流传的各种俗语等。

2.传统音乐:(1)包括歌曲(包括农村挑担、拉板车、搬运号子,山歌,插秧等农田劳动时的田歌,休息娱乐、节庆、婚丧等场所唱的曲子,儿歌,摇篮曲,叫卖,吟诵诗词、古文时的歌调,人们搓麻将等游戏时的歌调等)和器乐曲(包括传统节日、庙会、红白喜事等场合演奏的乐曲、上代流传下来的工尺谱等)。(2)没有乐队则不填乐队构成。

3.传统舞蹈:包括在生产劳动、岁时节令、婚丧礼仪、信仰崇拜(祭祖、祭祀)等活动中表演的舞蹈,自娱自乐,表现相关神话传说的舞蹈及花鼓子等。

鼓盆歌、满堂音、跳三鼓、打锣鼓、讲书锣鼓、耍耍、说书、番邦鼓等。

4.传统戏剧:包括京剧、汉剧、楚剧、清戏、荆河戏、南剧、山二黄、黄梅戏、采茶戏、梁山调、灯戏、柳子戏、堂戏、提琴戏、湖北越调、文曲戏、傩戏、花鼓戏等等。

5.曲艺:包括小曲、渔鼓、道情、南曲、楠管、大鼓、善书、说鼓子、

6.传统体育:游艺与杂技,包括杂技(包括走钢丝、顶碗、魔术、马戏、口技、滑稽戏等)、传统游艺竞技(荡秋千、下棋、过家家、滚铁环、猜拳、踢毽子、抓石子、放风筝、打麻将、花牌、撮牌等)。

7.传统美术:传统美术表现形式包括挑花、布贴、剪纸、纸扎、民间刺绣、风筝、花灯、泥塑、面塑、陶瓷、香包、脸谱、竹编、木雕、石雕、根雕、民间玩具等。

8.传统技艺:包括铜、铁、锡制作工艺、戏服、印染、绗缝、桑麻纸制作、酿造技艺、生产生活竹木制品技艺、推光漆器制作、编织(线、草、绳)、传统面食制作、泥工、石匠、木匠、裁缝制作、制茶工艺、砖、石、玻璃雕刻等,花灯、龙灯制作、制陶工艺等,俗称"七十二行"。

9.传统医药:包括怎样保养身体、诊断疾病以及各种疾病的治疗方法,民间药物、偏方、医术、药典等。

10.民俗:包括生产商贸习俗、生活习俗、人生礼俗、岁时节令、民间信仰等习俗。

(三)我县公布的第一批、第二批民族民间传统文化保护名录

1.民间舞蹈(2项):土家族撒叶儿嗬、长阳花鼓子。

2.民间文学(3项):都镇湾故事、廪君的传说、长阳竹枝词。

3.传统音乐(5项):长阳山歌、长阳吹打乐、清江号子、薅草锣鼓、咚咚喹。

4.传统体育(4项):抵杠、翘旱船、高跷马、打陀螺。

5.传统医药(2项):民间中医正骨疗法、传统中药文化。

6.传统技艺(4项):石刻技艺、民间器乐制作技艺、绿茶制作技艺、土家吊脚楼营造技艺。

7.民俗(4项):过赶年、十碗八扣、土家打喜、土家婚俗。

8.传统美术(2项):刺绣、西兰卡普织锦。

9.传统曲艺(3项):旱龙船、长阳渔鼓、长阳南曲。

(四)调查方法

此次"非遗"资源普查,是对我县具有民族和地域特色的非物质文化遗产进行真实、系统和全面的记录,全面了解和掌握各个乡镇传统文化资源的种类、数量、分布状况、生存环境及存在的问题。

1.选择承载非物质文化遗产较多、较有才华和独立性的传承人进行面对面的采访、问

答、表演、展示,若条件允许,让他们轻松自如地、有限度地展示传承项目。

2.注意搜集民间流传的歌本、工尺谱、画册、书籍、谱书及相关实物(道具或乐器)。

3.普查人员对被采访艺人进行记录时,要尽可能地忠实于他们讲述的语言(方言),尽量避免用通行的官话或采访者自己的语言替代讲述者的讲述语言,一定要保持记录的准确性和真实性。

4.充分运用摄像、拍照、录音等手段,如实地把采访对象居住的地理环境、家庭状况,与传承项目相关的文物遗存、家谱、活动场所等内容真实记录下来。在条件允许的前提下,展示传统项目时,力求完整、翔实地记录。在录像和拍照过程中,切忌人为地臆造内容。

(五)确定普查线索,印发普查方案

普查工作开始前,根据每一个乡镇上报的基本情况和保护中心掌握的情况制定了一个比较详细的普查方案,力争做到不漏乡镇、不漏村寨、不漏种类、不漏线索。方案的制定,不仅使普查工作人员未到田野调查前,就初步明确了调查的范围、重点项目和重点区域,如乡镇、村寨、居民户,而且这也为工作人员确定普查行走路线、工作人员的调配和经费支出提供了筹备依据。此外,长阳县民族民间传统文化保护中心印发了《长阳土家族自治县非物质文化遗产资源普查实施方案》。实施方案主要从普查要求、普查范围、普查人员、普查经费几个方面进行了规定。

在实施方案中,对普查项目列举了传承人和艺种两个方面。在传承人方面,要求对县级40名传承人按照普查要求重新登记,对民间文学、传统技艺、传统医药、习俗、曲艺、传统体育、传统音乐、传统舞蹈等项目类别,通过对重点传承人展开放射性的调查,较全面地掌握了全县各乡镇、村寨的"非遗"重点传承人的艺种类别及现状;在艺种层面,对主要的"非遗"资源类别如民间文学、传统音乐、传统舞蹈、传统戏剧、曲艺、传统体育、游艺与杂技、传统美术、传统技艺等进行列举,并对各项目类别下的普查重点项目、重点区域、重点内容作出了粗略的规定。具体如下:

1.民间文学

都镇湾十五溪、龙潭坪等民间故事;椰坪覃佳耀传说;贺家坪覃候柏的传说;田思群的传说;林之华的传说;向远耀的传说;廪君、盐池女神和白虎垄传说;"打喜"支客先生的"令歌"(顺口溜、赞四句和讲礼行);武落钟离山、老巴子的传说;长阳竹枝词、谚语、谜语、楹联等。

2.传统音乐

山歌(桃山、双龙、乐园、界岭);薅草锣鼓:贺家坪、龙王冲、紫台、磨市栽秧锣鼓;十五溪、龙潭坪吹打乐;磨市芦溪、界岭、椰坪栗园、枝柘坪、桃山吹打乐。

3.传统舞蹈

长阳花鼓子:乐园大吉岭、双龙、西坪、枝柘坪等地,每个点调查3~4名艺人;土家族撒叶儿嗬:双龙、桃山、椰坪的长丰、乐园、火烧坪各点调查至少4人;贺家坪白咸池地花鼓。

4. 传统戏剧

刘坪柳鼓子。

5. 曲艺

长阳南曲:资丘桃山(将流传的曲牌全部弹唱拍摄);旱龙船:乐园(秀峰桥、桂家冲两个点)。

6. 传统体育、游艺与杂技

翘旱船;抵角角;抵杠。

7. 传统美术

刘坪民间绘画;织锦(香包、西兰卡普);大堰石雕;高家堰根艺。

8. 传统技艺

佷山绿茶制作技艺(收集相关传说和文献);老雾冲绿茶制作技艺(收集相关传说和文献);长阳民间吹打乐制作技艺(铜器件、竹器、唢呐等)。

在普查队伍的建设方面,市文化局决定凡是各县市赴田野参加"非遗"普查的人员一律颁发普查工作证,全市统一编号,证件有效时间为 5 年,截至 2013 年 12 月 30 日。为完成普查工作任务,将普查人员分为三个田野调查组,每组 4 人,实行"小组包片"的普查方式,具体如下,第一组:渔峡口、资丘、火烧坪、鸭子口;第二组:榔坪、贺家坪、高家堰;第三组:都镇湾、大堰、磨市、龙舟坪。同时,为每个组配备摄像机 1 台、数码照相机 1 部、移动硬盘 1 个,录音笔 1 支,传承人、艺种、资源表格若干,人手 1 本田野调查笔记,钢卷尺、计量器各 1 件。

对于普查经费,则以文体局自筹为主。文体局自筹经费 5 万元,普查人员的交通费、食宿费等参照长阳"第三次文物"普查标准执行。

(六)进行普查宣传

为了加大普查工作的宣传力度,首先是在电视台连续几天滚动播放有关"非遗"普查的具有重要意义的节目。普查队伍出发时,对三台普查工作车专门印制了统一的标志牌。其次是在网站不间断地发布普查工作进度和普查中的重大发现。普查期间县内多家网站发布"非遗"普查新闻多篇。最后是及时向省、市非物质文化遗产保护中心汇报普查工作进度,省非物质文化遗产保护中心在《工作简报》中登载长阳普查简报三篇。

(七)展开实地调查

在普查实施工作中,按照"以重点传承人为基础,实行多方位、多角度、多项目辐射"的普查方法,对普查项目采用现代技术手段和先进的调查观念,立体、形象、真实、全方位地进行调查记录,即文字记录与摄影、照相记录同步开展,全面了解和掌握我县非物质文化遗产资源的种类、数量、分布状况、生存环境、保护现状及存在的问题。

1. 对传承人进行采访和登记。选择承载非物质文化遗产较多、较有才华和独立性的传承人进行面对面的采访、问答、表演、展示,若条件允许,让他们轻松自如、有限度地展示传承项目。普查人员记录被采访艺人时,尽可能地忠实于他们讲述的语言(方言),尽量避免用通行的官话或采访者自己的语言替代讲述者的讲述语言,保持记录的准确性和真实性。普查人员对普查对象所讲述的项目沿革、传说、工艺流程、相关习俗等,不论是错是对必须真实记录,不得凭个人的理解随意删减。在传统医药、传统技艺、传统音乐、传统舞蹈、习俗、民间文学等方面没有命名或未登记,但技艺好、表现力强的传承人,应按普查传承人的要求登记。

2.充分运用文字、摄像、拍照、录音等手段,如实地把采访对象居住的地理环境、家庭状况,与传承项目相关的文物遗存、家谱、活动场所等内容真实记录下来,在条件允许的前提下,展示传统项目时,力求完整、翔实地记录。在录像和拍照过程中,切忌人为地臆造内容。采访笔录和征集、复印的各类"非遗"资源材料、实物一律登记编号后交中心存档。

3.实物的登记和搜集。对传承项目的相关实物,按照"实物调查表"的要求做好记录。对于民间流传的歌本、工尺谱、画册、书籍、谱书及相关实物(道具或乐器),凡是能征集的,与本人履行相关手续。不能征集的,用图、文、照片、录像等形式完整、真实地记录。

4.填写非遗普查相关表格。为规范信息的收集,宜昌市非物质文化遗产保护中心统一设计了一套普查工作表格,包括传承人调查表、艺种调查表、资源调查表、实物调查表、素材文件登记表等。艺种调查表、资源调查表按照民间文学、传统音乐等十大类分别设计,整套表格共计23张。在普查的过程中,普查工作人员为每个传承人单独填表,对相同艺种下的不同传承人的技艺、观点进行如实记录,进行比较研究。同时,宜昌市以现有的工作流程和普查工作表格为基础,研发了《非物质文化遗产普查资源管理系统》,以县区为单位部署于网络服务器供各县(市)区免费使用,各乡镇可以远程使用,将普查表格录入到数据库软件中,上传各种素材文件。县(市)区级、市级通过网络查看录入结果,及时掌握普查进展情况,尽早发现问题,及时指导,以信息化服务普查工作。长阳县在对非物质文化遗产的普查过程中,以宜昌市"非遗"保护中心的要求为指导,对传承人、艺种、资源、实物等按照规定的表格和程序进行了登记,形成了十分完整的"非遗"普查资料。

(八)资料的存档与保存

存档是在普查的基础上开展的又一项基础性的工作,是对非物质文化遗产普查工作进行总结并加以完善的存档工作。存档的意义相当重要,它是以后对非物质文化遗产实施保护的依据,也是政府部门采取相应保护手段与措施的根据。田野调查结束后,长阳县民族民间传统文化保护中心通过一定的文字、录音、录像、数字信息化多媒体等手段,对非物质文化遗产资源进行了真实、全面、系统的记录,形成各类档案,并予以妥善保管。

1.建立比较完善的非物质文化遗产档案资源。一是纸质档案。普查资料的整理是个繁杂而又细致的工作,普查工作人员将各乡镇的普查资料分村编号、登记造册,最终形成文字资料8册。从2001年起,长阳县组织专班对民间艺人进行登记建档,对民间艺人的姓名、年龄、家庭住址、艺术特长、艺术成果及其家庭现状等进行登记造册,建立档案卡,实行动态管理,形成了比较完善和全面的民间艺人档案资料。目前,全县已登记在册的山歌、南曲、吹打乐、花鼓子、土家族撒叶儿嗬、薅草锣鼓、长阳竹枝词、故事、绘画、书法、民俗等近20个艺术类别的民间艺人共有3000多人,重点传承人342名,并为县级以上命名的61名优秀传承人建立了个人档案。二是电子档案。把所有的照片、田野调查资料全部输入电脑,成为电子文本保存下来,并及时刻成光盘进行保存。在此基础上,组织专业技术人员整理传承人档案,包括民间艺人的基本情况和家庭情况,从事本项目的时间、师承关系、参加过什么大型活动、获奖情况等,把所有普查的资料制成电子文本。三是录像档案。在2009年的普查工作中,共完成调查项目录音记录120小时,摄像记录72小时,全部不漏地采录到编辑机,然后全部刻成光盘保存,以避免磁带粘连和硬盘出现意外。

2.依托清江画院陈列馆、文化资源信息库、资源数据库等平台,对"非遗"资源进行保存。县清江画院成立以来,已征集、收藏西兰卡普织锦百余件,其传统花形近百种,其中不乏清末、民国初年及解放初期的作品,成为目前全国品种数量最多的西兰卡普陈列馆。从2003年开始,我县将全县民间艺人资料和优秀民间艺术原始资料通过现代技术手段,制作成视频、音频、图片及文字等资料,建立民族民间文化资源信息库。目前已经搜集大量的民间艺术资源和民间艺人资料。同时,长阳县在财政十分紧张的情况下,利用国家项目资金已投资近20万元添置了资源数据库设备,使得电子资源数据库进一步得到完善。同时,积极争取全国文化资源信息共享工程建设项目,投资68万建成了以图书馆为依托、以11个乡镇96个行政村为基础的文化资源共享工程服务网络。

3.整理出版民族文化系列丛书,实现保存与传承的共赢。自20世纪60年代初以来,长阳县始终把普查、收集、整理民族文化资源当作一项基础工程长抓不懈,先后搜集整理出版了150多种、计1000万余字的民族文化丛书,如《巴土长阳》、《土家民歌》、《长阳南曲》、《民间故事》、《长阳竹枝词》、《土家谜语》、《土家谚语》、《长阳地名传奇》、《长阳方言》、《土家族撒叶儿嗬》、《长阳巴人源流研究》、《长阳土司源流研究》、《考古发现与早期巴人揭秘》、《巴人源流研究》、《巴地域研究》、《廪君》等就是土家族历史文化的精品。此外,为了使优秀的民族民间文化艺术得以保护、传承和发展,对各种民间文化艺术形式采用录音、录像的方式进行分类搜集,制作成资料片进行推介和保存。已录制完成了《土家族女民间故事家孙家香》及《长阳山歌》、《长阳南曲》、《土家吹打乐》、《十五溪故事》、《土家族撒叶儿嗬》、《长阳情歌》、《土家风情》、《廪君传说》、《长阳竹枝词》、《长阳花鼓子》等民间艺术的电视专题片,在保存的同时注重传承。

(九)抢救与普查的成果

普查工作是非物质文化遗产保护的一项基础性工作,是保护非物质文化遗产首要的前提性工作。2009年以来,长阳县根据省文化厅、省非物质文化遗产保护中心、市文化局的文件精神,在全县范围内开展了一次大范围的、比较翔实的非物质文化遗产资源普查。县委宣传部、县文化体育局对"非遗"资源普查工作作了统一部署和要求,按照"统一部署、全面展开、讲求科学、真实有效;突出重点、先急后缓、加强协调、有序进行"的指导原则,以"查清资源、明确方向、搞好建设、规范管理"为工作目标,结合长阳县实际,制定了"前期准备、排摸线索、组建班子、实地普查、资料整理、总结汇报"六个阶段性工作计划。此次"非遗"资源普查组建了三个工作专班,以小组包片的形式,历时两个半月时间的下乡普查,跑遍了全县 11 个乡镇,154 个行政村,行程 4000 多公里,走访民间艺人 1698 个,登记重点传承人 254 个,录音 7200 分钟,录像 4300 分钟,拍摄照片 7000 多幅。新增传统项目共 300 多项,如传统医药中的中医正骨、民间中草药等;民间文学中的长阳竹枝词、谚语、歇后语、谜语、楹联等;传统音乐中的劳动号子等;传统技艺中的生产、生活中的各类用品的制作工艺;传统体育、游艺与竞技中的翘旱船、抵杠等;传统舞蹈中的宗教舞蹈等;民俗类中的饮食、起居、自然崇拜等。普查工作得到了省"非遗"保护中心领导的高度肯定,普查工作图片和普查成果被省中心推荐在北京"全国非物质文化遗产督察工作会议"上展出,受到与会领导和专家的好评。

据统计,本次普查参与总人数 98 人,其中文化系统投入 16 人,社会力量参与人数 82 人;举办普查培训 2 期,共培训 67 人次;投入普查经费 9.8 万元,投入普查设备电脑 4 台,录音笔 3 支,照相机 3 台,摄像机 3 台;普查广播电视宣传 5 次,简报 4 期,报纸 5 篇;召开普查座谈会 14 次,共 156 人参加;走访传承人数 1698 人;调查项目 758 个,形成文字记录 10 万字,拍摄照片 7000 多张,录音记录 120 小时,摄像记录 72 小时;最终形成文字资料 8 册。共收集到非物质文化遗产 13 大类 9659 条项目线索,其中,民间文学 7894 种,传统音乐 1295 首,传统舞蹈 18 个舞段,曲艺 150 个,传统美术 4 种,传统技艺 18 种,生产商贸习俗 15 种,消费习俗 75 种,人生礼仪 107 种,岁令时节 10 种,民间习俗 27 种,传统体育、游艺 43 种,传统医药 3 种。共登记非遗传承人 3185 人,其中民间文学 325 人,传统音乐 790 人,传统舞蹈 1290 人,曲艺 240 人,传统体育、游艺与杂技 150 人,传统美术 30 人,民间传统技艺 230 人,民俗 130 人。基本上掌握了我县民间文学、传统美术、传统音乐、传统舞蹈、传统医药、传统技艺、传统体育及游艺与竞技等各种非物质文化遗产的形态、蕴藏、类别、分布、传承方式以及重点传承人的基本状况。

2009 年以来,长阳县民族民间传统文化保护中心继续致力于对非物质文化遗产资源的搜集、整理和申报。2010 年,县民保中心完成了省、市级第三批非物质文化遗产代表作名录项目的申报工作,完成了长阳文化生态保护区申报工作。组织召开全县民间艺人座谈会。组织山歌艺人李道翠、唐永菊、秦道菊、罗炎琼等 4 人录制长阳山歌视频资料,制作成电视片以便于保存和推广。初步完成了非物质文化遗产普查资料的整理工作,完成了 300 多名民间艺人资料数据库录入工作。2011 年,县民保中心完成对李德翠、李国新、刘泽刚等第四批国家级项目代表性传承人的推荐申报工作。向中国"非遗"保护中心和湖北省"非遗"保护中心积极报送我县国家级名录和国家级传承人的图典资料。进一步加强对《非物质文化遗产法》的宣传,进一步完善非物质文化遗产数据库建设。进一步搞好民间故事的搜集、整理工作。《民俗志》编撰工作全面展开,资料搜集、整理工作基本完成。搜集我县流传的机智人物——向永耀的故事 150 个。经过上级审批,长阳申报的非物质文化遗产项目《廪君传说》入选湖北省非物质文化遗产代表性项目,《长阳竹枝词》入选宜昌市非物质文化遗产代表性项目。2012 年,进一步完善非物质文化遗产资源数据库,搞好民间故事的搜集、整理工作,完成了 750 个都镇湾故事的打印、分类工作。同时,完成了市级非物质文化遗产保护名录申报工作。非物质文化遗产项目中的《道教科仪音乐》、《土家打喜》两个项目被申报为宜昌市级非物质文化遗产保护名录。

第二节　非物质文化遗产的确认

一、确认主体

(一)组织者

《长阳土家族自治县民族民间传统文化保护自治条例》第 14 条规定:"对自治县行政区域内的民族民间传统文化项目,各单位或者公民认为符合民族民间传统文化代表作申报条件的,可以向自治县文化行政主管部门推荐或者提出要求保护的申请,经评审鉴定委员会评审认定后,由自治县人民政府公布,列入保护范围。对符合市、省或者国家非物质文化遗产代表作申报条件的民族民间传统文化项目,自治县文化行政主管部门应当积极组织申报。"根据该条文可以看出,非物质文化遗产的确认主体为自治县文化行政主管部门,各单位或者公民对符合申报条件的民族民间传统文化代表作,只能向自治县文化行政主管部门提出要求保护的申请。我国实行非物质文化遗产分级申报制度,对符合市、省或者国家非物质文化遗产代表作申报条件的民族民间传统文化项目,也由自治县文化行政主管部门即文体局进行申报。

(二)咨询机构(专家委员会)

《长阳土家族自治县民族民间传统文化保护条例》第 13 条规定:"自治县成立由文化行政主管部门有关负责同志和相关领域专家组成的民族民间传统文化评审鉴定委员会(以下简称评审鉴定委员会),承担民族民间传统文化代表作、传承人、传承单位和传统文化生态保护区的评审、鉴定和专业咨询工作。"长阳县人大常委会常务副主任于 2006 年 3 月 27 日在湖北省人大常委会第二十次会议上关于《长阳土家族自治县民族民间传统文化保护条例》的说明中进一步明确评审鉴定委员会为专业性的非常设机构,其成员全部为兼职,明确了该机构的性质。2006 年长阳县人民政府办公室第 139 号文件下发《县人民政府办公室关于成立长阳土家族自治县民族民间传统文化评审鉴定委员会的通知》,成立长阳土家族自治县民族民间传统文化评审鉴定委员会,并进一步规定评审鉴定委员会承担民族民间传统文化代表作、传承人、传承单位和传统文化生态保护区的评审、鉴定和业务咨询工作。评审鉴定委员会下设办公室,办公室设在民族民间传统文化保护中心。该评审鉴定委员会由以下成员组成:

主任:胡世春	县文体局局长
成员:向祖文	县民宗局局长
覃万勤	县文体局副局长
许卫东	县文体局副局长
陈哈林	县文体局副局长、县文联主席
杨小强	县文联副主席、高级工艺美术师
刘宗琦	县文体局文艺股股长
戴曾群	县民族民间传统文化保护中心主任
程　红	县民族民间传统文化保护中心副主任、群众文化专业副研究馆员
覃发池	省舞蹈协会副主席
刘勋一	国家二级作曲家
肖国松	群文副研究馆员
周晓春	群文副研究馆员

其委员会成员既有文化行政主管部门负责同志,又有具有高级专业技术职称的专家,还有长期从事文化遗产保护和研究工作、具有相当职务和经历、具备丰富实践经验的民族民间传统文化保护中心成员、文联领导人员、群众文化专业副研究馆员等,结构合理,能够在非物质文化遗产资源的评审、鉴定中进行专业的甄别,确保经确认的非物质文化遗产的质量。至此,长阳县民族民间传统文化评审鉴定委员会从法律层面上升到了实践层面。

二、确认程序

《长阳县土家族民族民间传统文化保护自治条例》第 14 条第 1 款规定："对自治县行政区域内的民族民间传统文化项目,各单位或者公民认为符合民族民间传统文化代表作申报条件的,可以向自治县文化行政主管部门推荐或者提出要求保护的申请,经评审鉴定委员会评审认定后,由自治县人民政府公布,列入保护范围。"根据该条款的规定,确认的基本程序为先由相关单位或者公民向县文化体育局推荐或者提出要求保护的申请,然后由评审鉴定委员会进行评审并对评审结果予以公示,公示结束后,再由县政府予以审批。

在非物质文化遗产项目申报的具体实践中,分为了四个步骤:(1)推荐。各乡镇文化站(文广中心)和文体部门各二级单位对本地具有代表性的非物质文化遗产项目按照推荐条件进行推荐,填写推荐表,被推荐项目所在村(或单位)及乡镇人民政府签署意见后上报。(2)资格审查。在推荐的基础上,由民族民间传统文化保护中心对被推荐的代表作进行资格审查。(3)评审及公示。对资格审查合格的代表作材料交由县评审鉴定委员会进行评审,将通过评审的非物质文化遗产代表作名单进行公示,公示期为 15 天。(4)审批。公示期满后,将公示合格的非物质文化遗产代表作呈报县人民政府审批。

三、建立保护名录

申报各级非物质文化遗产代表性项目,建立非物质文化遗产名录体系,既是对本地"非遗"资源的一种资源价值确认,也是为对非物质文化遗产资源实施更好的和争取更多的保护的一种重要手段。因此,各地方文化行政主管部门都尽可能地将本地的非物质文化遗产资源向更高层次名录进行申报,以寻求更好的保护。目前,长阳县已建立了四级名录体系。

(一)国家级非物质文化遗产名录

长阳县在开展"非遗"保护的过程中,一方面,认真开展普查工作,另一方面,积极进行"非遗"申报。2005 年,长阳县组织强大的"申遗"工作专班开展"土家族撒叶儿嗬"的申报工作,形成了近百万字的田野调查资料和 20 多个小时的声像资料。在省、市保护中心的大力支持下,土家族撒叶儿嗬被国务院列入全国首批非物质文化遗产保护名录。2008 年 2 月,长阳山歌、薅草锣鼓、都镇湾故事被文化部列入国家第二批非物质文化遗产名录。目前,长阳县已有四项非物质文化遗产被列入国家级的非物质文化遗产名录,分别为土家族撒叶儿嗬、长阳山歌、薅草锣鼓、都镇湾故事。

示例一　长阳山歌

一、项目说明

1.分布区域

长阳山歌在全县 11 个乡镇普遍流行,而以榔坪、贺家坪、资丘、渔峡口、鸭子口、高家堰等土家族聚居区最为盛行。

2.历史渊源

长阳是古代巴人的发祥地。巴族在中原之南,谓之南蛮。据历史考证,土家族是巴人的后裔。在周代以前,鄂西山区以巴族为主。历史上,巴楚人民不但性格豪爽,而且能歌善舞,以质朴粗犷的"下里巴人"音乐闻名于世。据《后汉书·南蛮西南夷列传》载:巴人"俗喜歌舞"。《华阳国志·巴志》又言:武王伐纣,"巴师勇锐……前歌后舞"。在自古流传下来的山歌中,如创世古歌"向王天子一只角,吹出一条清江河"、"洪水泡天歌"、"火葫芦"、"天开地辟"等,这些古老的长阳山歌就是史书上所称的"蛮歌巴舞"、"下里巴人"中的重要组成部分。

隋唐时代,巴人的后裔——土家人对山歌更是普及拓展。《旧唐书·刘禹锡传》:"贬郎州司马,地居西南夷,土风僻陋,举目殊俗……蛮俗好巫,每淫祀鼓舞,必歌俚辞。"清代长阳著名诗人彭秋潭在《长阳竹枝词》中写道:"换工男女上山坡,处处歌声应鼓锣,但汝唱歌莫轻薄,那山听到这山歌。"长阳因歌舞历史悠久,在县境内的地名中留下了不少的痕迹,如"歌唱坪"、"锣鼓堖"、"发歌岭"等。

在三千多年的历史进程中,长阳山歌在内容和形式上不断得到革新和完善。它伴随着土家人的生产、生活习俗世代相传。

3.基本内容

长阳山歌内容丰富,题材多样。主要有以下几类:

(1)创世歌:反映土家族创世、诞生,如《向王天子一只角》。

(2)时政歌:长阳独特的历史环境,白莲教起义、田思群起义、白西亭起义、大革命时的根据地、抗日战争鄂西会战大捷的主战场,所有这些都在长阳山歌中均有记录,如《长阳出了白莲教》等。

(3)劳动歌:如《露水号子》、《太阳冒山边》。

(4)情歌:数量最多,往往一排排、一串串,甩出来就是几十首。

(5)杂歌:数量多,包括风土人情、趣闻奇事、生活知识问答、搞笑逗乐等。

由于山歌是伴随劳动的,所以一天之内内容曲牌都有一定顺序,什么时辰喊什么歌。刚下田,一般先唱三声号《一步到田中》、四声号《太阳冒山边》等。上午唱杂号子、穿号子、五句子,内容则多为古人花名,穿插一些情歌。中饭下田是一天中最难熬的时光,多唱大套曲《九板十三腔》、《采茶腔》,中间均有情歌、逗趣搞笑的歌穿插。太阳落山要收工,唱煞歌子和赶五句,如《日头落了西》。

传承方式:长阳山歌最普遍和最有特点的传承方式是:在村落山寨,互相换工、帮工的集体劳动(多为薅草季节)中,通过田间的喊歌、对歌,相互交流、学习,日渐掌握。其中的歌师傅则善于四处赶歌场,向长辈的歌师傅求艺取艺,以面传心授为其特点。因此,长阳山歌的歌会与其他少数民族的歌会不同。长阳山歌的歌会就是薅草歌会,它不是某一天,而是整个薅草季节。

4.相关器具、制品及作品等

(1)薅草锣鼓中的相关器具有小鼓、锣、钹、马锣,4人各执1件。

(2)《世界记忆工程》、《中国民间歌曲集成》、《三峡民间艺术集萃》等收录了不少长阳山歌。

(3)1988年出版的《中国歌谣集成·湖北卷·长阳分册》共计40万字。

5.传承谱系

喊山歌的不是职业艺人,不必专门学艺,它不是以师徒的方式传承的,而是以村落、山寨形式传承。通过田间的喊山歌、打薅草锣鼓,相互交流、学习,逐日掌握。但长阳山歌有传承的代表人物和代表群体。

姓 名	性别	生卒年代	住 址
熊明俊	男	1925—2005	龙舟坪镇津洋口合子垴村
习久兰	男	1934—1979	龙舟坪镇津洋口合子垴村
郭樵农	男	1938—1998	贺家坪镇白咸池村
鲁永南	男		贺家坪镇白咸池村
鲁永寿	男		贺家坪镇白咸池村
李先顶	男	1930—2001	贺家坪镇紫台村
张正义	男	1933—	高家堰镇界岭村

续表

姓　名	性别	生卒年代	住　址
赵家文	男	1937—	高家堰镇界岭村
李德芝	女	1929—2000	榔坪镇乐园秀峰桥村
谭传秀	女	1918—1998	榔坪镇乐园杜家村
唐永菊	女		榔坪镇乐园杜家村
汪喜香	女	1918—1988	榔坪镇乐园秀峰桥村
蔡梓三	男	1943—	榔坪镇乐园秀峰桥村
覃文修	男	1928—	都镇湾镇龙潭坪村
金南乔	男		都镇湾镇龙潭坪村
江茂林	男	1933—1999	龙舟坪镇津洋口
张秀达	男		大堰乡
黄良景	男		渔峡口镇枝柘坪村
覃培养	男	1946—	渔峡口镇枝柘坪村
覃孔森	男		渔峡口镇双龙村
覃好宽	男	1947—	渔峡口镇双龙村
肖启坤	男		麻池雪山坪
徐发辉	男	1937—	贺家坪镇白咸池村
马学力	男	1945—	贺家坪镇白咸池村
张先法	男	1944—	贺家坪镇白咸池村
赵家万	男	1937—	高家堰镇界岭村
赵家兵	男	1948—2010	高家堰镇界岭村
赵祖喜	男	1937—	高家堰镇界岭村
李德翠	女	1953—	榔坪镇乐园秀峰桥村
江翠云	女	1952—2010	榔坪镇乐园秀峰桥村
李道翠	女	1958—	榔坪镇乐园秀峰桥村
马协菊	女	1956—	榔坪镇乐园秀峰桥村
王明俊	男	1968—	榔坪镇乐园秀峰桥村
尹国菊	女	1936—	榔坪镇乐园秀峰桥村

二、项目论证

1.基本特征

长阳山歌是一种山野之劳动歌曲,有两个生存要件:(1)山野田间;(2)劳动。总体特征:节奏自由奔放,旋律高亢嘹亮,歌词俚俗生动,歌唱形式多样,具有鲜明的土家民族特色和浓郁的山野气息。

(1)歌唱形式和歌唱方法

歌唱形式:①无伴奏山歌,有独唱、对唱、一人叫众人合、齐唱4种形式;②有锣鼓乐器伴奏的山歌,俗称薅草锣鼓,除独唱外,其他形式均有。歌唱方法:①高腔山歌,以多用假声喊叫式唱法为其特征,山民俗称"掐音"、"天堂音",行腔均在 $A_1 \sim G_3$ 之间,风格侧重于高亢、嘹亮;②平腔山歌,多用真嗓的平和歌唱,行腔多在 $D_1 \sim D_2$ 之间,形式多为独唱、对唱,风格侧重于优美婉转。

(2)旋律节奏特征

长阳山歌旋律除高亢嘹亮外,还有一种其他民歌中少见的先声夺人的特色,其特性音调是其突出代表,如乐园山歌《秀峰山上一树花》的叫口(起唱句)。

长阳山歌的这种特性音调,歌手又称之为"打门锤",它代表了长阳山歌旋律的所有典型特征。①开门见山的七度大跳,先声夺人,山野气息扑面而来;②高音上常自由延长,大跳后回旋疾进下行的配以悠长自由的节奏,起伏跌宕;③6 53的音程与长阳方言语调第三声极为相似,富有地方韵味;④山里人"打哦伙"的习俗在山歌特性音调中得以体现,因其常作为"叫口"与"打哦伙"效果相映生辉;⑤反映了长阳山歌常见羽调式的特征。

长阳山歌无论是高腔还是平腔,其节奏特征都是自由奔放、悠长,其长音、甩腔的长短全凭歌者的气息长短而定。另外,长阳山歌中也有不少类似数板的节奏,这种节奏不同于戏曲中的数板那样急、快,而是山歌特色的散节奏数板,如"急鼓溜子",其节奏往往在山歌的中段出现,这种数板以 2/4、6/8 拍常见。

(3)长阳山歌的调式

①宫、商、角、徵、羽均有。②以羽、徵、宫、宫羽交替、羽徵交替为常见。③角、商调式只在山歌中的部分旋律段落中出现。④长阳山歌调式特点最鲜明的是宫羽调式交替,首先是宫羽调式交替的山歌在长阳山歌中较常见,其次是宫羽调式交替的形式多样,同一首歌有两种不同的调式唱法,如乐园山歌"扬歌"《一块苦苦菜》,有羽调式的 6·1 2 3 2 1 ｜ 2·3 2·1 6·1 6 3 2 1;有宫

调式的 1 2 3 5 3 2 | 3 5 32 | 1 2 3532|;也有一首山歌内,宫羽调式频繁转换的,如渔峡口山歌《推船调》,前6＝后1,前1＝后6,反复转调,整首山歌调式色彩变化带来山歌情绪的转换。薅草山歌中徵羽交替的较多。

(4)长阳山歌的润腔装饰及发声

①长音、波音、颤音润腔装饰。长音即在高音上喊直音,其特点是以歌手的气息长短决定其长短。波音有小二、大二、小三、大三度。②颤音中有一种类似羊叫的咩咩腔,或似唢呐的"唢呐腔"。前后倚音其特色是一个骨干音前后是一组音,如:6121211。③长阳山歌大甩腔发声方法和润腔是最有特点的,一个长高音过后就是慢起渐快的;波颤音,它是上口盖高提起,而舌根压喉头发出来的,一般人很难掌握,需耳濡目染方可。④上挑下滑音润腔装饰在山歌中非常普遍。

(5)长阳山歌曲牌及曲式结构

长阳山歌曲牌丰富,有以下几大类:①号子、声子类,从一声系列至九声系列,杂号子、长声号、赶声子、花号子、穿号子等;②五句子,有排五句、赶五句、穿五句、花五句等;③采茶,采茶是山歌中尤其是锣鼓山歌中的一套曲牌,有曲调各异的采茶调一百多首;④腔类,它是薅草山歌中的套曲,九板十三腔为代表(详见《三峡民歌集》);⑤杂歌子,这一类歌一般以内容命名,数量很多,曲调各具特色。

长阳山歌的曲式也是很有特色的,最有特色的有"尾包头"和"穿号子"两种结构。以五句子、倒尾子为例,五句子本身是一个独曲体,由于歌手在演唱中把结尾一句首先放在开头作为"叫口"而形成的 ABA 式结构,这种因演唱而将结尾作开头的形式(歌手有叫倒尾子的,也有叫"尾包头"的)形成了独特的长阳山歌曲式结构特色。"尾包头"唱法和曲式在长阳山歌中占半数以上(请参看周晓春的《长阳山歌尾包头》)。

穿号子也是长阳山歌中颇具特色的曲式。

例如梗子:一树樱桃花,开在岩脚下。蜜蜂不来采,空开一树花(喊叫抒情,第一乐段,散板节奏)。

叶子与梗子穿唱:

一个姐儿穿身花(一树樱桃花),哭哭啼啼(开在岩脚下)回娘家。

娘问女儿哭什么(一树樱桃花),丈夫年小(开在岩脚下)当不得家。

一年小来两年大(一树樱桃花),三年四年(开在岩脚下)正当家。

(第二乐段分节歌又似回旋曲式,A 段的乐句穿插在 B 段中有节奏的叙述),结束又唱梗子,形成"尾包头"。

(6)长阳山歌的歌词内容和词格及修辞

(歌词内容前有叙述,此略)

长阳山歌语言俚俗生动,如:吃哒中饭去跑马,一跑跑到丈人家,大舅母子扯小舅母子拉,三舅母子茶来哒。起兴、夸张、比喻、排比在山歌中随处可见。这里重点介绍长阳山歌独特的歌词结构。①五句子,它因多一句而成为奇数结构(省著名文艺学家李继尧、李映明等均有论述);②排五句,李琼演唱的歌曲《山路十八弯》,唱词"排对排,串对串",就是对长阳山歌歌词特色的生动写照。这类歌词,第一句起兴句相同或大致相同,从而引出几十首起兴句相同、而内容不同的歌词来,如"郎在高山打伞来","郎在高山薅高粱"等,常见的有"姐儿排","太阳排"、"情歌排"、"石榴排"、"高山岭上排"等。

2.主要价值

(1)历史社会价值

长阳山歌承载着中国自农业社会以来长阳土家人在自己所处的独特的历史、民族、地理环境,生产方式、生活习俗中所传递出的各种社会信息和文化信息。其中对于本民族开创人禀君的歌唱,仿佛历史的回声,提醒着世人,一个民族的诞生、存在及成长。

(2)艺术价值

长阳山歌的艺术价值早已为众人所知,为很多专家学者、作曲家、歌唱家所熟知。几十年来,来长阳采风、研究的省内外、国内外专家学者不计其数,国外有联合国教科文组织派日本著名民俗专家加腾千代到我县贺家坪考察薅草锣鼓,国内有上海音乐学院院长江明淳、教授韩洪夫,著名专家杨匡民、枫波、李继尧、刘守华等,对长阳山歌研究都有专著,作曲家王原平、方石更是常来长阳采风,创作出一首首具有长阳山歌色彩的在全国颇有影响的歌曲,如《山路十八弯》等。长阳山歌的丰厚土壤成就了一批在全国都有影响的歌唱家符祖光、王丹平、李琼、周友金等,也培养了一批研究、创作长阳山歌的本地专家,如龚发达、陈洪、习久兰等。

3.濒危状况

长阳山歌是同民俗融为一体的,它伴随着土家人的生活、生产习俗在民间保存着。随着历史的发展、社会的进步,尤其是社会经济发展和生产、生活方式的更新,使得长阳山歌的生存环境受到很大的冲击,在有些乡镇,20世纪50年代或60年代农民在田间劳动有喊山歌的习惯,到了70年代以后,出现淡化、变异和消失;由于农村生产体制的改变,打薅草锣鼓的习俗基本上不可能沿袭了,加之年轻人外出打工的多,直接影响到山歌传承对象的贫乏。随着青年人选择多种文化享受,他们接受了现代音乐,而对传统的山歌出现认识上的差异,致使演唱长阳山歌的歌手逐年减少。长阳山歌是民族音乐文化中的宝贵财富,它为民族音乐创作和表现生活提供了广阔的天地。因此,加强对长阳山歌的保护,是当代人不可推辞的责任。

三、项目管理

1.管理组织:长阳土家族自治县民族民间传统文化保护中心。

2.资金投入情况

(1)1988 年出版《长阳歌谣集成》,投入经费 10 万元。

(2)1961 年至 2006 年,政府累计拨专款 33 万元,用于长阳山歌收集、整理工作。

(3)举办长阳山歌节、山歌歌手擂台赛共计 11 次,投入经费 28 万元。

(4)制作长阳山歌光盘,录像资料等,投入经费 19 万元。

3.已采取的保护措施

(1)县委宣传部、县文体局于 2002 年 4 月出台了《关于建立长阳民族民间文化资源库的实施方案》(长宣发〔2002〕8 号),用两年的时间,对长阳山歌等民族民间文化进行挖掘、收集、整理。2014 年,全县共收录山歌千余首,约 45 万字。

(2)2003 年,县委、县人民政府命名表彰了熊明俊、李德艺、马协菊等山歌手,并给予每人一千元的经济奖励。

(3)在长阳山歌流行的榔坪、资丘两个乡镇筹建了以保护传统民间艺术的"土家族传统文化生态保护区",出台了一些保护传承人的奖励政策和措施。2005 年 5 月,县人民政府在资丘镇设立了"高龄传承人奖励基金"试点,为重点高龄传承人每月发放传承津贴 60 元。

(4)在榔坪、资丘两地的中小学校,聘请当地长阳山歌优秀歌手为学生传授长阳山歌。

(5)县人民政府制定的《长阳土家族自治县民族民间传统文化保护条例》于 2006 年 3 月 31 日经湖北省第十届人民代表大会第二十次常务委员会批准,2006 年 6 月 10 颁布实施。"条例"第二条中的第二款明确指出"长阳南曲、山歌、薅草锣鼓、吹打乐等传统音乐"受《条例》的保护。

四、保护计划

1.保护内容

（1）建立"长阳土家族自治县民族民间传统文化"文献档案室，在县保护中心建立民族民间传统文化资源数据库。

（2）实施"长阳山歌"传承计划。

①继续开展评选优秀民间传承人活动，对传承人进行表彰和经济奖励。对高龄的长阳山歌歌手给予一定的传承补贴，以解决其生活困难，确保其艺术生命得以延长。

②对长阳山歌重点流传区域实行重点保护。对保护和传承工作成绩突出的乡（镇）、村落给予扶持和奖励。

③在县内各中、小学的地方教材中，开设"长阳山歌"课程。

④举办全县中、小学校"长阳山歌"比赛。

⑤编印《长阳山歌》专著和刻录《长阳山歌》光盘。在三峡长阳网设置"长阳山歌"固定栏目。

（3）每年举办一次"长阳山歌"培训班；举办全县"长阳山歌"歌手比赛。

（4）举办中国土家族山歌擂台赛。

（5）出版《长阳土家族歌谣》大型画册。

（6）举办湘、鄂西土家族歌谣学术研讨会。

2.五年计划

时间	保护措施	预期目标
2007	（1）进一步在全县范围内挖掘、收集、整理长阳山歌，在此基础上建立"长阳山歌"文献、资料档案室，为今后建立资源数据库做好基础工作； （2）在全县命名、表彰"长阳山歌"优秀传承人； （3）在三峡长阳网开设"长阳山歌"知识及习俗网页； （4）在长阳山歌重点流行乡（镇）的中、小学校开设"长阳山歌"教学课程。	做好基础工作，使长阳山歌更加深入人心，进一步增强人们对长阳山歌的保护和传承意识。
2008	（1）制作"长阳山歌"资料光盘，编写"长阳山歌"中、小学地方教材； （2）编印出版《长阳山歌》专著。	在中小学生中传承长阳山歌。

续表

时间	保护措施	预期目标
2009	（1）举办全县"长阳山歌"擂台赛； （2）在全县命名、表彰"长阳山歌"优秀传承人。	
2010	举办湘、鄂边土家族民歌学术研讨会。	形成一定的研究成果，并进行学术交流。
2011	举办湘、鄂边土家族民歌擂台赛。	

3. 保障措施

（1）为了加强对民族民间传统文化的保护，自治县人民政府制定的《长阳土家族自治县民族民间传统文化保护条例》于 2006 年 3 月 31 日经湖北省第十届人民代表大会第二十次常务委员会批准，2006 年 6 月 10 日起颁布施行。

（2）2006 年 6 月，县委、县人民政府发布了关于宣传、贯彻《长阳土家族自治县民族民间传统文化保护条例》实施意见，成立了县民族民间传统文化保护委员会，县民族民间传统文化评审鉴定委员会和县民族民间传统文化保护中心。县保护中心具体实施民族民间传统文化的收集、整理、研究、保护、传承等日常工作。

（3）从 2006 年起，县人民政府将民族民间传统文化的保护经费纳入财政预算，建立专项资金。

4. 建立机制

（1）根据《长阳土家族自治县民族民间传统文化保护条例》的相关规定，长阳山歌、薅草锣鼓等民间音乐受"条例"保护，并将此项工作纳入自治县国民经济和社会发展计划。

（2）建立县、乡（镇）、村三级民族民间传统文化保护网络，对具有特殊价值的村寨或者民居，设立保护小组。

（3）建立民族民间传统文化传承人申报命名机制，为传承人建立个人档案，鼓励民间艺人从事民间文化传承。

（4）建立自治县民族民间传统文化生态保护区。

（5）建立自治县民族民间传统文化资源数据库。

（6）依照《长阳土家族自治县民族民间传统文化保护条例》中的"法律责

任"内容,对给长阳山歌、薅草锣鼓等民间音乐保护造成损失的当事人追究其法律责任。

5.经费预算及其依据说明

(1)组织专班,进一步在县境内收集、整理长阳山歌。建立"长阳山歌"文献资料和资源数据库,经费10万元。

(2)在三峡长阳网开设"长阳山歌"资料介绍网页,经费2万元。

(3)在全县命名表彰以"长阳山歌"传承人为主的第二批民族民间传统文化优秀传承人,经费5万元。

(4)编辑出版《长阳山歌》专著,经费14万元。

(5)制作"长阳山歌"传承光盘和编印"长阳山歌"地方教材,经费8万元。

(6)举办"长阳山歌"歌手擂台赛和全县中、小学生"长阳山歌"歌手比赛,经费12万元。

(7)在长阳山歌流行重点区域的榔坪、贺家坪、资丘、渔峡口建立"长阳山歌"培训基地,组织"长阳山歌"培训,经费12万元。

(8)举办湘、鄂边土家族民歌擂台赛,经费14万元。

(9)举办湘、鄂边土家族民歌学术研讨会,经费10万元。

以上合计87万元。

示例二 薅草锣鼓

一、项目说明

1.分布区域

长阳薅草锣鼓在全县普遍流行,而以贺家坪、高家堰、鸭子口、磨市等乡镇为盛行地区。

2.历史渊源

长阳薅草锣鼓历史悠久,源远流长,最早可追溯到商代。1993年,长阳出土一件商代猪形青铜特磬,特磬形制和纹饰与《博古图》所载磬如出一辙。该磬为板震动乐器,一磬三声,其音列与长阳的三音歌音列正好相符。1986年,长阳出土一面明代铜鼓,民间称"包儿锣",与现代民间使用的铜鼓完全一样。尤其是在1973年,长阳出土南北朝陶魂罐一件,该罐肩部的人物堆塑,表现的是人们敲锣打鼓的情形。由此可见,土家锣鼓最晚在1500多年前已形成了具有一定规模和一定编制的乐鼓班子。

清代长阳著名诗人彭秋潭在《长阳竹枝词》中写道:"换工男女上山坡,处处歌声应鼓锣,但汝唱歌莫轻薄,那山听到这山歌。"长阳因歌舞历史悠久,在县境内的地名中留下了不少的痕迹,如"歌唱坪"、"锣鼓塝"、"发歌岭"等。

从师承关系推算,薅草锣鼓在长阳民间广泛流传已有相当长的历史。现在的老艺人中,有的是第七代、第八代传人。从艺人所传遗物推算,距今有150多年了。新中国成立后,薅草锣鼓在全县各地得到发展。1960年至1965年间,文化部门多次组织专班深入到全县各地收集薅草锣鼓。1962年10月6日召开了全县民间艺人大会。与会期间对薅草锣鼓进行了全面采录,可惜的是1966年长阳县城遭洪水淹没,所收集资料基本损失殆尽。1979年7月,又召开了第二次全县民间艺人大会。1987年2月,举办了全县薅草锣鼓大奖赛。从1987年3月开始,对薅草锣鼓进行全面系统的整理。目前,已有大量薅草锣鼓曲目被收录在《湖北民歌集成》和《中国民间歌曲集成·湖北卷》。2002年,县委县人民政府命名表彰了4名薅草锣鼓优秀民间艺人。

基本内容:

薅草锣鼓是在薅草时边打锣鼓边唱歌,故称"薅草锣鼓",农民亲切地称之为"农戏"。主要用于在苞谷等旱田中薅草时,以提高劳动效率、调剂精神、活跃气氛。打锣鼓者俗称"歌师傅",是劳动的指挥者,歇凉(休息)、吃午饭、放工、调场(调整薅草进度)、轰场(催进度)等都由歌师傅击鼓唱歌来指挥。特别是在晚歇锣鼓时(放工之前),经过一天的劳作,劳动者又累又乏,歌师傅就唱些"荤歌子"(又称"花歌子"),或是插科打诨,或是即兴将薅草的妇女编词打趣,可以很好地提神解乏,故素有"一鼓催三工"之说。由于薅草锣鼓的良好功能,使之活跃于各种农事活动,凡集体劳动均可打锣鼓,如开荒种地、上山砍柴、铲土皮子等。甚至延伸到水稻田中的栽秧,民间俗称"栽秧锣鼓"。

薅草锣鼓歌唱的发声方法有三种,一是假声高八度的歌唱,歌师傅称之为"鬼音"、"尖音"、"天堂音"或"顶音";二是真声高八度的歌唱,称为"满口音";再一种是用真声低八度歌唱,称为"二黄",歌师傅唱累了时常用此唱法。因此也就有高腔(唱鬼音)锣鼓和平腔(唱满口音)锣鼓之分。伴奏乐器的配置有单锣鼓(一锣一鼓)、夹锣鼓(一锣二鼓)、双锣鼓(二锣二鼓,又称对子锣鼓)、夹心单(二锣三鼓)、夹心夹(三锣三鼓)等。有的地区除锣鼓外,还加上了钹、马锣,称为四样锣鼓(或打四件)。薅草锣鼓的配置视薅草人的多少而定,人多配置多,人少则配置少。

长阳薅草锣鼓是特大型的套曲,并且套中有套。唱腔极其丰富多彩,常听歌师傅骄傲地称:"打个十天半个月的锣鼓,不唱重句子。"民间艺人常说:"只要能唱的,就可打锣鼓。"薅草锣鼓具有"锣鼓不出乡,各是各的腔"的特点。就体裁而言，既有板腔体的号子、扬歌，也有歌谣体的杂歌。其特点是聚集成族（类），如有花名、采茶、阳雀、午时中等；题材广泛，上至天文，下至地理，人间百态、宗教信仰、花草树木、飞禽走兽无所不唱。长阳薅草锣鼓可谓是一幅生动的民族风情画卷、一部反映长阳音乐及风土人情的百科全书。

长阳薅草锣鼓中的唱腔包括号子、扬歌和杂歌。

号子（包括升子）的种类繁多，特点是只能用高腔歌唱，它不同于歌谣体的唱腔，而发声高亢激越；也不同于自由、飘逸的扬歌，而有较强的节奏。它不同于劳动号子，却有着劳动号子的某些特征，"号子"之名由此而来。号子类（族）歌腔在薅草锣鼓中占据主导地位，有三大作用。其一，每次开始演唱时（早晨下田以及每次歇凉后）首先唱号子歌，之后，在唱各种唱腔时，其中必须不时地穿插一至数首号子演唱。这种"呈示"与"再现"，将薅草锣鼓这个庞杂的、特大的套曲有机地串联、融合在一起，既有对比，又有统一，形成了一个整体。其二，是长阳薅草锣鼓中主要的唱腔，如"九板十三腔"（在民间称为"当家号子"）、"午时中"号子、采茶号子等。其三，起着指挥生产劳作的作用，唱歇凉号子（烟号子、茶号子）后歇凉，唱中饭号子后休息吃中饭，唱收工号子后结束一天的劳动。

扬歌的唱腔极为丰富，是薅草锣鼓特大套曲中一个完整的大套曲，并且套中有套。前有扬歌头，后有扬歌尾（收扬歌），可以结合其他许多歌腔演唱，如结合号子演唱叫扬歌搭（带）号，结合地方戏（花鼓戏等）演唱叫扬歌搭戏，结合采茶歌演唱叫扬歌搭采，还有扬歌搭赞。在五遍子花锣鼓中，唱扬歌时薅草人与歌师傅一"提"（也称"打"）、一"答"，"阴"、"阳"、"摇"、"赞"地对歌。薅草人"阳"一个歌带一个"赞"，再"提"一个歌题，让歌师傅答歌。歌师傅"阴"一个歌带一个"摇"地答唱。歌师傅对赢了，吃晚饭时薅草人要向歌师傅敬酒；若是歌师傅对输了，场面就炸了锅，薅草人会在狂笑中大吼："脱了歌师傅的裤子了！"（意为丢丑了）不过，这种情况是极少发生的。

杂歌在薅草锣鼓中数量庞大，是号子、扬歌以外的诸多唱腔的总称，其中以情歌最多，如"五更"、"送郎"、"十想"、"十爱"等等。如果把号子、扬歌比作骨骼，那么杂歌子就是血肉。

长阳薅草锣鼓的唱和形式，各地不同，如高家堰、鸭子口等乡镇，不但歌师傅演唱，薅草人也常与之对歌，而其他地区则主要是歌师傅相互叠唱，薅草人是不唱的，有的只是在唱扬歌时才与之对唱。

长阳薅草锣鼓唱腔的曲体结构，既有单曲体的形式，也有联曲体的形式，其中最显著的特征是套曲结构,如"九板十三腔"。

九板的顺序是:扬歌→煞歌子→二声子→采茶或号子。

扬歌的顺序是:扬歌头→"阳"歌→"赞"歌→"提"歌→"阴"歌→"摇"歌→扬歌尾。在头、尾之间任意反复演唱。

薅草锣鼓中的五句子歌具有很高的艺术性。它由五言四句的"梗子"和七言五句的"叶子"两个独立成章的部分相互穿插演唱,两者必须词意相通。"梗子"固定不变,"叶子"随词而行,一般二句"叶子"唱一段歌腔,最后加一个垫句把五句"叶子"凑成六句唱完。穿五句一般被误称为穿号子,其实,五言四句的"梗子"如果是号子,才是穿号子;如果是歌子,就不是穿号子而是穿歌子了,有造诣的老艺人对此是不误的。

长阳薅草锣鼓的音调以羽调式为主。三声腔是 la do re 最多,这正体现了黄中骏先生指出的"楚崇徵,巴尚羽"的特征。

长阳薅草锣鼓的锣鼓牌子非常丰富,约有七八十种之多,如开场锣、号子锣、起鼓、煞鼓、采茶鼓、虎抱头、十八长锤、三道弯等,还有双手舞动的牌子,如黄杨树栽跟头(击鼓时将鼓槌抛起在空中翻转数周)、狗刨骚(鼓槌在鼓面上由前至后滑动,学狗刨地状)等。贺家坪镇白咸池村的郭樵龙、高家堰镇界岭村的张正义击鼓的手势尤为优美生动,犹如乐队指挥。

长阳薅草锣鼓由于高山、半高山、低山地形和生产方式的不同,在音乐形态上存在差异。高山地区的薅草锣鼓原始质朴,保留有较多的巴土古代音乐文化信息,所以说,长阳薅草锣鼓是巴土古代音乐文化传承的载体。这为研究我国古代音乐及其发展、演变,提供了难得的材料。

3. 相关制品及其作品

(1)薅草锣鼓中的相关器具有小鼓、锣、铵、马锣,四人各执一件。

(2)《世界记忆工程》、《中国民间歌曲集成》、《三峡民间艺术集萃》等收录了不少长阳薅草锣鼓。

(3)1988 年出版《中国歌谣集成·湖北卷·长阳分册》,共计 40 万字。

4. 传承谱系

王纯成,男,1941 年 12 月生,长阳县贺家坪人。幼年师从爷爷学习薅草锣鼓,记忆力非凡,是当地有名的薅草锣鼓鼓师,传承了大量的长阳"九板十三腔"曲牌,同时根据自己的理解吸收周边地区的民歌号子,大大丰富了薅草锣鼓的表现力。

王爱民,男,1971 年生,长阳县贺家坪人。幼年从父王纯成学习薅草锣鼓,2005 年与父亲一起参加全国南北民歌擂台赛获"歌王"称号。2006 年参加央视青年艺人大赛获铜奖。能演唱薅草锣鼓中的号子 60 个、扬歌 37 个、五句子 52 首,过去经常与师弟搭班在周边地区打薅草锣鼓,非常有名。

王浩宇,男,1998 年生,长阳县贺家坪人。从父王爱民学习薅草锣鼓。2005 年与父亲、祖父一起参加全国各种民歌赛、大型晚会,演唱长阳薅草锣鼓。2006 年参演央视春节联欢晚会,引起各方专家注意。

5. 代表性传承人

姓名	性别	出生时间	文化程度	传承方式	学艺时间	居住地址
李国三	男	1978 年	初中	师传	不详	长阳榔坪沙地四组
罗举成	男	1965 年	高中	村落传承	不详	长阳资丘镇
曹绪铭	男	1960 年	初中	家族传承	14 岁	长阳榔坪镇乐园
曹绪波	男	1958 年	初中	家族传承	19 岁	长阳榔坪镇乐园
沈行春	男	1981 年	初中	社会传承	17 岁	长阳榔坪镇乐园
田纪付	男	1960 年	初中	社会传承	15 岁	长阳资丘淋湘溪村
赵家万	男	1937 年	小学	家族传承	20 岁	长阳高家堰界岭村
赵家兵	男	1948 年	小学	家族传承	12 岁	长阳高家堰界岭村
赵祖喜	男	1937 年	小学	家族传承	10 岁	长阳高家堰界岭村
徐发辉	男	1937 年		家族传承	11 岁	长阳贺家坪白咸池
马学力	男	1945 年	小学	村落传承	15 岁	长阳贺家坪白咸池
张先法	男	1944 年	小学	村落传承	10 岁	长阳贺家坪白咸池

二、项目论证

1. 主要特征

薅草锣鼓是农耕文明的产物,历史悠久。长期的农耕历史和相对稳定的文化环境,使长阳薅草锣鼓千余年来传承不断,被世代土家儿女喜闻乐见。

(1)薅草锣鼓具有提高工效、提神解乏、活跃气氛的功能,曾在农业生产中发挥重要的作用。当地人平常唱的是薅草锣鼓的歌,薅草锣鼓唱的也是人们日常生活中的歌,薅草锣鼓歌与人民生活紧密相依。土家人把薅草季节打锣鼓当成盛大的歌会和文化节日,人们穿新衣着盛装,已成为人民生活中的一个重要习俗。具有普遍的群众性。

(2)长阳薅草锣鼓多为口耳相传,歌师珍藏的手抄本(锣鼓经和歌词)在家族、亲友、邻里间传承。因此,即使是相距不远的两个锣鼓班子,其种类、唱腔等皆有所不同,正所谓"一山有十里,十里不同风"。薅草锣鼓具有独特的地域性特征。

(3)薅草锣鼓属板腔联曲结构,一般由十几个唱腔与曲牌组成,多则达几十个唱腔曲牌,故有"九板十三腔,三十六个号,七十二种腔"之说。锣鼓歌中最具有特色的是"尾包头"和"穿号子"两种结构。这在其他地区极为罕见。

(4)"什么时候唱什么歌",是薅草锣鼓艺人必须遵循的。上午头歇锣鼓要唱与早晨事物有关的"太阳"、"露水"等类唱腔。二歇多唱花名、古人等。下午头歇锣鼓歌唱与中午事物有关的"午时中"等类唱腔。各地都有一些约定俗成的在各个时段演唱的唱腔,总的原则是"歌随时转"。如果唱错了时段,歌师傅将会挨骂,"不知天日"、"公鸡打鸣不识时"。具有严格的时序性。

(5)长阳薅草锣鼓的音调特点。以两个小三度音程构成的"三音歌",其减音程关系导致旋律古朴。这种独具特色的"三音歌"不仅在薅草锣鼓中有大量表现,而且见诸土家族撒叶儿嗬之中。

(6)薅草锣鼓是田歌,体裁多样,唱腔极其丰富多彩,民间歌曲除劳动号子、儿歌、风俗歌外,基本都包含其中,甚至包含皮影戏、祭神歌、宗教歌等,与姊妹艺术具有紧密的依存性。

2. 重要价值

(1)长阳薅草锣鼓是古代音乐文化传承的极好载体。长阳薅草锣鼓形态古老,不但较好地传承了巴土古歌,还传承了民俗、民众心理、生活情状及宗教文化等,具有重要的文化传播价值。

长阳薅草锣鼓中保存的三音体系声腔,拂去了巴土古歌千年的尘封,使人们对巴土古歌的形态、变异情况及演变轨迹等有了初步的认识,为研究我国古代音乐提供了难得的鲜活材料。

(2)三音体系声腔具有独特的乐、律学原理,无论是乐学方面的音调结构调式关系、和声观念等,还是律学方面的律制结构,都与欧洲大小体系调理论全然有别,也与我国已知的传统乐、律学理论不同。无疑丰富、填补了我国音乐理论。

(3)薅草锣鼓不仅可以起到指挥生产、鼓舞干劲、愉悦精神的作用,还可以为民间艺术的发展创新提供极为珍贵的艺术资源。同时为研究先民们的习俗、心理、生活情状等提供了重要的根据,在民俗学的研究中也具有不可替代的作用。

(4)和睦邻里关系,增强民族认同。长阳薅草锣鼓从小的方面来说,可以增强群众团结友爱、互相帮助的精神。打薅草锣鼓是协同劳动的反映,一村(一地)的群众,在个把月的时间里,每天一起劳动、一同吃饭、一块休息,充满亲情意味,可以加深情感、化解矛盾,营造安定、祥和的氛围。总之,薅草锣鼓这枝优秀的民间艺术之花,对于加强文化群体建设,促进文化交流,增强民族团结和社会凝聚力,构建和谐社会都能起到很大的作用。

3. 濒危状况

由于社会的变革、科技的进步,加上现代文明和外来强势文化的冲击,现在的状况是:薅草锣鼓已很少有人打了,薅草锣鼓班子锐减,艺人渐老、渐少,后继无人。从最近的田野调查来看,盛行打薅草锣鼓的长阳,全县不足30个班子,会唱锣鼓歌的人所占比例不到总人口的2%,并且多为50岁以上的老年人,占其中85%左右。

(1)薅草锣鼓艺人年事已高,年长者80多岁,最年轻的也已40多岁,老艺人相继谢世,青年人的审美观念和传统文化的价值观已经发生了改变,不愿学打薅草锣鼓,传承面临后继乏人的困境。

(2)党的十一届三中全会后,随着改革开放和农村土地联产承包责任制的实施,形成了单家独户的劳作,每户土地面积都不大(人均1.24亩),除大户人家外,一般就打不成薅草锣鼓了。并且随着孩子长大、家庭分家,将原本不多的田地划分得更小。再加上退耕还林,进一步减少了田地,使薅草锣鼓失去了生存空间。

(3)现在农村中除草,已普遍使用了"草干磷"等除草剂,无须人工薅草了。农业科技的进步,已有将薅草锣鼓彻底赶出历史舞台之趋势。

(4)现在种田的收入,一亩田年收入不过一千元左右,而外出打工,人均月收入就是几百元、上千元,在现实利益驱使下,农村青年纷纷外出打工。农村中剩下了"留守家庭",以致种田的人被戏称为"3860"的部队(指妇女和老人)。农村少青年,何人承古艺?

长阳薅草锣鼓已面临消亡的严重关头,如不下大力气、采取得力措施进行抢救保护,过不了多久,这颗灿烂的艺术明珠必将消亡殆尽。

三、项目管理

1. 已采取的保护措施

(1)县委宣传部、县文体局于2002年4月出台了《关于建立长阳民族民间文化资源库的实施方案》(长宣发〔2002〕8号),预计用两年的时间,对县境内长阳薅草锣鼓进行挖掘、收集、整理。

（2）1994 年编辑出版了《中国民族民间器乐集成·长阳卷》，共计 32 万字。

（3）1987 年举办全县 300 人的长阳薅草锣鼓大赛。

（4）2003 年，县委、县人民政府命名表彰了王道本、高秉权等长阳薅草锣鼓艺人，并给予每人一千元的经济奖励。

（5）在长阳薅草锣鼓流行的贺家坪、高家堰、鸭子口三个乡镇筹建了保护传统民族民间艺术的"土家族传统文化生态保护区"，出台了一些保护传承人的奖励政策和措施。

（6）县人民政府制定的《长阳土家族自治县民族民间传统文化保护条例》于 2006 年 3 月 31 日经湖北省第十届人民代表大会第二十次常务委员会批准，2006 年 6 月 10 日起颁布实施。该《条例》第 2 条第 2 款明确指出"长阳南曲、山歌、薅草锣鼓、吹打乐等传统音乐"受《条例》的保护。

2. 资金投入情况

（1）1988 年出版《长阳歌谣集成》，投入经费 10 万元。

（2）1961 年至 2006 年，政府累计拨专款 33 万元，用于长阳薅草锣鼓收集、整理工作。

（3）举办长阳薅草锣鼓擂台赛共计 11 次，投入经费 28 万元。

（4）制作长阳薅草锣鼓光碟、录像资料等，投入经费 19 万元。

四、保护计划

1. 保护内容

（1）建立"长阳土家族自治县民族民间传统文化"文献档案室，在县保护中心建立民族民间传统文化资源数据库。

（2）实施"长阳薅草锣鼓"传承计划。

①继续开展评选民族民间传统文化优秀传承人活动，对传承人予以表彰和经济奖励。对高龄的长阳薅草锣鼓艺人给予一定传承补贴，以解决其生活困难，确保其艺术生命得于延长。

②对长阳薅草锣鼓流传重点区域实行重点保护。对保护和传承工作成绩突出的乡（镇）、村落给予扶持和奖励。

③在县内各中、小学的地方教材中，开设"长阳薅草锣鼓"课程。

④举办全县中、小学"长阳薅草锣鼓"比赛。

⑤编印《长阳薅草锣鼓》专著和刻录"长阳薅草锣鼓"光盘。在三峡长阳网设置"长阳薅草锣鼓"固定栏目。

（3）每年举办一次"长阳薅草锣鼓"培训班；举办全县"长阳薅草锣鼓"艺人比赛。

（4）举办中国土家族薅草锣鼓擂台赛。

（5）出版《长阳土家族歌谣》大型画册。

（6）举办湘、鄂边土家族歌谣学术研讨会。

2.五年计划

时间	保护措施	预期目标
2007	（1）进一步在全县范围内挖掘、收集、整理长阳薅草锣鼓，在此基础上建立"长阳薅草锣鼓"文献、资料档案，为今后建立资源数据库做好基础工作； （2）在全县命名、表彰"长阳薅草锣鼓"优秀传承人； （3）在三峡长阳网开设"长阳薅草锣鼓"知识及习俗网页； （4）在长阳薅草锣鼓重点流行乡（镇）的中、小学校开设"长阳薅草锣鼓"教学课程。	做好基础工作，使长阳薅草锣鼓更加深入人心，进一步增强人们对长阳薅草锣鼓的保护和传承意识。
2008	（1）制作"长阳薅草锣鼓"资料光盘，编写"长阳薅草锣鼓"中、小学地方教材； （2）编印出版《长阳薅草锣鼓》专著。	在中小学生中传承长阳薅草锣鼓。
2009	（1）举办全县"长阳薅草锣鼓"擂台赛； （2）在全县命名、表彰长阳薅草锣鼓优秀传承人。	肯定民间艺人在传承工作中的贡献，不断壮大民间文艺队伍。
2010	举办湘、鄂边土家族民歌学术研讨会。	取得一定的研究成果，并进行学术交流。
2011	举办湘、鄂边土家族民歌擂台赛。	学术交流和推广民间文化。

3.保障措施

(1)为了加强对民族民间传统文化的保护,自治县人民政府制定的《长阳土家族自治县民族民间传统文化保护条例》于 2006 年 3 月 31 日经湖北省第十届人民代表大会第二十次常务委员会批准,2006 年 6 月 10 日起颁布施行。

(2)2006 年 6 月,县委、县人民政府发布了关于宣传、贯彻《长阳土家族自治县民族民间传统文化保护条例》实施意见,成立了县民族民间传统文化保护委员会,县民族民间传统文化评审鉴定委员会和县民族民间传统文化保护中心。县保护中心具体实施民族民间传统文化的收集、整理、研究、保护、传承等日常工作。

(3)从 2006 年起,县人民政府将民族民间传统文化的保护经费纳入财政预算,建立专项资金。

4.经费预算及其依据说明

经费预算	依据说明	地方配套资金
10 万元	组织专班,进一步在县境内收集、整理长阳薅草锣鼓。建立"长阳薅草锣鼓"文献资料和资源数据库。	3 万元
2 万元	在三峡长阳网开设"长阳薅草锣鼓"资料介绍网页。	0.5 万元
5 万元	在全县命名表彰以"长阳薅草锣鼓"传承人为主的第二批民族民间传统文化优秀传承人。	1.5 万元
14 万元	编辑出版《长阳薅草锣鼓》专著。	5 万元
8 万元	制作"长阳薅草锣鼓"传承光盘和编印"长阳薅草锣鼓"地方教材。	2 万元
12 万元	举办"长阳薅草锣鼓"歌手擂台赛和全县中、小学生"长阳薅草锣鼓"歌手比赛。	3 万元
12 万元	在长阳薅草锣鼓流行重点区域的榔坪、贺家坪、资丘、渔峡口建立"长阳薅草锣鼓"培训基地,组织进行"长阳薅草锣鼓"培训。	3.5 万元
14 万元	举办湘、鄂边土家族民歌擂台赛。	4 万元
10 万元	举办湘、鄂边土家族民歌学术研讨会。	3 万元
合计 87 万元		

（二）省级非物质文化遗产名录

2007 年 4 月，长阳山歌、长阳南曲、都镇湾故事和长阳薅草锣鼓四个项目被列入首批省级保护名录。2009 年 6 月，我县的土家吹打乐、长阳花鼓子被列入省级第二批保护名录。2011 年，省、市级非物质文化遗产代表性项目申报工作圆满完成。经过上级审批，长阳申报的非物质文化遗产项目《廪君传说》入选湖北省非物质文化遗产代表性项目。目前，长阳县共有省级名录 8 项，分别为土家撒叶儿嗬、长阳山歌、长阳南曲、都镇湾故事、长阳薅草锣鼓、长阳吹打乐、长阳花鼓子、廪君传说。

示例一 长阳南曲

一、项目说明

1. 分布区域

长阳南曲主要分布于清江流域的长阳及五峰两个土家族自治县和宜昌等地。

2. 历史渊源

长阳南曲，古称南曲，亦称丝弦。1962 年省、市、县文化部门对长阳南曲进行系统挖掘、整理、出版，并搬上舞台演出后，定为现名。长阳南曲发源于何地、发端于何时，已无从考证。

据长阳资丘镇的田世雍、田开池、向大毕等南曲艺人讲，皆师从龚复让（约1736—1795 年），长阳人。龚复让精于琴棋书画，常往返于长阳的资丘、沙市和宜昌一带经商，并经常在长阳资丘弹唱南曲和收徒传艺。因而被艺人们尊为"长阳南曲的第一代宗师"。

资丘南曲艺人覃秉令（1889—1966 年）在 1962 年回忆，他唱的北调《悲秋》，是在清朝光绪末年、宣统初年（1909 年）由其叔父覃森阶所授，他有一把为南曲伴奏的家传小三弦，传到他手上已历四代，约有 145 年之久。长阳渔峡口南曲艺人黄传珍（1903—1992 年）说："我是跟父亲学唱南曲的，我父亲生于同治十年（1871 年），他 20 岁师从于资丘杨家桥的向大毕，而向大毕又是在资丘师从龚复让学的，我现在用的这把三弦，就是向大毕亲手做的，已有 130 多年了。"

3. 基本内容

长阳南曲素有"丝弦雅乐"之美誉。它唱词文雅、唱腔优美，深受广大群众喜爱。

长阳南曲传统曲目题材广泛,内容丰富。现已搜集掌握的曲目约150个,它的基本内容大致可分为四类。

第一类:取材于小说、戏本的段子。

如取材于《三国演义》的《长坂救主》、《关公辞曹》、《东吴招亲》、《孔明拜灯》等;取材于《水浒传》及《水浒后传》的《打渔杀家》、《武松杀嫂》、《宋江杀妻》等;取材于《西厢记》的《红娘递柬》等;取材于《玉簪记》的《赶潘》、《云楼会》、《必正盗诗》等;取材于《琵琶记》的《扫松》、《伯喈思乡》等;取材于《荆钗记》的《钱玉莲投江》、《王十朋祭江》;取材于《破窑记》的《蒙正祝灶》、《蒙正赶斋》;取材于《和戎记》的《昭君和番》;取材于《白蛇传》的《断桥》;取材于《东周列国志》的《伍子胥寄子》等等。此外,还有取自《论语》的《四子侍坐》。在这类曲目中,尤以表现古代英雄人物驰骋沙场、金戈铁马为题材的戏段子居多,如《长坂救主》之类的曲目,为其他湖北地方小曲所罕见。这类段子,大都有一定的人物和故事情节,由第三人称的表唱开始,进入角色的叙唱或对唱,再以表唱结束。

第二类:取材于民间故事和传说的段子。

例如《皮金顶灯》、《螳螂娶亲》、《数灯》、《数塔》等。

第三类:应酬、戏戒的段子。

这类段子的内容,多为在娶媳嫁女、生日祝寿、生孩子、做满月等场合下的应酬文,如有《贺新婚》、《八仙庆寿》、《弄璋曲》、《弄瓦曲》等;还有一些宣扬社会伦理道德、戏戒处世哲学的说教篇,如《酒》、《色》、《财》、《气》、《自叹》等。

第四类:咏景、抒怀的段子。

这一类曲目的内容,多通过对此景此物的描绘,抒发人物内心情感,触景生情,以景托情,情景交融。例如,有写景抒情的《春》、《夏》、《秋》、《冬》、《风》、《花》、《雪》、《月》等,直抒寄怀的《问天》、《自乐》等;描景叙意的《同友乐秋》,以及直接抒发人物内心情感的《闺怨》、《长相思》等等。此外,还有的摘自聊斋故事《凤阳土人中的诗句》,如《纱窗外》。

4.相关器具及制品等

(1)小三弦和云板(又称简板、牙子)是长阳南曲的主要伴奏乐器。并可配以二胡、四胡、扬琴、月琴等丝弦乐器。

(2)1979年7月,省群艺馆研究员毛侠编著《长阳南曲唱腔研究》。

(3)1999年6月,陈洪同志编著《长阳南曲》,由长江文艺出版社出版。

5.传承谱系

长阳南曲师承关系多是挚友相教、子从父学,无专业艺人。学唱南曲多在每年的农闲季节,学唱者一般在十二三岁就开始学弹三弦。起初南曲多在富户人家演唱,随着时间的推移,逐渐在群众中传播。南曲艺人多为土家族人,其中有农民和手工业者(篾匠、石匠、木匠、裁缝等),也有商人、医生、教师等。

1961年11月,湖北省文化局指派其属下曲艺工作组中的程时、蒋敬生等人与宜昌市长阳县曲艺、音乐工作者方衡生、龚发达、高翔、陈明洪等同志,约集南曲著名艺人王仁山、田卜栋、覃秉令、田明海、杜海卿、郭次楣等人,对流传于长阳、五峰、宜昌等地的民间说唱南曲进行了较为全面、系统的搜集与整理。共搜集、记录了南曲的文学部分100余万字,唱腔牌子300多个,还记录并整理了部分表演经验和史料。

1961年至1964年,长阳县文工团组织青年演员谭宗兰、袁新秀、刘思安、黄庆红、龚发达、陈明洪等人,多次登门求教,拜南曲艺人为师,向老艺人学习弹唱和演奏。可以说,长阳南曲的收集、整理与传承,并被搬上舞台"引起轰动",经久不衰,与这些老文化人的辛勤耕耘是分不开的。

	姓名	性别	生卒年代	住　　址
第一代	龚复让	男	约1736—1795	不详
第二代	田世雍	男	1847—1920	长阳资丘镇
	田开池	男	？—？	长阳资丘泉水湾
	向大毕	男	？—？	长阳资丘杨家桥
	王魁廷	男	1842—1912	五峰傅家堰
第三代	田启西	女	1860—1939	长阳资丘桃山
	黄德煊	男	1873—1938	长阳渔峡口沿坪
	雷明富	男	？—？	长阳资丘海棠堰
	田少岩	男	1890—1952	长阳资丘泉水湾
	张世强	男	？—？	五峰大龙坪
第四代	覃秉令	男	1889—1966	长阳资丘柿贝村
	王仁山	男	1900—1966	长阳资丘白沙坪
	黄传珍	男	1903—1992	长阳渔峡口沿坪
	杜海卿	男	1903—1990	五峰柴埠溪
第五代	田科高	男	1925—1983	长阳资丘泉水湾

续表

	姓名	性别	生卒年代	住　　址
	田卜栋	男	1928—	长阳资丘镇五房岭村
	徐文生	男	1933—	长阳资丘桃山
	田一彦	男	1940—	长阳资丘镇
第六代	覃好群	男	1949—	长阳资丘镇柿贝村
	向宗交	男	1948—	长阳资丘镇杨家桥村
	覃远新	男	1970—	长阳资丘镇资丘村

6.代表性传承人

姓名	性别	出生时间	住址
覃远新	男	1970 年 9 月出生	土家族资丘镇资丘村
田卜栋	男	1928 年 10 月出生	土家族资丘镇五房岭村
覃好群	男	1949 年 7 月出生	土家族资丘镇柿贝村

二、项目论证

1.主要特征

长阳南曲长期流传演唱,在曲调进行、旋律装饰特点、演唱的润腔着色、伴奏烘托等方面,归纳起来有以下六个基本特征。

(1)长阳南曲曲目内容丰富。长阳南曲在曲目内容上,既拥有中华民族共通的题材,如取材于我国古典小说及戏本章回的《长坂救主》《昭君和番》《打渔杀家》等;也有表现土家民族风情的题材,如《胖大娘过江》《螳螂娶亲》《皮金顶灯》等。在曲牌音乐上,有着全省乃至全国通用的曲牌小调,如垂金扇、雪花飘、凤阳调、叠断桥等。

(2)长阳南曲在发展的过程中,吸收和融合了土家民间音乐养料,土家民歌中的乐汇及旋律音型,在南曲音乐中得到了体现、引申和发展。同时,也吸收了土家皮影戏的唱腔,丰富了曲种的音乐表现力。如南曲中的一枝梅、观音扫店,就是从本地灯戏中吸取过来的。

(3)在地方语言制约下,南曲演唱行腔及曲牌旋律发展均保持了淳厚质朴的民族风味。如"当家曲牌"主调上下句,其唱词的音节韵脚及平仄抑扬与旋律是紧贴的,体现了曲调风格与地方语言的统一。

(4)长阳南曲温婉细腻,优美抒情。唱腔曲牌丰富,具有浓郁的地方气息。现存传统唱腔曲牌共 28 支,丝弦 10 首,总的来说,以优美抒情、婉转动听见长。曲牌唱腔主要来源于明清俗曲,这和同它邻近的姊妹曲种"汉滩小曲"的来源大致相同。

(5)在传统曲目中表现人物和故事,多采用铺叙的手法,从表现不同内容出发,既有文静雅致的唱词,也有通俗易懂的唱词,可谓雅俗共赏。其文辞运用的艺术表现手法也是多种多样的。运用了比喻、对仗、排比、拟人、夸张等多种修辞手法,留下了许多脍炙人口的绝妙好词。

(6)长阳南曲的演唱,一般用"平声"(即本嗓音)而不用假嗓。艺人注重吐字,伴奏者则重视用三弦"包腔"。

(7)长阳南曲的曲目,多是短篇,且少道白。唱词一般在 50 句左右,较长的段子如《秋江》、《永乐观灯》等,有 200 句左右,最短的段子只有七句左右。唱词讲究格律。不同曲牌有不同的唱词格式,但以七字句式为主格。

2.重要价值

(1)艺术价值

长阳南曲在土家山寨定居近二百年以来,经过以土家族艺人为主体的长期流传演唱,世代传袭,成为土家族文化艺术的一部分,在曲坛被誉为"郁香的山花"。

①增强了民族曲艺艺术的表现力。长阳南曲属曲牌体唱腔,曲调质朴委婉,唱腔结构庞大,音乐表现力较强。它的整个唱腔分为"南曲"和"北调"两类,即艺人们所谓的"南腔北调"。在南曲类中,共有 31 个曲牌,其中,核心曲牌 4 个,其他曲牌 27 个;在北调类中,只存有一个曲牌。此外,水葫芦、肩背玉、哭皇天、梁山调、西江月、东楼调等曲牌,老艺人只知其名,早已失传。

长阳南曲中的南曲类,依其特性与功用,可分为南曲主腔曲牌、变体曲牌和作为南曲腔类的补充、辅助性的其他杂牌小调三种类型。主腔曲牌中核心曲牌有南曲头、垛子、上下句、南曲尾。

长阳南曲曲牌连接的规律非常严谨规范。在"混合联曲体"段子中,少则运用五六支曲牌,多则运用十来支曲牌。以南曲的若干基本曲牌作为整个段子的音乐骨架,再适当地安排一支或几支其他曲牌。

长阳南曲中的辅助曲牌也称为杂牌小调,它在长阳南曲中起着充实音乐性能和表现内容的辅助作用。曲牌曲情多样,它们往往穿插在核心曲牌之间使用。并与核心曲牌形成鲜明对比,因而令人感到异常新颖,甚至经过这些曲牌的运用达到音乐高潮,但又被统一规范在一种板式和一种弦式里唱,加上与其他一些核心曲牌相联系的因素,形成了一种统一协调的曲艺风味。

②提供了创建地方风格和民间特色的手法。由于方言语调对旋律有制约作用,"上下句"的旋律较好地体现了地方语言与曲调风格的统一。曲调唱词的音节韵脚及平仄抑扬与旋律是紧贴的。四度($5-1,2-5$)、五度($5-2$)、七度($6-5$)的旋律跳进,也是体现长阳地区民间音乐的一个重要特征,它在长阳南曲中得到了广泛运用。这种音乐语汇符合长阳地方语言规律,"上下句"的旋律进行是在这种规律制约中充分发挥和润腔着色的,因而,以"上下句"为南曲主调,更增强了曲种的地方风格和民间特色。

③突出艺术的有机整体美和艺术感染力。寄生的唱腔委婉细腻,缠绵悱恻,百听不厌。全曲音域为 $g-g^2$($5-5-5$)两个八度。八句唱词,共唱108板。它的节奏平稳舒缓,字曲结合较散,字少腔多,除第五、第六两个乐句较短,其他乐句都有悠长的拖腔,个别字如"冬""梦"抑扬迂回竟达18拍之长,加上旋律唱腔装饰性的润色,使人听起来十分雅致,余味隽永。以演唱寄生著称的南曲艺人覃秉令曾说:"学唱寄生无巧,一百零八板不少。"他还说:"弹得沁心,唱得如醉,听得如痴。"这说明寄生具有一定的艺术造诣和较强的艺术感染力。

随腔伴奏是长阳南曲中的重要组成部分。南曲艺人除了重视唱腔及不同曲牌的连缀之外,还十分重视伴奏。在唱腔部分基本是随腔伴奏。在唱段曲牌之间的过门,则往往有较多的装饰和变奏,与唱腔的伴奏形成彼简此繁的对比。过门还起到连接曲牌、改换唱腔、变化板式和弦式的作用。南曲的板式有两种形式,一是三眼板,亦称"三圆板";一是无眼板。

(2)研究价值

长阳南曲内容丰富,唱词雅俗共赏,具有美学、心理学等研究价值。几百年来,在土家山寨久唱不衰,这是非常可贵的。长阳南曲是土家族文化艺术的一个重要部分,体现了民族心理与嗜好,反映了土家风情中独特的一面,体现出土家乡土文化的生活况味与追求。长阳南曲的唱词、音乐、曲牌结构、演唱技巧以及社会功能诸方面都值得研究和探讨。同时随着历史的发展、社会的进步,长阳南曲的保护、传承、创新也是我们研究的重要课题。

(3)社会价值

长阳南曲深受广大群众喜爱,尤其是在"南曲之乡"的资丘古镇,逢年过节,娶媳嫁女、生日祝寿以及劳动之余,民间艺人相邀聚会,乘兴弹唱,蔚然成风。它不仅丰富了人们的生活,增强了乡邻之间的和谐与亲近,而且是我们创新民族民间传统文化的艺术源泉。

3. 濒危状况

长阳南曲是土家族与汉族文化交流而产生的艺术结晶,近三百年以来,随着历史的发展、社会的进步,长阳南曲也随着社会经济定位和生活方式的更新而变动着其内容和形式。在变革中,长阳南曲出现淡化、变异乃至濒临失传等局面。其主要原因有:一是土家人民生活兴趣日趋广泛,社会交往日趋频繁,精神文化的要求发生了巨大变化;二是外来文化的冲击,年轻人因对多种文化形式的向往,从而对长阳南曲缺乏认识;三是因长阳南曲是一种丝弦音乐,对于不懂音乐、不会使用弦乐的人来说,学习和掌握是具有一定难度的,从而导致对长阳南曲兴趣有减弱的趋势;四是绝大部分青年男女加入打工族的行列,走出山寨务工,留在家中的人减少,从而使传承人群降低,等等。加强对长阳南曲的保护,是我们当代人不可推脱的责任。

三、项目管理

1. 已采取的保护措施

(1)县委宣传部、县文体局于 2002 年 4 月出台了《关于建立长阳民族民间文化资源库的实施方案》(长宣发〔2002〕8 号),进一步对长阳南曲等民族民间文化进行挖掘、收集、整理。

(2)2003 年和 2007 年,县委、县人民政府分别命名表彰了 8 名南曲艺人,并给予每人 1000 元的经济奖励。

(3)在长阳南曲流行的资丘、渔峡口两个乡镇建立了"土家族传统文化生态保护区",出台了一些用以保护传承人的奖励政策和措施。2005 年 5 月,县人民政府在资丘镇设立了"高龄传承人奖励基金"试点,为重点高龄传承人每月发放传承津贴 60 元。

(4)积极开展"传统文化进校园,民间艺人上讲台"工作。资丘、渔峡口两地的中、小学校,聘请当地长阳南曲优秀艺人为学生传授长阳南曲。

(5)2006 年 7 月在资丘镇文化站建立了近 120 平方米的"长阳南曲宫",为民间艺人展示、传承提供平台。

(6)县人民政府制定的《长阳土家族自治县民族民间传统文化保护条例》于 2006 年 3 月 31 日经湖北省第十届人民代表大会第二十次常务委员会批准,2006 年 6 月 10 颁布实施。该《条例》第 2 条第 2 款明确指出"长阳南曲、山歌、薅草锣鼓、吹打乐等传统音乐"受条例的保护。

2.资金投入情况

(1)1999年由长江文艺出版社出版发行《长阳南曲》专著,投入经费10万元。

(2)2002年、2005年两次举办长阳南曲师徒大赛,投入经费11万元。

(3)为长阳南曲老艺人发放传承补助、困难补助8000元。

(4)截至2008年底政府累计拨专款24万元,用于文化部门组织专班对长阳南曲进行收集、整理以及召开南曲学术研讨会。

四、保护计划

1.保护内容

(1)在县保护中心建立"长阳南曲"视频资源数据库和文献档案。

(2)实施"长阳南曲"传承计划。

①继续开展评选南曲优秀传承人活动,对优秀传承人予以表彰和经济奖励。对高龄的南曲艺人给予一定传承补贴,以解决生活困难,确保其艺术生命得以延长。

②对长阳南曲流传重点区域实行重点保护,对保护和传承工作成绩突出的乡(镇)、村落给予扶持和奖励。

③在县内各中、小学的地方教材中,开设"长阳南曲"课程。

④举办全县中、小学校"长阳南曲"比赛。

⑤刻录《长阳南曲》光盘,在三峡长阳网、长阳土家族网设置"长阳南曲"固定栏目。

(3)每年举办一次"长阳南曲"培训班;每两年举办一次全县"长阳南曲"艺人比赛。

(4)举办"长阳南曲"师徒大赛。

(5)出版大型画册《长阳南曲》。

(6)举办长阳南曲学术研讨会。

(7)在资丘镇建立"长阳南曲官演艺堂"。

2.五年计划

时间	保护措施	预期目标
2007	(1)进一步在全县范围内挖掘、收集、整理长阳南曲,建立"长阳南曲"文献、资料档案,为今后建立资源数据库做好基础工作; (2)在全县命名、表彰"长阳南曲"优秀传承人; (3)在三峡长阳网开设"长阳南曲"知识及习俗网页; (4)在长阳南曲重点流行乡(镇)的中、小学校开设长阳南曲教学课程。 (5)在资丘、渔峡口等乡(镇)中、小学校举办"长阳南曲"比赛。	做好基础工作,使南曲更加深入人心,进一步增强人们对南曲的保护和传承意识。
2008	(1)制作"长阳南曲"经典曲目光盘,"长阳南曲"创新演唱作品光盘,"长阳南曲"教学光盘;编写"长阳南曲"中、小学地方教材; (2)举办全县中、小学生"长阳南曲"演唱比赛; (3)举办全县"长阳南曲"培训班; (4)举办"长阳南曲"学术研讨会。	在中小学生中传承南曲,从而使长阳南曲后继有人。
2009	(1)在全县命名、表彰"长阳南曲"优秀传承人; (2)举办"长阳南曲"师徒大赛。	肯定民间艺人在传承工作中的贡献,激励民间艺人不断开展民间文化活动。
2010	举办"长阳南曲"百友会。	形成一定的研究成果,并进行学术交流。
2011	扩建资丘镇"长阳南曲宫"。	有固定的展示长阳南曲的场所。

3.保障措施

(1)为了加强对民族民间传统文化的保护,自治县人民政府制定的《长阳土家族自治县民族民间传统文化保护条例》于 2006 年 3 月 31 日经湖北省第十届人民代表大会第二十次常务委员会批准,2006 年 6 月 10 日起颁布施行。

(2)2006 年 6 月,县委、县人民政府发布了关于宣传、贯彻《长阳土家族自治县民族民间传统文化保护条例》实施意见,成立了县民族民间传统文化保护委员会,县民族民间传统文化评审鉴定委员会和县民族民间传统文化保护中心。县保护中心具体实施民族民间传统文化的收集、整理、研究、保护、传承等日常工作。

(3)从2006年起,县人民政府将民族民间传统文化的保护经费纳入财政预算,建立专项资金。

(4)建立县、乡(镇)、村三级民族民间传统文化保护网络,具有特殊价值的村寨或者民居,设立保护小组。

(5)建立民族民间传统文化传承人申报命名机制,为传承人建立个人档案,鼓励民间艺人从事民间文化传承。

(6)建立自治县民族民间传统文化生态保护区。

(7)建立自治县民族民间传统文化资源数据库。

(8)依照《长阳土家族自治县民族民间传统文化保护条例》中的"法律责任"内容,对给南曲等民间曲艺保护造成损失的当事人追究其法律责任。

4.经费预算及其依据说明

经费预算	依据说明	地方配套资金
10万元	组织专班进一步在县内收集、整理长阳南曲。建立"长阳南曲"资源数据库和文献档案室。	4万元
2万元	在三峡长阳网、长阳土家族网、长阳电视台开设长阳南曲固定栏目。	1万元
5万元	在全县命名、表彰长阳南曲传承人,给予奖励资金,对高龄、困难艺人给予补助。	2万元
23万元	制作"长阳南曲"教学光盘,编写"长阳南曲"中小学地方教材。	6万元
20万元	举办一年一度的"长阳南曲"师徒大赛(共5年)	5万元
6万元	举办全省"长阳南曲"学术研讨会。	3万元
80万元	扩建、改造资丘文化站"长阳南曲宫"。	20万元
146万元		41万元

示例二　长阳吹打乐

一、项目说明

1. 分布区域

长阳吹打乐流传广泛,遍布全县城乡各地。按地理形态,长阳分为前河(清江沿岸)和后河(丹水流域)两个区域。前河以都镇湾、资丘、磨市一带为集中流传区,后河以贺家坪、榔坪、高家堰一带为集中流传区。

2. 历史渊源

长阳吹打乐历史悠久,源远流长。最早可追溯到商代。1993 年,长阳出土一件商代猪形青铜特磬,特磬形制和纹饰与《博古图》所载磬如出一辙。该磬为板震动乐器,一磬三声,其音列与长阳的三音歌音列正好相符。20 世纪50 年代以来,在长阳县境内陆续出土 5 件虎钮錞于和 2 套编钟,这些青铜器分别属于战国早、中期,均是古代巴人的击打乐器。这些都奠定了长阳吹打乐的音乐基础。

1988 年,在资丘镇天池口的六朝砖室墓出土一组青铜编铃,与现代都镇湾镇十五溪村民间吹打乐中的铜铃形状很相似。1986 年,长阳出土一面明代铜鼓,民间称"包儿锣",与现代民间使用的铜鼓完全一样。1973 年,长阳出土六朝陶魂罐 1 件,该罐肩部的人物堆塑,表现的是抬着棺木、敲锣打鼓送葬的情形。2006 年在渡口坪村出土的隋朝画像砖,画像砖刻画的是一人敲打包儿锣的情形。由此可见,长阳吹打乐最晚在 1500 多年前已形成了具有一定规模和一定编制的吹打乐队。

清雍正初年实行"改土归流"之后,废除了"蛮不出境,汉不入峒"。民族和地区间交往日逐增多,江夏一带汉民因战乱和灾荒,循清江而避入长阳山谷,使长阳地区民族结构发生了变化,由此使得音乐文化在族际间潜移默化地得到了相互融合和发展。正如一首长阳锣鼓歌所唱:"南京城的鼓,北京城的锣,云南陕西的号子,打我们湖广过。"据清代道光《长阳县志》卷三"婚冠"篇载:"亲迎日,婿家俱彩轿,仪仗鼓乐……""丧葬"篇载:"临葬夜,诸客群挤丧次,擂大鼓唱曲。"这些史载足以证明长阳吹打乐与当地人民群众的劳动、生活习俗有着密切关系。

从师承关系推算,吹打乐在长阳民间广泛流传已有相当长的历史。现在的老艺人中,有的是第七代、第八代传人。从艺人所传遗物推算,距今有 150多年了。新中国成立后,长阳吹打乐在全县各地得到发展。1960 年至 1965年间,文化部门多次组织专班深入到全县各地收集民间器乐。1962 年 10 月召开了全县民间艺人大会。与会期间对长阳吹打乐进行了全面采录,可惜的是 1966 年长阳县城遭遇洪水淹没,所收集资料基本损失殆尽。1979 年 7 月,又召开了第二次全县民间艺人大会。1987 年 2 月,举办了全县民间吹打乐大奖赛。从 1987 年 3 月开始,对长阳吹打乐进行全面系统的整理。1994 年 8 月,《长阳吹打乐》专著由长江文艺出版社出版。2003 年、2007 年,县委、县人民政府分别命名、表彰优秀长阳吹打乐重点传承人 6 名。

3.基本内容

长期以来,长阳吹打乐伴随着人们的生产、生活世代传承。每逢婚丧嫁娶、庆典、岁时节庆、田间薅草锣鼓等民俗事象时,都要吹吹打打,热闹一番,已形成了一种普遍、实用和极具地域特色的民间习俗。

长阳吹打乐按乐器演奏分为吹打乐和锣鼓乐两种,民间俗称"粗乐"和"细乐"。

粗乐,泛指用打击乐器和吹奏乐器组合演奏,民间俗称"打家业"。按其表现作用分为喜事场合下演奏的喜锣鼓和丧事活动中演奏的丧锣鼓两种。锣鼓乐,即打击乐器,乐器分为鼓、锣、钹三种。前河和后河乐器的形状、大小、音色等各异,其中,前河的铜鼓(又称包儿锣)、云锣颇具特色。锣鼓乐中广泛流行的丧事曲目是"三四五","三"代表马锣,"四"代表钹,"五"代表锣。喜庆、行走锣鼓乐,演奏曲目有七句半、状元游街、玩家业和十板鼓。十板鼓为白事专用曲。所谓"十板"是指去掉 1 和 12 头尾两板(段),中间部分有十板(段)。演奏击乐有马锣(衣),钹(车),大锣(厂)。后河锣鼓乐,演奏曲目主要是《十三太保》和《十样锦》,不分红、白喜事均可演奏。

细乐,是指两支音高、形制一样的土笛,配以云锣、边鼓、梆子或拍子等合奏。

长阳吹打乐按其演奏作用分为堂调、大调、客调、菜调、笛调、丧调、综合调 7 种类型。

长阳吹打乐乐谱普遍采用工尺谱记录,即为"合四羽上尺工凡六五工上尺",相当于简谱的 5 6 7 1 2 3 4 5 6 7 1 2。

锣鼓乐仍采用传统记谱法。一般用"⊖"代表锣、钹齐鸣;"○"代表钹;"ぅ"代表锣音有休止;"仓"代表击锣后有长音;"乙"、"丢"代表马锣;"冬"、"董"代表鼓;"昌"、"尚"代表锣;"汪"、"匡"代表云锣。

长阳吹打乐曲目繁多,据初步统计,县境内不同风格的乐曲有近千首,至今在民间演奏的曲目有五百首左右(包括同名、异宫、异调的曲目)。吹打乐中的《十幡鼓》是丧事中的专用曲,它以套曲的形式演奏,头、尾间十首乐曲连缀而成。乐队组合10人、12人或16人,多者32人,但最少不得少于10人。乐器有长号、唢呐、堂鼓、边鼓、大锣、包儿锣、马锣、勾锣、拍子、梆子。演奏时,由长号导引,鼓、锣齐鸣,节奏变化多样。段落之间的锣鼓部分,可随需要而演奏,乐曲结构一般是以"四进门"开始,"客调"反复演奏,通过一流、二流、三流的逐步加快速度变化,形成高潮而结束。此外,民间做道场"送灯"、"上香"等仪式活动中,每吹奏一曲后,由击乐单独演奏,击乐由慢到快,直至高潮,急转收尾。整段乐曲婉转优美,其声势蔚为悲壮,是长阳吹打乐中的"珍品"。

长阳吹打乐中的堂调是组合体结构,由"引子—客调—正调—客调"4个部分组成。主要适用于庄重、热烈场面,用于各种礼仪活动中的开始和结束乐曲,即俗称"开台"和"收台"。其演奏速度和节拍规律:慢(散板)—中快—慢板到急板—突慢并转板结束。堂调中的曲目有六子堂、凤凰展翅、大开门、官调、状元游街等;大调中有小桃红、汉路山、水阁凉亭等40个曲目;客调中有官调、上四六、工合四等22个曲目,菜调中有金满斗、千年喜、指日高升等25个曲目;笛调中有小开门、六子套、水路音等8个曲目;丧调中有菜调和十幡鼓(套曲);综合调中有正宫、节节高等6个曲目。

4.相关器具及制品等

(1)主要乐器分为吹奏乐器和打击乐器两类。

吹奏乐器有:唢呐、土笛、巴乌、长号、牛角。

打击乐器有:

鼓类:堂鼓、把儿鼓、鼙钹、边鼓;

钹类:大钹、铙钹、镲子、三子;

锣类:土锣、大锣、苏锣、勾锣、马锣、包儿锣(又叫铜鼓)、铛子、云锣;

其他类:拍子、点子、铜铃、梆子、木鱼。

土笛和巴乌是具有民族特色的吹奏乐器。土笛有竹制、木制和铜制三种,孔置与唢呐一样,上端嵌入木楔,留有吹口,不用笛膜,竖吹,其音色柔和悦耳。巴乌一般使用树皮卷制成喇叭状。云锣的制作最为精巧,最小者直径仅7至8厘米,最大者直径不过10厘米,音色清高嘹亮。铜鼓形似铜锣,没有鼓腔部分,击面突出部分为敲击点,其音色浑柔悠远,穿透力特强。

(2)1994年,由陈洪同志编著的长阳《土家吹打乐》由长江文艺出版社出版。

5.传承谱系

长阳吹打乐是通过师徒关系传承的。吹打乐艺人在民间称为"响匠师傅"

和"响匠班子"。他们当中95％以上是农民（没有妇女从艺）。各地的"响匠班子"走村串寨,往来乡邻,在不断的艺术实践和交流中,得到了传播和发展。从20世纪60年代至90年代初,文化部门把收集、整理民间器乐当作一项工程常抓不懈。全县登记的民间器乐艺人共3210人。

　　6.代表性传承人

姓名	性别	出生时间	住址
杨士鹏	男	1947年6月出生	土家族都镇湾镇立志坪村
陈本栋	男	1941年8月出生	土家族都镇湾镇横山村
田文宣	男	1943年8月出生	土家族资丘镇西阳坡村

二、项目论证

1.主要特征

　　长阳吹打乐在长期的传承和发展过程中,建立了一套完整的艺术机制,包括乐队器乐配备、表现形式、吹奏曲目以及吹打特技等方面,均已形成了自己的风格,其基本特征有以下十个方面。

　　(1)出土文物青铜特磬可证实,长阳吹打乐的产生可追溯至殷商。后陆续出土了战国时期的虎钮錞于、钲、编钟和东汉时期的编铃以及六朝的陶魂罐等。这些古代击打乐器和陶器,足以向人们展示了长阳土家儿女的智慧和创造力,而且说明了长阳吹打乐具有历史悠久、源远流长的特征。

　　(2)长阳吹打乐除为红、白喜事、岁时节庆等多种场合演奏外,还具有为人们传递一些特殊信息的功能,如解放初期的打更报时、60年代鸣锣开会。直至今日,乡邻间谁家有吹打乐演奏,人们就要问个明白,是否要去帮忙或送礼,这已成习俗。

　　(3)祖祖辈辈以来,长阳吹打乐乐器几乎全部是本地工匠打制,以满足民间艺人对乐器的质地、音色、音域、乐器大小、使用方便等方面的要求,例如包儿锣和土笛与周边县市区别很大。因此,无论是吹奏乐器,还是击打乐器,除具有本地乐器风格外,还具有传统特征。

　　(4)长阳吹打乐具有多样性特征。长阳吹打乐按地域分为前河和后河两个流派。前河吹打乐演奏班子庞大,曲目丰富,旋律高亢,粗犷豪放。后河旋律舒缓流畅,张弛有度,优美动听。前河各个乡镇的吹打乐曲目,其演奏技巧也不是完全一样,的确是"锣鼓不出乡,各有各的腔"。同时,吹打乐曲牌在数代艺人传承中,由于从师的水平不同而有所变异。故长阳吹打乐具有风格流派的多样性特征。

（5）长阳吹打乐有单曲体和综合体两种结构形式，其曲目既有多种礼仪场合的专用曲，也有适宜多种场合下通用的乐曲，曲体结构，具有既有规律性、也有可塑性的特征。

（6）长阳吹打乐旋律流畅婉转，音程多跳进，其旋律运动形式多为级进（上行或下行）。以徵调式乐曲为主，其次是宫、商、羽调式，旋律装饰和润色吸收了长阳民歌演唱风格，加强了曲调的地方风味，如"丧调"模仿人声哭泣，某些乐曲中的打指，模仿山歌中的颤音等，具有浓郁的地域特征。

（7）长阳吹打乐与人们的日常生活、生产以及民族信仰等方面有着密切的关系，特别是逢年过节、婚丧嫁娶、红白喜事，无处不闻吹打乐。所以说，长阳吹打乐为人们所喜闻乐见，并有着普遍性的特征。

（8）长阳吹打乐中的综合调是运用于节日时令、喜庆、婚丧等场合的综合性乐曲。如菜调和客调各地运用灵活，迎客、出菜可以交换演奏，个别地区的小开门红白事都吹。所以说，长阳吹打乐中的综合调，具有乐曲庞杂、部分曲目演奏没有明显规范性的特征。

（9）长阳吹打乐"细乐"中土笛演奏清俊、俏丽、细腻、优美、擅长使用"气"的技巧，如颤音、泛音及打音、倚音、叠音、链音等，使旋律连贯平稳，具有浓郁的抒情特征。

（10）长阳吹打乐在传承的过程中，有的谱本历史长达150多年之久，经过数代人的转抄，板眼符号难免会有错漏或不清。因此，除了少数艺人能视谱演奏外，绝大多数艺人是靠记忆演奏。这就说明长阳吹打乐具有口传心授的传承特征。

2.重要价值

（1）艺术研究价值

①长阳吹打乐历史悠久，蕴藏丰富。根据出土文物和文献表明，从商代至20世纪，三千余年间，作为社会大众喜闻乐见的一种民间文艺形式从未中断。半个世纪以来，经过几代文化人的收集整理，采录吹打乐乐曲近五百首，民间还未采录的曲目无法统计，长阳吹打乐曲目之丰富可略见一斑。

②演奏形式丰富。长阳幅员广大，地理环境有高山、半高山、丘陵和平地，由此形成了各地区人们多种多样的生产、生活方式和习俗。在这样的背景下，为了适应不同的生活、生产方式而逐渐形成的吹打乐演奏形式也就异常丰富了，例如各地薅草锣鼓、红白事坐堂和行走吹打乐，无论是乐曲的组合，还是人

员的编制以及演奏形式、曲目等都不尽相同。所以说,长阳吹打乐具有相统一但又有鲜明地方传统的地域性特征。

③吹打乐旋律流畅,婉转动听。吹打乐的每一首乐曲流传至今,都经过了千人演奏、万人传承,并在长期的演奏过程中日臻完美。如《十幡鼓》,演奏班子庞大,整段乐曲婉转优美,其声势蔚为悲壮,在整个鄂西地区实为少见。吹打乐中的"堂调"曲风独特,它有散曲和套曲两种形式,以不同乐曲演奏不同的曲牌成套,不但与民间音乐中的姊妹艺术息息相通、脉脉相承,而且集中反映了长阳民间音乐固有的基本风格,算得上是长阳吹打乐中的佼佼者。

长阳吹打乐是长阳民族文化中一束浓郁的"山茶花",因此,对它的历史渊源、特征、价值等方面,必须作进一步的探讨和研究,同时,对长阳吹打乐的抢救与保护、传承与利用等方面,也是我们研究的重要课题。

(2)社会功能价值

长阳吹打乐不仅作为一种民族民间文艺形式广泛存在于全县各地,而且,它还是丰富人们文化生活的重要载体,它不仅有自娱娱人、融洽群体的作用,而且有和谐社会的功能。

(3)社会实用价值

民间吹打乐同人们的生活、生产、风俗习惯等各个方面有着密切的关系,例如婚丧嫁娶、红白喜事、田间劳作、岁时节庆等,都离不开民间吹打乐这一古老而又传统的民间文艺形式,并为人们所喜闻乐见。

3.濒危状况

长阳吹打乐虽然在我县流传广泛,遍及城乡各地,但从历史的角度看,流行的范围在以较快速度缩小,民间艺人逐年减少。因此急需加强保护。(1)由于农村生产体制的改变,群体性生产劳动中的"薅草锣鼓"从根本上无法再现了,致使"锣鼓歌"中的器乐演奏逐渐消失。(2)由于年轻人容易接受外来文化和多种文化的影响,对本土文化缺乏认识,尤其是对吹打乐认识更加淡化,无兴趣学。(3)乡民们越来越多地走出山寨读书、打工,留在家中的人减少,特别是年轻人,在很多村寨中出现"空城",传承的人群自然很少。(4)乐器逐年破损、减少,导致乐制品的逐年失传。50年代初,收购废旧金属支援建设,在长阳一度出现收缴铜物器皿之风,大批铜质乐器,特别是一些历史久远的古铜乐器被当作废铜毁掉,幸存者所剩无几。民间使用的打击乐,多数是本地工匠打制,随着铜料的缺乏和铝制品代替了铜制品,铜匠无事可做,导致匠人的稀少,打制器乐也成了一件难事。虽然市场上也有乐器卖,但从音色、音域、样式等方面与本地差异很大，民间艺人不大喜爱。

三、项目管理

1. 已采取的保护措施

(1)县委宣传部、县文体局于 2002 年 4 月出台了《关于建立长阳民族民间文化资源库的实施方案》(长宣发〔2002〕8 号)，2007 年县委出台了《关于贯彻执行"长阳土家族自治县民族民间传统文化保护条例"的具体意见和要求》。

(2)1994 年编辑出版了《中国民族民间器乐集成·长阳卷》，共计 32 万字。

(3)1987 年举办全县 300 人的民间吹打乐大赛。

(4)2003 年、2007 年，县委、县人民政府命名表彰了杨士鹏等民间吹打乐艺人，并给予每人 1000 元的经济奖励。

(5)在长阳吹打乐流行的榔坪、资丘、都镇湾三个乡镇筹建了以保护传统民间艺术的"土家族传统文化生态保护区"，出台了一些用以保护传承人的奖励政策和措施。2005 年 5 月，县人民政府在资丘镇设立了"高龄传承人奖励基金"试点，为重点高龄传承人每月发放传承津贴 60 元。

(6)县人民政府制定的《长阳土家族自治县民族民间传统文化保护条例》于 2006 年 3 月 31 日经湖北省第十届人民代表大会第二十次常务委员会批准，2006 年 6 月 10 颁布实施。该《条例》第 2 条第 2 款明确指出"长阳南曲、山歌、薅草锣鼓、吹打乐等传统音乐"受《条例》的保护。

2. 资金投入情况

(1)1994 年由长江文艺出版社出版发行《土家吹打乐》专著，投入经费 10 万元。

(2)1974 年、1987 年、1997 年举办全县民间吹打乐大赛，投入经费 17 万元。

(3)为长阳吹打乐优秀民间艺人发放传承补贴、奖金 6000 元。

(4)截至 2008 年年底政府累积拨专款 18 万元，用于文化部门组织专班对长阳吹打乐进行收集、整理。

四、保护计划

1. 保护内容

(1)建立"长阳土家族自治县民族民间传统文化"文献档案室，在县保护中心建立长阳吹打乐文献档案和视频资源数据库。

(2)实施"长阳吹打乐"传承计划。

①继续开展评选优秀民间传承人活动，对传承人给予表彰和经济奖励。对高龄的长阳吹打乐艺人给予一定的传承补贴，以解决生活困难，确保其艺术

生命得以延长。

②对长阳吹打乐流传重点区域实行重点保护。对保护和传承工作成绩突出的乡(镇)、村落给予扶持和奖励。

③在县内各中、小学开设"长阳吹打乐"课程。

④举办全县民间吹打乐和全县中、小学校"长阳吹打乐"比赛。

⑤刻录"长阳吹打乐"光盘。在三峡长阳网设置"长阳吹打乐"固定栏目。

(3)每年举办一次"长阳吹打乐"培训班;举办全县"长阳吹打乐"比赛。

(4)举办中国土家族民间吹打乐擂台赛。

(5)出版《长阳吹打乐》大型画册。

(6)举办湘、鄂边土家族民间吹打乐学术研讨会。

2. 五年计划

时间	保护措施	预期目标
2007	(1)进一步在全县范围内挖掘、收集、整理长阳吹打乐,在此基础上建立"长阳吹打乐"文献、资料档案,为今后建立资源数据库做好基础工作; (2)在全县命名、表彰"长阳吹打乐"优秀传承人; (3)在三峡长阳网开设"长阳吹打乐"知识及习俗网页; (4)在长阳吹打乐重点流行乡(镇)的中、小学校建立"长阳吹打乐"队。	做好基础工作,使长阳吹打乐更加深入人心,进一步增强人们对长阳吹打乐的保护和传承意识。
2008	制作"长阳吹打乐"资料光盘,编写"长阳吹打乐"中、小学地方教材。	在中小学生中传承长阳吹打乐。
2009	在全县命名、表彰"长阳吹打乐"优秀传承人。	鼓励传承人开展传承工作,使更多艺人加入传承队伍。
2010	举办全县"长阳吹打乐"比赛。	相互交流、学习与提高。
2011	举办湘、鄂边土家族民间吹打乐学术研讨会。	形成一定的研究成果,并进行学术交流。

3. 保障措施

(1)为了加强对民族民间传统文化的保护,自治县人民政府制定的《长阳土家族自治县民族民间传统文化保护条例》于 2006 年 3 月 31 日经湖北省第十届人民代表大会第二十次常务委员会批准,2006 年 6 月 10 日起颁布施行。

(2)2006 年 6 月,县委、县人民政府发布了关于宣传、贯彻《长阳土家族自治县民族民间传统文化保护条例》实施意见,成立了县民族民间传统文化保护委员会,县民族民间传统文化评审鉴定委员会和县民族民间传统文化保护中心。县保护中心具体实施民族民间传统文化的收集、整理、研究、保护、传承等日常工作。

(3)从 2006 年起,县人民政府将民族民间传统文化的保护经费纳入财政预算,建立专项资金。

4.经费预算及其依据说明

经费预算	依据说明	地方配套资金
10 万元	组织专班收集、整理长阳吹打乐,建立文献资料和音、视频资料数据库。	3 万元
8 万元	制作"长阳吹打乐"传承光盘和编印"长阳吹打乐"地方教材。	2 万元
9 万元	在长阳吹打乐流行的重点区域中、小学建立"长阳吹打乐"队,并在全县举办"长阳吹打乐"比赛。	3 万元
10 万元	举办湘鄂边土家族吹打乐学术研讨会。	4 万元
6 万元	在全县命名、表彰一批长阳吹打乐优秀民间艺人,并继续发放高龄生活困难艺人补贴。	2 万元
2 万元	在三峡长阳网开设"长阳吹打乐"固定栏目。	1 万元
45 万元		15 万元

(三)市级非物质文化遗产名录

2006 年长阳县申报的土家族撒叶儿嗬、长阳山歌、长阳南曲、土家吹打乐和都镇湾故事,被宜昌市人民政府列为首批非物质文化遗产保护名录。2010 年,《长阳竹枝词》《廪君传说》入选市级非物质文化遗产保护名录。2012 年,市级非物质文化遗产保护名录申报工作圆满完成。非物质文化遗产项目"道教科仪音乐"、"土家打喜"被申报为宜昌市级非物质文化遗产保护名录。目前,长阳县共有市级名录 11 项,分别为撒叶儿嗬、土家长阳山歌、长阳南曲、都镇湾故事、长阳薅草锣鼓、长阳吹打乐、长阳花鼓子、长阳竹枝词、廪君传说、道教科仪音乐、土家打喜。

（四）县级非物质文化遗产名录

为了切实做好民族民间传统文化的保护、管理和合理利用工作，2006 年，长阳县长政发〔2006〕44 号文件发布《县人民政府关于公布第一批县级民族民间传统文化代表作名录的通知》，决定建立县级民族民间传统文化代表作名录，并公布了第一批民族民间传统文化代表作名录。

第一批民族民间传统文化代表作名录

序号	项目名称	项目代码	项目区域
1	土家撒叶儿嗬	05	县境内
2	长阳山歌	04	县境内
3	长阳南曲	07	县境内
4	十五溪故事	02	都镇湾镇十五溪村
5	土家吹打乐	04	县境内

为进一步贯彻落实《国务院关于将强文化遗产保护的通知》（国发〔2005〕42 号）、《文化部关于建立我国非物质文化遗产名录体系的通知》精神和《长阳土家族自治县民族民间传统文化保护条例》有关规定，2008 年，经县民族民间传统文化评审鉴定委员会评审，县人民政府研究决定，长阳县长政发〔2008〕36 号文件发布《县人民政府关于公布第二批民族民间传统文化代表作名录的通知》，公布长阳县第二批民族民间传统文化代表作名录，共计 24 项。

长阳土家族自治县第二批民族民间传统文化代表作名录

1	民间舞蹈（1 项）	长阳花鼓子
2	民间文学（2 项）	廪君的传说、长阳竹枝词
3	传统音乐（3 项）	清江号子、薅草锣鼓、咚咚喹
4	传统体育（4 项）	抵杠、翘旱船、高脚马、打陀螺
5	传统医药（2 项）	民间中医正骨疗法、传统中药文化
6	传统技艺（4 项）	雕刻技艺、民间器乐制作技艺、绿茶制作技艺、土家吊脚楼营造技艺
7	民俗（4 项）	过赶年、十碗八扣、土家打喜、土家婚俗
8	传统美术（2 项）	刺绣、西兰卡普织锦
9	传统曲艺（2 项）	旱龙船、长阳渔鼓

第三节　抢救普查与确认的经验、问题和对策

一、抢救普查与确认的经验

（一）立法保障普查

长阳县注重完善政策法规，将"非遗"的普查和保护纳入法制化的轨道。2002 年长阳县委、县政府制定下发《关于进一步加强文化工作的意见》，为当时"民族民间传统文化"保护的重要依据；长阳县是全国范围内最早把非物质文化遗产保护工作纳入法制化轨道的自治县。1989 年制定、2011 年修改的《长阳土家族自治县自治条例》对非物质文化遗产的抢救、保护、传承有原则性规定，第 56 条第 2 款规定："自治机关采取有效措施，保护、抢救本行政区域内非物质文化遗产和重要历史文物古迹，整理和出版民族文化书籍，培养和保护有才华、有贡献的民族民间艺人，继承和发展优秀的民族传统文化。"2006 年 6月 10 日，长阳县公布实施了我国第一部县级《长阳土家族自治县民族民间传统文化保护条例》。《条例》对法律所保护的民间艺术形式进行了列举，并在对非物质文化遗产资源的抢救与普查、申报和建立非物质文化遗产名录以及制定保护措施方面做出了规范。

（二）长阳县县委、县政府对非遗普查工作的重视

长阳县县委、县政府对文化工作的重视是不争的事实，早在 2006 年，长阳县便成立了由县长任主任的"民族民间传统文化保护委员会"和由县文化行政主管部门负责同志以及相关专家组成的民族民间传统文化评审鉴定委员会。2006 年 6 月成立了非物质文化遗产保护机构，即"长阳土家族自治县民族民间传统文化保护中心"，该中心县隶属县文体局管理的全额拨款的事业单位，定编 5 人，配备了现代化的资源数据库设备。在全县建立了县、乡、村三级保护网络，全方位系统地开展民族民间传统文化保护工作。此外，长阳县将民族民间传统文化保护工作纳入了国民经济和社会发展规划，将保护、保存工作所

需经费列入本级财政预算,设立非物质文化遗产保护、保存专项资金。

2009年是"非遗"普查工作部署的验收年,在县委、县政府的高度重视下,县委宣传部、县文化体育局把普查工作作为非物质文化遗产保护的头等大事列入日常工作的重要议事。2月下旬,县委宣传部召集了由各乡镇分管领导、宣传委员参加的"非遗"资源普查动员大会,明确各乡镇宣传委员为本地区普查工作牵头人。此外,成立了以文化体育局局长胡世春为组长、副局长覃万勤为副组长,县民族民间传统文化保护中心、县文化馆、各乡镇文广中心主任及相关单位负责人为成员的普查领导小组。县文化体育局胡世春局长多次召开普查工作专题会,亲自布置、协调、督办,分管"非遗"工作的副局长覃万勤集中精力主抓普查和各方面工作的落实。正是因为各级领导的高度重视,长阳县"非遗"资源普查工作才得以顺利进行。

(三)保证普查工作的真实性、科学性、全面性,是做好普查工作的重要原则

非物质文化遗产普查是掌握非物质文化遗产蕴藏情况和了解民情、民心的重要手段,也是对非物质文化遗产进行有效保护以及对濒危项目进行抢救的基础工作。也正因为如此,普查过程中务必保证材料的真实性、科学性、全面性,切忌凭空捏造或者歪曲事物的真实面貌,否则,普查工作便没有意义。在"非遗"资源普查工作中,长阳县把握了普查的指导原则,即充分尊重民众的创造性、全面性、代表性、真实性。在"非遗"资源普查过程中,坚持全面调查和采录,尤其是在真实性方面,按照民间文化项目和民俗表现形式,真实地、不加修饰地、不加歪曲地将其记录和描述下来。尽最大可能地确保普查工作的真实性、科学性、全面性,是长阳县非物质文化遗产普查工作取得成功的重要因素。

二、抢救普查与确认的问题和对策

(一)存在的问题

1.相关法律政策规定尚不完善

《长阳土家族自治县民族民间传统文化保护条例》第10条对抢救与普查的主体和内容进行了粗略的规定;第12条对濒危的、有重要价值的非物质文

化遗产资源的抢救作了原则性规定;第 13 条对民族民间传统文化评审鉴定委员会的组成和职责作了原则性规定;第 14 条对非物质文化遗产的申报主体和申报程序作了原则性的规定;第 16 条、17 条、18 条分别对自治县民族民间传统文化传承人、传承单位、文化生态保护区的认定条件进行了规定。但对于非物质文化遗产普查工作的内容、范围、程序等基本没有规定,导致长阳县在非物质文化遗产普查过程中基本无法可依。

2. 相关机构设置存在财力和人力方面的困难

长阳县文化事业单位虽然均是财政全额预算单位,但实际上财政只保证人员工资和极少量的办公经费,即没有足够的经费组织文化传承活动。此外,从事文化管理、创作、表演、研究的公共文化服务人才年龄老化,专业人才断层现象突出,特别是各个乡镇综合文化站的文化服务人才就更显得单薄。而且,民族民间传统文化保护中心的人员设置也应进一步充实和完善:保护机构共有在编人员 5 人,其中本科学历 1 人,大专学历 2 人,其他学历 2 人,无研究生及研究生以上学历人士,文化程度参差不齐,本科及以上学历人员所占比例太小。在非物质文化遗产资源的普查中,具备丰富专业知识的人员更是欠缺,很多工作人员都是培训后直接上岗,没有任何专业基础可言。

3. 乡镇文化站的作用亟待加强

建立县、乡(镇)、村三级民族民间传统文化保护网络,客观地讲,除县级专门机构外,乡镇文化站也是具体实施民族民间传统文化保护的一支重要力量。因为乡镇文化站在基层,它是全县非物质文化遗产资源普查工作的眼睛,各村各组有什么项目、有哪些民间艺人、哪些项目更具特色、哪些项目面临濒危,乡镇文化站的工作人员比我们更清楚、更明白。普查工作的开展很大程度上要依靠当地的文化站长来提供线索、收集材料。长阳县原先建立的 11 个乡镇文化站,在乡镇体制改革时,与乡镇广播站合并后,改名为文化广播服务中心,单位性质定为"民办非企业"单位,实际上就是无主管部门的社会中介组织。原有文化站的文化干部有的退休,有的转行,绝大部分文化站无文化专业干部,多数乡镇的民族文化保护处于被动局面。同时,长阳县 11 个乡镇文化广播服务中心设施设备落后,经费严重不足,在开展群众文化活动以及民族民间文化遗产的收集、整理、创新等方面能力有限。

4. 普查的广度、深度不够

"非遗"资源的普查是一项长期而又艰巨的工作,仅靠一两次普查就想把流传数百年、上千年,甚至几千年的传统文化彻底弄清楚是不可能的。2009

年,长阳县根据省文化厅、省非物质文化遗产保护中心、市文化局的要求,在全县范围内开展了一次较为全面的非物质文化遗产资源普查工作,基本掌握了本县非物质文化遗产资源的分布和蕴藏情况,但普查工作时间紧、任务重,人员和经费有限,普查的广度和深度欠缺;保护中心在以往的工作中侧重于重点项目(向上申报的项目)的搜集、整理,对一般项目的整理、搜集力度略显不足,普查工作中难免出现漏洞,需要在后续的普查工作中不断补充、完善。

(二)完善的对策

1.完善相关法规政策。根据《非物质文化遗产保护法》和国务院《关于加强非物质文化遗产保护工作的意见》相关精神,完善《长阳土家族自治县民族民间传统文化保护条例》的各项规定和法律责任。细化民族民间传统文化普查工作的主体、内容、范围、程序等,为长阳县非物质文化遗产资源的普查工作提供法律保障。

2.完善相关机构设置和人员配备。在以后的"非遗"普查工作中,进一步健全民间民族传统文化保护中心的机构设置和人员编制,吸纳具备非物质文化遗产保护相关专业知识的高学历人士,以寻求对长阳县非物质文化遗产进行更加专业的保护;同时长阳县政府要积极推进文化广播服务中心的建设,中心无文化专业人员的要选配文化专业人员,无阵地的要解决阵地。对于不适宜文化广播服务中心工作的同志要调换工作。乡镇文化广播服务中心接受当地政府和县文化行政主管部门的双重领导,把乡镇文化广播服务中心真正办成人们的活动中心、民族民间文化的组织辅导中心和民族文化的宣传传播中心。

3.从申报非物质文化遗产名录时期走向"后申报非物质文化遗产名录时期"。"后申报非物质文化遗产名录时期"观念主张一种有始有终、有头有尾的非物质文化遗产保护态度。从申报非物质文化遗产名录开始,非物质文化遗产的传承、教育和传播就作为保护的重点内容受到强调。轰轰烈烈的"非物质文化遗产热"唤起了人们重新认识和传承传统文化的热情,但兴趣基本集中于申报非物质文化遗产名录和借非物质文化遗产名录获取资源方面。人们一方面通过大量代表性项目名录的建立开始知道"非物质文化遗产"这个概念,另一方面因为非物质文化遗产名录的影响而产生的政绩和商业效益而激发了各阶层人们的投入热情。以非物质文化遗产名录为中心的时期是一个非物质文化遗产保护的启蒙及普及时期。但是当非物质文化遗产保护从启蒙、普及变成轰轰烈烈的文化运动乃至大规模的产业开发运动时,关于非物质文化遗产以及整个传统文化的保护与传承发展的认识和实践也显现出了许多误解和片面性,说明传统文化在申报成为非物质文化遗产以后,其保护和传承出现了偏差。我们究竟该保护什么,如何保护? 我们应该特别注意在申报非物质文化遗产名录的轰动效应过后非物质文化遗产保护的可持续性方面的问题。长阳县现在应该从追求名录、上项目,向更加科学的评估保护的效果和可持续性转变,即从以调查申报项目为中心的状态进入"后申报非物质文化遗产名录时期"。

非物质文化遗产普查,旨在摸清资源家底,重在后续保护,关键在于活态传承。面对硕果累累的"非遗"普查成果,对长阳县来说,应该抓住一切有利时机,采取扎实有效的政策措施,强化"非遗"普查成果的后续保护和传承工作,优化文化生态环境,发挥非物质文化遗产在提升文化软实力中的积极作用。

第四章
长阳县土家族非物质文化遗产的传承①

第一节　传承的实践状况

一、成立传承保护机构

2006年根据《长阳土家族自治县民族民间传统文化保护条例》的有关规定,县委、县政府决定成立由县长任主任的自治县民族民间传统文化保护委员会,研究、协调民族民间传统文化保护工作。

2006年根据《长阳土家族自治县民族民间传统文化保护条例》的有关规定,经县人民政府同意,成立县文化行政主管部门负责同志以及相关专家组成的长阳土家族自治县民族民间传统文化评审鉴定委员会。民族民间传统文化评审鉴定委员承担民族民间传统文化代表作、传承人、传承单位和传统文化生态保护区的评审、鉴定和业务咨询工作。

2006年6月成立了非物质文化遗产保护机构"长阳土家族自治县民族民间传统文化保护中心",该中心是隶属县文体局管理的全额拨款的事业单位,定编5人,配备了现代化的资源数据库设备。在全县建立了县、乡、村三级保护网络,全方位系统地开展民族民间传统文化保护工作。

---

①　本章系国家社科基金项目"少数民族非物质文化遗产教育传承研究"(12BMZ084)的成果之一。

2006 年长阳县民族民间传统文化保护委员会组成人员

主任：马尚云	县委副书记、县人民政府县长
副主任：黄传喜	县委常委、县委宣传部部长
成员：佘志鹏	县人民政府副县长
李国全	县委办公室副主任
王 红	县政府办公室纪委记
幽正兴	县委宣传部副部长
胡世春	县文化体育局局长
向祖文	县民族宗教事务局局长
覃万谋	县国土资源局局长
田大甲	县财政局局长
李书平	县建设局、环保局局长
熊兆安	县教育局局长
毛兴华	县旅游局局长
刘春阳	县发展和改革局局长
漆昌锦	县广播电视局局长
覃万勤	县文化体育局副局长

长阳土家族自治县民族民间传统文化保护委员会下设办公室，办公地点设在县文化体育局，胡世春同志兼任办公室主任。

2006 年长阳县民族民间传统文化评审鉴定委员会组成人员

主任：胡世春	县文体局局长
成员：向祖文	县民宗局局长
覃万勤	县文体局副局长
许卫东	县文体局副局长
陈哈林	县文体局副局长、县文联主席
杨小强	县文联副主席、高级工艺美术师
刘宗琦	县文体局文艺股股长
戴曾群	县民族民间传统文化保护中心主任

续表

主任:胡世春	县文体局局长
陈 红	县民族民间传统文化保护中心副主任、群众文化专业副研究馆员
覃发池	省舞蹈家协会副主席
刘勋一	国家二级作曲家
肖国松	群众文化专业副研究馆员
周晓春	群众文化专业副研究馆员

二、保护非物质文化遗产传承人

任何一种民族民间传统文化的保存只能是靠人传承传递、延续和发展。我县众多的民族民间传统文化在百年、甚至数千年的进化中,传承人是它的重要承载者和传递者。这些生活在山寨的民间艺人,以超人的才智灵性,贮存着、掌握着,承载着民族优秀的传统文化和精湛技艺,他们既是民族文化生活的宝库,又是民族文化代代相传的"接力赛"中处在当代起跑点上的"执棒者"和代表人物。

近半个世纪以来,长阳县文化部门数次深入到田野调查,发现很多民间艺人在传承、保护、延续、发展传统文化中起着超乎常人的作用,受到一方民众的尊重和传颂。寻找杰出传承人的工作成为人们从事非物质文化遗产保护、研究工作的一个重点。经过 20 世纪 80 年代的"十大集成"工作和近些年"抢保工程"的实施,长阳县发现和掌握了各类"非遗"资源的重点传承人数百人之多。这些艺人的存在,就代表一种传统文化的存在。长阳县采取了很多措施对传统文化的传承人进行保护。

1. 建立民间艺人档案。首先,对民间艺人进行登记建档。从 2001 年起,长阳县就开始对民间艺人进行登记造册,建立档案卡,实行动态管理;2009 年3 月至 9 月,长阳县进一步组织专班开展全县非物质文化遗产资源普查,对民间艺人姓名、年龄、家庭住址、家庭现状、技艺特长及其艺术成果等进行登记。历时 6 个多月,行程 4000 多公里,录音 7200 分钟,录像 4300 分钟,拍摄照片7000 多幅。新增传统项目共 300 多项,目前,全县已登记在册的山歌、南曲、吹打乐、花鼓子、土家族撒叶儿嗬、薅草锣鼓、长阳竹枝词、故事、绘画、书法、民俗等艺术类别的民间艺人达 3000 多人,其中重点传承人 342 名。除了对民间文艺方面的传承人建档,长阳县还致力于对县域境内的刺绣、雕刻、印染、缝纫、织锦、制陶、盆景、假山、建筑、彩绘、藤编、草药、制茶、酿造、造船、各类金属制作等民间工匠、艺人进行地毯式的普查登记,为优秀的工匠、艺人建档,凡是还能"活态"展现的事项,都采用现代化的手段真实地记录下来。其次,录制优秀民间艺术专题片。对各种民间文化艺术形式采用录音、录像的方式进行分类搜集,制作成资料片进行推介和保存。目前已录制完成了《土家族女民间故事家孙家香》、《长阳山歌》、《长阳南曲》、《土家吹打乐》、《都镇湾故事》、《土家族撒叶儿嗬》、《廪君传说》、《长阳竹枝词》、《长阳情歌》、《土家风情》等民间艺术的电视专题片。

长阳土家族自治县"非遗"传承人统计表

序号	项目名称	传承人数	备注
1	民间文学	325 人	
2	传统音乐	790 人	
3	传统舞蹈	1290 人	
4	传统戏剧	0	
5	曲艺	240 人	
6	传统体育、游艺与杂技	150 人	
7	传统美术	30 人	
8	民间传统技艺	230 人	
9	民俗	130 人	
合计		3185 人	

2. 表彰奖励优秀传承人。县委、县政府决定,每 3 年评选表彰一次民族民间传统文化优秀传承人和传承基地。县委县政府先后 3 次共命名表彰了61 名民族民间传统文化优秀传承人和资丘文化站、民俗文化村两个非物质文化遗产传承基地。坚持向上级申报非物质文化遗产项目代表性传承人。截至2011 年年底,我县共有市级项目代表性传承人 45 名;省级项目代表性传承人16 名;国家级项目代表性传承人 4 名。制定民间文化传承奖励政策,建立传艺奖励基金,设立"老艺人带徒传艺奖"、"青年人学艺有成奖"。同时还举办跨地区的、多种类的"民间艺术师徒大赛",开展民间艺术大师选拔,给优秀民间

艺人评职称。

3. 特殊保护高龄民间艺人。县政府对近 90 高龄的土家族女民间故事家、国家级非物质文化遗产代表性项目传承人、中国民间文化杰出传承人孙家香按月发给生活补贴,并作为特殊人才将其安置到县福利院安度晚年,以延长其艺术生命。为高龄优秀民间艺人发放生活困难补贴。凡男年满 65 周岁、女年满 60 周岁的县级以上优秀传承人,每年每人发放生活补贴 1000 元。从2010 年起,为县级以上传承人每人订市级党报一份。

4. 联系优秀民间文化传承人。县委、县政府从 2006 年起建立县级领导联系文化人和优秀民间文化传承人工作制度,县级领导联系优秀民间文化传承人,每个副县级以上领导联系 2 名以上的优秀民间文化传承人,并由县委组织部建立联系反馈卡,把这一措施作为县委考察和考核领导干部的一项重要内容。

2006 年县级领导联系民族民间文化人才名单

王新祝:刘光容	长阳民族文化建设功臣,县民族文化研究会会长,县委退休干部
田家佑	宜昌市优秀民间艺人(撒叶儿嗬、南曲),资丘镇资丘村农民
马尚云:覃发池	长阳民族文化建设功臣,中国舞蹈家协会会员,省舞蹈家协会副主席,县文体局退休干部
王明俊	宜昌市优秀民间艺人(山歌),榔坪镇沙地村农民
李作春:龚发达	长阳民族文化建设功臣,省作家协会、民间文艺家协会、曲艺家协会会员,县文体局退休干部
覃培养	宜昌市优秀民间艺人(花鼓子、戏曲),渔峡口镇枝柘坪村农民
张　毅:肖国松	长阳民族文化建设功臣,中国民间文艺家协会会员,省作家协会会员,县文化馆退休干部
孙家香(女)	中国民间文艺家协会会员,湖北省土家族女故事家,宜昌市优秀民间艺人
韩定荣:刘勋一	长阳民族文化建设功臣,中国音乐家协会会员,国家二级作曲家,县文艺创作室退休干部
王道本	长阳优秀民间艺人(吹打乐、薅草锣鼓),贺家坪镇贺家坪村农民
杨明寿:杨发兴	长阳民族文化建设功臣,中国诗词协会会员,县人大退休干部
覃好群	长阳优秀民间艺人(南曲、撒叶儿嗬),资丘镇柿贝村农民

续表

李世金:刘志敏	长阳优秀文化工作者,湖北省摄影家协会会员,县文联副主席
田科广	长阳优秀民间艺人(南曲、吹打乐),资丘镇泉水湾村农民
田文大:杨小强	长阳优秀文化工作者,中国书法家协会会员,县文联副主席
杨世鹏	长阳优秀民间艺人(吹打乐),都镇湾镇龙潭坪村农民
吕学锋:陈金祥	长阳民族文化建设功臣,中国诗词协会会员,县志办退休干部
陈本栋	长阳优秀民间艺人(吹打乐),都镇湾镇十五溪村农民
黄传喜:田玉成	全国优秀文化工作者,省民间艺术家协会会员,县文联副主席,资丘民族文化馆馆长
田卜栋	长阳优秀民间艺人(南曲),资丘镇五房岭村农民
王功平:陈孝荣	长阳优秀文化工作者,省作家协会会员,县文联副主席
李银林	宜昌市优秀民间艺人(山水画),鸭子口乡刘坪村农民
熊显耀:刘小平	长阳优秀文化工作者,中国作家协会会员,文联副主席
田一彦	宜昌市优秀民间艺人(南曲),资丘镇柿贝村农民
许水铭:覃万勤	长阳优秀文化工作者,省曲艺家协会会员,县文体局副局长
龚同浩	长阳优秀民间艺人(彩莲船),龙舟坪镇津洋口村农民
李伦华:何凤玲(女)	长阳优秀文化工作者,省音乐家协会会员,县歌舞剧团声乐演员
李德翠(女)	长阳优秀民间艺人(山歌),榔坪镇秀峰桥村农民
王平昌:陈哈林	省作家协会会员,县文联副主席
覃远新	宜昌市优秀民间艺人(南曲、撒叶儿嗬),资丘镇淋湘溪村农民
胡士国:徐广武	长阳民族文化建设功臣,省戏剧家协会会员,县文艺创作室退休干部
杜家法:覃培吉(女)	宜昌市优秀民间艺人(民歌),榔坪镇乐园村农民
聂德媛:金兰桥	长阳优秀民间艺人(薅草锣鼓),贺家坪镇紫台山村农民
向贤海:田科菊(女)	长阳民族文化建设功臣,县歌舞剧团退休干部
张武先:汪达武	长阳优秀民间艺人(撒叶儿嗬),榔坪镇八角庙村农民
向松林:刘明春	长阳民族文化建设功臣,省曲艺家协会会员,县创作室退休干部
余志鹏:王丹	宜昌市优秀文化工作者,省音乐家协会会员,县歌舞团团长
王怀炳:赵家文	长阳优秀民间艺人(山歌),高家堰镇界岭村农民

续表

李云达:马协菊(女)	宜昌市优秀民间艺人(山歌),椰坪镇乐园村农民
冯晓东:曹令兰	长阳优秀民间艺人(民间吹打乐),火烧坪乡虎颈口村农民
张玉国:汪安全	长阳优秀文化工作者,省音乐家协会会员,歌舞剧团国家二级作曲家
田科举:秦明汉	长阳优秀民间艺人(民歌、谚语),椰坪镇椰坪村农民
陈生俊:张言科	宜昌市优秀民间艺人(撒叶儿嗬、南曲),资丘镇资丘村农民
李德胜:张典维	长阳优秀文化工作者,省书法家协会会员,县博物馆干部
赵久芹:覃春波(女)	中国首届南北民歌擂台赛最佳风格奖获得者,椰坪镇沙地村农民

2008 年县直文体单位联系民间文化优秀传承人情况表

序号	联系单位	联系对象基本情况				
		姓名	性别	年龄	学历	现居住地址
1	县文体局	覃自友	男	66	小学	渔峡口镇双龙村
2		覃好宽	男	62	初中	渔峡口镇双龙村
3		李德翠	女	55	小学	椰坪镇秀峰桥村
4		高束全	男	70	小学	贺家坪镇龙王冲村
5		唐永菊	女	61	小学	椰坪镇八角庙村
6		秦明汉	男	70	小学	椰坪镇槐树坪村
7		孙家香	女	89		县福利院
8		赵家文	男	79	小学	高家堰镇界岭村
9		田一彦	男	70	小学	资丘镇柿贝村
10		杨运实	男	82	小学	高家堰镇高家堰村
11		杨世鹄	男	58	小学	都镇湾镇立志坪村
12		刘泽刚	男	70	小学	都镇湾镇十五溪村
13	县文联	李国新	男	74		都镇湾镇十五溪村
14		李银林	男	70	中专	鸭子口乡刘坪村
15		向宗皎	男	63	初中	资丘镇杨家桥村
16		金兰桥	男	82	初中	贺家坪镇紫台山村

续表

序号	联系单位	联系对象基本情况				
		姓名	性别	年龄	学历	现居住地址
17		龚同浩	男	65	小学	龙舟坪镇津洋口村
18		田卜栋	男	78	小学	资丘镇五房岭村
19	县歌舞剧团	田科广	男	56	小学	资丘镇泉水湾村
20		汪达武	男	75	小学	榔坪镇八角庙村
21		覃培吉	女	76	小学	榔坪镇乐园村
22		曹令兰	男	59	小学	火烧坪乡虎颈口村
23		覃培养	男	64	初中	渔峡口镇枝柘坪村
24		尹国菊	女	72		榔坪镇沙地村
25	县文化馆	汪达升	男	70	小学	榔坪镇八角庙村
26		秦道菊	女	58	小学	榔坪镇八角庙村
27		马协菊	女	52	小学	榔坪镇乐园村
28	资丘民族文化馆	覃守胜	男	75	初中	资丘镇水连村
29		田继生	男	70	小学	资丘镇资丘村
30		覃远新	男	40	高中	资丘镇淋湘溪村
31	县博物馆	覃好群	男	60	初中	资丘镇柿贝村
32		杨世鹏	男	66	小学	都镇湾镇龙潭坪
33		陈本栋	男	68	初中	都镇湾镇十五溪村
34	县保护中心	张言科	男	60	小学	资丘镇资丘村
35		田家佑	男	67	小学	资丘镇资丘村
36		王道本	男	65	初中	贺家坪镇贺家坪村
37	县图书馆	覃春波	女	38	初中	榔坪镇沙地村
38		王明俊	男	50	高中	榔坪镇沙地村

三、开展社会教育传承

长阳县在民族文化建设上,注重强化和发挥民族文化事业单位的功能作用,坚持以县民族民间传统文化保护中心为龙头,以县艺术团体和文化馆为纽带,以社区、乡镇综合文化站、村文化活动室为辐射点,多层次、全方位推进民族文化的繁荣。

1. 举办文化节庆活动和民间艺术比赛。一方面,由政府牵头,举办各类有规律性的文化节庆活动。长阳县从 1990 年开始,坚持每 5 年举办一届全县农村文艺会演,每 3 年举办一届全县中小学生文艺会演,每 2 年举办一届全县"夷水乡音"歌手大奖赛,每年举办一届全县书画美术大赛。各乡镇从 1973 年开始,每年举办一届乡镇文化节,目前各乡镇已举办乡镇文化节 180 多届次。其中,资丘镇已连续举办了 34 届乡镇文化节是全县坚持最久的乡镇。通过这些群众文化活动,不仅大大丰富了广大人民的文化生活和精神需求,而且对民族民间传统文化的保护、传承和创新有着不可估量的作用。另一方面,通过各种形式,举办民间艺术比赛。一是举办土家族撒叶儿嗬大赛。为了弘扬土家族撒叶儿嗬这一优秀民间艺术,2004 年在资丘镇举办了首届土家族撒叶儿嗬大赛。来自湖北长阳、五峰、巴东及四川、重庆等省、市兄弟县共 18 支代表队、300 多人参加了比赛。这次大赛的成功举办,把撒叶儿嗬这一土家民间祭祀歌舞正式搬上了群众文化舞台。二是举办长阳南曲、土家山歌民间艺人师徒大赛。2005 年在资丘举办了全县"长阳南曲"、"长阳山歌"师徒大赛,来自全县的 170 多名山歌、南曲艺人参加了比赛,其中年龄最大的 88 岁,最小的 10 岁,有的夫妻同台演出,有的爷孙上场比赛,场面隆重热烈。通过比赛,有 20 多名师徒分别获得了"带徒传艺奖"和"学艺有成奖"。三是举办土家歌王擂台赛,通过比赛,在全县选出了 10 名"土家歌王"和 10 名土家优秀歌手。

2. 宣传推广。一是举办全县性大规模的民间艺术展示活动。在自治县成立 20 周年之际,全县各个乡镇及县民俗文化村 330 多名民间艺人,演出了《土家吹打乐》、《长阳山歌》、《长阳南曲》、《撒叶儿嗬》、《薅草锣鼓》、《花鼓子》、《毛古斯》、《肉连响》及《长阳巴山舞》等优秀民间艺术节目,受到了广大群众广泛赞誉,将土家优秀民族民间传统文化做了一次规模宏大、影响深远的展示,引起了社会各界的高度关注。二是组织民间文艺队伍参赛。近几年来,先后 5 次组织民间文艺队伍参加宜昌市举办的民间艺术大赛,其中,长阳山歌、长阳南曲、撒叶儿嗬、薅草锣鼓、花鼓子等优秀民间艺术在大赛中多次获奖。三是组织大型民间文化宣传推广活动。2005 年县人民政府在武汉举办了"武汉土家文化周"大型宣传活动,让土家原生态文化走进了都市、走进了高校,走出了一条民族民间传统文化传承与发展的新路,受到了省委、县政府及各界人士的充分肯定。四是充分利用高层次媒体和活动推介土家文化。2007 年 10

月,中央电视台《新视听》特别节目"山歌好比清江水"大型歌会在长阳县举办,组织县民间艺人70多人登台表演了原生态的山歌、薅草锣鼓和土家族撒叶儿嗬,并在中央电视台文艺频道多次播放。以此宣传和推广县民族民间文化。在2007年八艺节群众文化系列展演活动之中,长阳县在宜昌市举办了非物质文化遗产保护成果展,展厅面积280平方米,展览运用实物、照片、文字、投影和民间艺人现场展演等手段,以其具有浓厚文化底蕴的土家族撒叶儿嗬、山歌、南曲、民间故事、吹打乐、薅草锣鼓、土家织锦、西兰卡普等,让观众流连忘返,特别是民间艺人展演的原生态民间文艺更让中外观众大饱眼福。五是利用现代媒体保护传承民间文化。从2007年初开始,我县在县电视台开辟了"长阳故事"和"清江美文"两个文化专题栏目,请民间艺人通过电视为广大市民传播民间文化(每周为市民讲12个故事),开辟了一个传承的新天地。

3. 专业和业余文艺团体艺术生产活跃。"十五"规划以来,长阳县专业、业余文艺剧团在各级党委和政府的重视与支持下,长期坚持不懈地进行艺术创作,不断打造民族艺术精品,不断推出具有时代特征和民族特色的艺术表演形式,常年活跃在城乡文化舞台上,为繁荣和弘扬民族文化艺术,起到了主力军的作用。县歌舞剧团始终坚持"二为"方向和"双百"方针,以弘扬民族优秀文化为己任,以出人才、出作品为目标,曾先后3次带着具有浓郁泥土芳香的土家歌舞进京演出。近些年来,剧团创作的节目在全国、省、市各级文艺调演和比赛中获奖100余项。其中大型土家婚俗舞蹈《土里巴人》获1999年国家文华大奖、中宣部"五个一"工程奖、湖北省屈原文学创作表演金奖;长阳南曲《昭君别乡》、《咏梅》、《巴山女》、《白胡子唱老》分别获全国少数民族曲艺展演创作、表演金奖;大型歌舞剧《梦幻土家》受到中外观众的好评。毕兹卡民俗文化村艺术团从1994年创建至今共演出6000余场,先后接待了50多个国家的友好人士和来自全国各地的大量游客;1995年应邀赴中国香港演出"一炮打响、载誉归来",近千名民间文化爱好者在这里培训后,走向旅游景区从事演艺、导游工作,进入中小学校开展民间文化教学;创编的广场舞蹈"巴山舞"、"土家族撒叶儿嗬"分别获文化部第十届、第十四届群星奖金奖;农民兄弟创作的《花冬冬的姐》在全国青年歌手大奖赛中获奖,并唱响中央电视台和世博会舞台。

4. 文献静态传承。长阳县通过多年对"非遗"资源的田野调查和资料整理,基本掌握了长阳县民间文学、民间美术、民间音乐、民间舞蹈、岁时节令、民间信仰、人生礼俗、民间杂技、曲艺、传统体育等各种非物质文化遗产的形态、蕴藏、作品类别、分布、传承方式以及重点传承人的基本情况。同时,在普查的过程中,对非物质文化遗产的重要器物,如民族服饰、民族乐器、生产工具、生活用具等收集达 500 多件。文献是非物质文化遗产的"第二生命",为了全面、真实、完整地传承"非遗",长阳县采取了积极措施。首先,建立非物质文化遗产名录。自国家实行非物质文化遗产分级保护,建立各级非物质文化遗产名录体系以来,长阳县文化部门进行了坚持不懈的"申遗"工作,截至目前,有县级非物质文化遗产名录 29 项,市级名录 11 项,省级名录 8 项,国家级名录 4 项。国家、省级非物质文化遗产项目都根据实际情况制定了保护计划并逐步得到实施。其次,建立民族民间文化资源数据库。在财力比较紧张的情况下,长阳县投资 50 多万元添置了资源数据库设备,将全县民间艺人资料和优秀民间艺术原始素材通过现代技术手段,制作成视频、音频、图片及文字等资料,建立民族民间文化资源信息库。此外、整理出版民族文化丛书传承后世。长阳县先后搜集整理出版了 150 多种、计 1000 多万字的两套巴土文化系列丛书。目前出版了《土家源》《长阳南曲》《土家风情》《土家俗谚》《长阳竹枝词》、《土家民间故事》《巴人源流研究》《土家族撒叶儿嗬》《廪君传说》等一批土家族历史文化的佳作。这些丛书的出版,可以将长阳县相关非物质文化遗产通过文字的形式传承后世。

5. 活态传承。长阳县绝大部分"非遗"资源在土家族聚居地区的边远乡镇、村落流传。作为民间文化的载体,村落对传统文化的保护和传承至关重要,没有这些文化载体,就谈不上对传统文化的保护和传承。村落文化的保护和传承对弘扬地域特色的传统文化,提高地方的竞争能力,促进当地经济和社会发展具有不可替代的积极作用。村落是传承民族文化的基础平台,它不仅是本土文化传承的根基,而且很多本土文化人才都是从村落里成长和培养出来的,如长阳山歌手王爱民、王爱华,国家级非物质文化遗产代表性项目传承人覃自友、张言科,国家民间文化杰出传承人孙家香等。基于以上原因,长阳县将民族民间传统文化保护工作纳入国民经济和社会发展规划,并率先提出了在农村建立"民族民间传统文化生态保护区"。县政府组织工作专班编制了《长阳土家族传统文化生态保护区总体规划》,规划通过实施传统文化生态保护,到 2015 年左右使长阳土家族传统文化濒危品种和主要特色品种得到有效保护,长阳县在编制《长阳土家族自治县"土家源"文化工程项目规划》中,也将文化生态保护区的建设作为一项重点项目进行了详细规划。初步建立起比较完善的传统文化活态保护制度和保护体系,在全社会形成自觉保护传统文化的意识,实现传统文化生态保护工作的科学化、规范化、网络化、法制化。从2002年开始,资丘、榔坪两个乡镇率先建立了以保护"长阳南曲"、"撒叶儿嗬"、"长阳山歌"等重要传统民间文化为主要内容的"土家族传统文化生态保护区"。2010年7月,长阳县政府根据传统文化各类分布特点,在全县先后建立了7个文化生态保护区,分别为"长阳南曲"保护区、"土家撒叶儿嗬保护区"、"长阳山歌"保护区、"长阳花鼓子"、"民间故事"保护区、"民间吹打乐"保护区、"薅草锣鼓"保护区。这些保护区有的以自然村为范围,有的以大的村落为范围,如资丘镇的资丘、柿贝、杨家桥等村为长阳南曲生态保护区,榔坪乐园为山歌、撒叶儿嗬生态保护区。其中都镇湾、资丘以乡镇为单位文化生态保护区,其他乡镇的17个行政村以村为单位文化生态保护区。文化生态保护区的建立,使多种民族民间传统文化形式、自然景观、建筑、不可移动文物、传统风俗等具有特定价值和意义的文化因素,在适宜其生存的村寨、社区和环境中得以保持原状,使其成为活文化。同时政府制定了民族民间文化传承奖励政策,建立传艺奖励基金,设立"老艺人带徒传艺奖"、"青年人学艺有成奖",举办跨地区的、多种类的"民间艺术师徒大赛",开展民间艺术大师选拔活动,给优秀民间艺人评职称。长阳县政府通过文化生态保护区的建设,为非物质文化遗产的传承提供了文化"生态场",做到了以人为本、活态传承,实现了整体性保护,坚持了文化的原真性。

6. 建立传承基地。首先,加强文化基础设施建设。长阳现有乡镇综合文化站11个,民族文艺团体1个,民族文化馆和文化馆各1个;民族体育馆1个,建筑面积5248平方米;公共图书馆1个,馆舍面积2500平方米,馆藏图书8万册;民族博物馆1个,馆舍面积2200平方米,馆藏文物6000余件;清江画院1个,馆舍200平方米,馆藏西兰卡普等各类艺术品200余件;民族影剧院1个;农家书屋70个;社区文化活动室4个;广播电台1个,电视台1个;民族文化广场1个,毕兹卡民族文化村1个。改革开放以来,各级党委、政府高度重视民族文化工作,切实加大投入,不断加强民族文化基础设施建设,使一部分破旧落后的民族文化设施以较高水准展现在世人面前。占地1万平方米,投资一千余万元的民族体育馆,不仅功能齐全,而且是县城标志性的文化建筑。县图书馆投资近3百多万元进行维修改造,其内部设施已达到国家二级图书馆标准;投资近2000万元、占地面积8000平方米的民族文化广场,已成为人们休闲、娱乐、健身的重要场所。投资数十万元对毕兹卡民族文化村进行改造维修,其环境、建筑和演出受到中外游客好评。近几年,投资数百万元对各乡镇综合文化站进行维修改造和新建,致使全县初步形成了县、乡镇、社区、村都有文化活动室的民族文化工作网络。其次,建立非物质文化遗产传承基地和传习所。几十年以来,对土家族传统体育项目进行挖掘整理,结果发现,土家族传统体育项目种类繁多、数量丰富、文化底蕴丰厚,具有竞技性、娱乐性、健身性、传承性、祭祀性、表演性、群体性、简易性等特点,是土家族人民娱乐、健身和发展生产的重要手段,有着广泛的发展前景和群众基础。正是因为如此,2005年4月,省民宗局、省体育局联合在长阳职教中心挂牌少教民族体育培训基地,并以此为依托,辐射到全县中小学。2008年,县民宗局、县文体局、县教育局联合在磨市中学、大堰中学、高家岭小学、鸭子口牛坪小学挂牌设立少数民族传统体育与竞技培训基地。几年来,土家族传统体育与竞技项目,如武术、踢毽子、抵杠、毽球、陀骡、蹴球、板鞋、高跷等,得到了传承、普及。在《鄂西生态文化旅游圈长阳"土家源"文化工程项目规划报告》中,对非物质文化传习所进行了规划,拟在都镇湾、榔坪、渔峡口、贺家坪、资丘等乡镇和毕兹卡民俗文化村建立传习所。传习所是隶属县文化体育局管理的财政全额预算的事业单位,内部包括非物质文化遗产展示区、活动区、传承培训区、藏品保管区、管理研究所等功能区域。传习所以传承人为主体,为传承人提供稳定的场所、必要的设备器材。传习所主要充分利用节假日、传统节日,开展适合公众参与的文化活动;充分发挥基础文化设施在保护、传承、展示、宣传民族文化等方面的积极作用,使传习所成为"民族文化之家"、"民间艺人之家"。

7. 学术研究传承。近几年来,长阳县加大了与高校联合研究民族民间文化的力度,先后有华中师范大学、中南民族大学、武汉音乐学院、长江大学艺术学院、三峡大学等高校在长阳县建立了民族民间传统文化教学实践基地。并与长阳县联合举办了一系列颇具影响力的研究活动。从2004年起,长阳县与华中师范大学联合进行"湖北长阳土家族民间文化保护实践研究"的项目研究,此项目分别于2004年和2006年被列入国家社科基金重点项目。2007年7月,长阳县和华中师范大学联合举办了非物质文化遗产国际学术研讨会,来自美国、日本、韩国等国家及中国台湾等地区的80多位专家学者参加了会议。2008年4月,由宜昌市委宣传部、三峡大学、宜昌市文化局和长阳土家族自治县政府联合主办的"首届长阳南曲学术研讨会"取得圆满成功。省委常委、宣传部长给研讨会发来了贺电。2008年7月中旬,华中师范大学文学院、华中师范大学非物质文化遗产研究中心与长阳县联合举办"湖北长阳土家族民间文化保护实践研究"课题学术研究会。几年来,通过召开学术研讨会,出版学术专著,运用与文化遗产学相关的理论方法,以多学科分工协作的方式,从不同侧面对长阳县 20 多年以来民族文化保护实践展开了历史研究和现状调查,为今后民族文化的保护指出了很多行之有效的途径。

四、推广学校教育传承

自国家实施对非物质文化遗产保护和 2006 年 6 月《长阳土家族自治县民族民间传统文化保护条例》(以下简称《保护条例》)实施以来,长阳县的民族民间文化保护工作受到了前所未有的重视,全县中小学按照《保护条例》的规定和县人民政府关于贯彻执行《保护条例》实施意见的精神,纷纷把本地优秀的民族民间文化作为中小学的文化活动项目引进校园或作为教学内容引进课堂教学,这些举措既丰富了中小学校的教学内容,又为民间文化的保护传承开辟了新途径。截至 2012 年年底,长阳县有小学 425 所,其中寄宿制小学 156 所、教学点 172 个,教学班 1159 个,学生 34017 名,教师 1942 名。全县有初中 31 所,463 个教学班,在校学生 25802 人,教职工 1833 名。截至 2013 年 4 月,长阳县列入国家级非物质文化遗产保护名录 4 个,省级 9 个,市级 11 个,县级 31 个;县级民间传统文化传承基地 2 个,都镇湾、资丘两个镇为市级非物质文化遗产保护之乡。

长阳不仅是全省非物质文化遗产保护名录最多的县,而且是全省非物质文化遗产保护的重点地区,也是全省开展"民间文化进校园、民间艺人上讲台"传承工作最早的地区。

1. 成立活动领导小组。2006 年 6 月《长阳土家族自治县民族民间传统文化保护条例》颁布实施后,县民宗局、县教育局、县文化局成立了民族文化进校园活动领导小组,联合下发了长阳县开展民族文化进校园实施方案,各级中小学也相应成立了领导小组、制定了实施方案。

2. 开展示范活动和传承基地建设。2007 年以来,县民宗局、县教育局、县文体局联合,先后在乐园秀峰桥小学、县职教中心等学校组织开展了民间文化进校园示范活动。2013 年,县民宗局、县教育局、县文体局按照省民宗委的安排部署,将都镇湾镇小学、县职教中心申报为省首批民间文化进校园传承基地,每年给予部分经费予以重点支持。

3. 编写校本教材。2012 年,都镇湾镇小学根据学生年龄、年级的不同,编写了一套 6 册的民间故事校本教材,由县文化部门解决 2 万元的印刷经费。乐园各学校均把长阳山歌作为重点传授项目。都镇湾镇各中小学把民间故事的传承纳入教学议程。渔峡口镇双龙、县实验小学、龙舟坪镇花坪小学等,编写了民间文化地方教材,在传承优秀传统文化方面取得了可观成效。

4.因地制宜、因校制宜开展教学。长阳县民族民间文化形式多样、丰富多彩,因地域不同而各具特色,如资丘区域以长阳南曲、撒叶儿嗬为民族民间优秀文化,榔坪区域则以山歌等为民族民间优秀文化。各地在开展民族民间文化进校园活动中,既注重县域优秀民族民间文化的传承,又侧重当地特色民族民间文化的传承,初步具备了"一校一特色"的民族民间文化传承模式。例如资丘镇在要求各中小学生要学跳土家族撒叶儿嗬的同时,还要求在校学生都要会弹唱长阳南曲 3 至 5 首;榔坪镇各学校均把长阳山歌作为重点传授项目。开展民族民间文化进课堂以来,少年儿童能在校园里感受本民族的文化,能在课堂上学习本民族的文化,极大地增强了青少年儿童对本土文化的认知认同感并自觉学习,促进了少数民族少年儿童学生的全面发展,弘扬了民族文化,增强了民族的自尊心、自信心、自豪感,增进了民族团结。各中小学在把民间音乐、民间文学等引入校园的同时,还将具有一定观赏价值的民间竞赛项目和儿童游戏活动引入体育课和课外活动之中,如打陀螺、骑高脚马等。这些传统的体育项目,既有较高的娱乐观赏价值,又是非常独特的健身运动,学生在进行这些体育运动的同时,不仅增强了自身体质,促进了健康,而且也使一些传统的、优秀的、濒危的民间体育项目得到保护和弘扬。

5.开展竞赛活动,引入激励机制。2009 年 10 月,举办了首届全县中小学生民族传统体育项目比赛,比赛设有竹竿舞、打陀螺、三人板鞋、高跷竞速、蹴球 5 个项目,共有 17 个代表队参赛。鸭子口乡刘坪小学、磨市镇高家岭小学、大堰乡中心学校、都镇湾中心学校等学校也立足实际,办出了各自的特色。为检验民族传统体育进校园情况,2012 年 10 月,在全县第九届中小学生运动会项目设置上安排了三人板鞋、高跷竞速、翘旱船等三个民族传统体育项目。到目前为止,民族传统体育项目成为各学校体育课的重要内容,很多学校的学生均会跳长阳巴山舞、会唱 3 至 5 首山歌。据不完全统计,资丘镇中小学中会弹唱长阳南曲的学生达 60 余人,会跳撒叶儿嗬的达 200 多人,乐园秀峰桥学校会喊山歌的有 40 多人。高家堰镇小学的学生参与成人打薅草锣鼓。通过开展民族文化进校园活动,培养了学生的综合素质,传承了民族文化,活动取得了可喜成绩。2009年10月,在"宜昌市第八届青少年科技节大赛"中,我县共有44件作品获奖,其中14件作品获一等奖。2010年我县代表宜昌市组队参加了湖北省第二届中小学"大家唱、大家跳"艺术教育集中展演,获优秀组织奖,津洋口小学的校园集体舞获二等奖、合唱获三等奖。在2011年全省中职学生技能大赛中,长阳参赛选手毛南会荣获金牌。2010年11月组队代表宜昌参加第十二届省运会蹴球、陀螺项目比赛,获得女子陀螺团体冠军、女子单打第二、男子团体第三和蹴球男单第二、第三名;2011年10月代表省参加全国第九届民运会男子高跷竞速、高跷竞速4×100米和蹴球比赛,获得男子高跷竞速100米、200米项目两个第一,男子双蹴第一,高跷竞速4×100米第二,男女混合双蹴第三,为省赢得了荣誉。2010年6月,县组织技能实作演示项目"西兰卡普编织"和学生部分书画作品参加了由国家民委、国家教育部组织的全国民族地区职业院校教育成果展演活动,"西兰卡普编织"获民族地区技能展演一等奖,两件书画作品分别获得一等奖和二等奖。

6. 聘请民间文化传承人为兼职教师。早在20世纪70年代中期,榔坪镇乐园在县文化部门指导下,在中小学开始进行民间优秀文化进课堂的实验,把山歌引入小学课堂,采用"旧瓶装新酒"的办法,即用原始的山歌唱腔,填上新词,由当地农民歌手在讲台上教唱。与此同时,县文化馆、歌舞团、县文艺创作室新创作多首山歌,如《开创世界我工农》、《丰收调》、《多种经济一束花》、《一股清泉水》等,由专业人员在课堂、在田头为学生、农民教唱。80年代以来,资丘文化站将长阳南曲纳入小学音乐课教程。90年代以后,县域多名国家级、省级、市级和县级民间文化传承人被多所中小学聘为兼职教师。国家级非物质文化遗产代表性项目传承人张言科,通过多年在学校教学实践,编写了《撒叶儿嗬传承教材》,省级传承人覃远新、覃好群、刘为芬、马学菊等,根据各自代表性项目,在学校传授长阳南曲、长阳山歌、长阳花鼓子、民间故事等。尤其是都镇湾镇小学,定期把民间艺人请到学校传授民间故事,举办故事擂台赛,走访艺人家庭,学生与艺人建立了师徒关系。多年来,民间文化进校园(课堂)、民间艺人上讲台的传承工作取得了一定的成效,做到了学校满意、家长支持、学生愿学、社会认可。

7. 培训教师。县教育局、县文体局每年都要组织中小学音乐、体育教师集中到县文化馆和省少数民族体统体育训练基地——县职教中心培训,请专业老师授课辅导。县民族民间传统文化保护中心鼓励支持优秀民间艺人走进教室上讲台,向学生传授技艺,在一定程度上不仅丰富了教师队伍的民族文化素养,更重要的是让先辈创造的优秀传统文化在少年儿童的脑海里打下烙印。

长阳县榔坪镇乐园中学、榔坪镇秀峰桥小学 2007 年民间文化进校园案例

一、秀峰桥小学乐园山歌校本课程

(一)成立校本课程《乐园山歌》开发及教学领导小组

1.艺术顾问

黄传凤	长阳县文化馆
张昌勤	长阳县民族宗教事务局
覃万富	榔坪镇文化站退休干部
马协菊	榔坪镇乐园村三组农民,山歌手,土家歌王,宜昌市民间艺人
秦道菊	榔坪镇八角庙村二组农民,山歌手,土家歌王

赞助单位:

长阳县文化局

长阳县教育局

长阳县民族宗教事务局

榔坪镇人民政府

2.开发与管理领导小组

组长:黄传锋(榔坪镇乐园中学校长)

副组长:刘勋(榔坪镇乐园中学副校长)

成员:刘德菊、李池平、雷明建(学校班子成员)

3.学校课程实施领导小组

组长:刘德菊(学校教导主任)

副组长:覃洪琴(学校课程四年级实施牵头人)

成员:全体教师

4.学校课程评审委员会成员

黄传锋、刘勋、刘德菊

5.学校课程开发与管理顾问委员会

高正绪、翟生明、田英、邓劲松、秦海平、覃春宝

6.《乐园山歌》学校课程教材编写委员会

主编:黄传锋

副主编:刘勋、刘德菊

编委:李池平、秦世军、秦满珍、雷明建、覃洪琴

7.《乐园山歌》传唱

张小燕　刘德菊　覃洪琴　李红彩

土家歌王和山歌手(乐园民间艺人)

(二)开发乐园山歌课程资源

乐园山歌收集表

歌　　名	
收集者姓名	
来源于何人何地	
收集方式	
收集时间	
曲谱及歌词	
句　　式	
曲　　牌	
演唱形式	
艺术风格	
其　　他	

填表说明:

1.前五项由学生通过采访老艺人、山歌手,搜集资料后填写,可以小组合作完成。2.后五项可以由教师、山歌手、老艺人、学生共同来完成。3.搜集时间:每周星期六、日或专用时间。4.整理时间:校本课程时间及课外时间。5.交流时间:由教师据收集情况再定。

(三)制定校本课程乐园山歌开发纲要

乐园山歌以其声音高亢,独具特色而享誉海内外。"开遍山花叫山鸟,锣鼓处处唱山歌。"这种在田间地头边劳动边演唱的山歌,吸引了无数爱好者来欣赏、挖掘。乐园山歌作为乐园文化中的一朵奇葩,倍受乐园人民喜爱。

开发《乐园山歌》正是在学校本土文化的基础上开展的挖掘、收集、整理的一种本土文化,旨在继承、发扬和繁荣土家文化。

通过活动,调动师生的生活积累和学习积累,感受到知识的力量和生活的广阔,感悟到乐园山歌的优美、乐园文化的丰厚,让师生去体验、去思考、去锻炼、去收集、去整理。

总课题:乐园文化山歌

课程领导 顾问:翟生明

指导:刘昌菊

策划:黄传锋 刘勋 周爱华 张小燕 刘德菊

课程课时:16节,每周一节

开课形式:课内课外相结合,小组活动与班级活动相结合

课程特点:具有一定的固定内容,在收集中调查访问随机性较大,能让同学们去接触社会,了解我们的民族,为土家族有这样深厚的文化沃土而感到骄傲和自豪

主题一:山歌的成因(以收集山歌这种形式,让学生去调查、去访问民间老山歌手,了解山歌在历史中究竟是怎样起源的)

主题二:山歌的影响(人们唱山歌、喊山歌、边劳动边唱,它对当时、现代、当代有什么影响、起到了什么作用呢?)

主题三:山歌的文化底蕴(山歌是怎样演变而来,有哪些丰富的文化内涵,在文学史中山歌有哪些特点,等等)

主题四:山歌欣赏(以山歌演唱为背景,欣赏山歌在结构、内容上的特点)

主题五:山歌独唱(以音乐为主题,开展山歌教学)

主题六:山歌名人追踪(以参加县庆20周年四代同堂唱山歌,引导学生去调查、访问乐园民间山歌手、山歌会)

主题七:山歌的创作(以民间老歌手为背景,采访、调查山歌在民间的即兴创作,以及现代挖掘后创作的新山歌)

(四)实施"乐园山歌"课程教学

1.开设项目

主讲教师:

教学材料:新编、参考《长阳山歌》等相关资料及碟片

课程类型:人文素养类

授课时间:一学年

教学对象:1~6年级

2.具体内容

(1)课程目标

学生学会调查、访问、收集、整理,善于发现我们土家民族文化传统、并会观察、思考,能提出各种问题。学生融入生活、融入社会,调动学生进行学习积累和生活积累。引导学生关注社会生活中发生的各种现象,培养学生观察生活、洞察社会的能力,关注乐园山歌、享受乐园山歌的熏陶。学生初步形成创新意识,提高创新能力,有自己的发现创作成果。学生懂得乐园山歌的丰富内涵,主动去调查访问、收集、整理、传唱乐园山歌,同时学会查阅资料,留心身边发生的事件,并把乐园山歌应用于生活和学习之中。

(2)课程内容(详见附表)

(3)课程实施建议

在教学过程中,应以学生为主体,通过查资料、调查、交流等活动,调动学生的积极性,激发学生参与校本课程的各项活动,让学生摆脱传统观念的束缚,培养其善于观察、勇于探索、勇于创新的能力,进一步培养学生的科学素养。在教学中,可采取"全班加小组"的形式进行。在外出参观与学习时,希望学校能协助联系好参观对象及指导教师,并适当安排其他的教师协助。建议学校购置一定的教学材料,便于教师教学。建议家长主动配合教师,为学生提供方便与支持。

(4)课程评价

从教师角度:针对学校、学生实际,按照课程目标的要求,选择比较适当的课程资源,既能保证教学活动正常进行,又满足学生学习的需要。在教学活动中,能比较准确地把握课程的教学内容,融入学生中,参与学生的创新活动,共同探讨发现与创新的有关问题,从学生的创新意识中探寻到创造的火花。

从学生角度:能正确理解校本课程和其他课程的关系与区别,能树立正确的学习观,懂得创新能力的重要性。从三方面来定性评价学生,做到评价为学生的发展服务。

附件1　课程内容

主题	内　　　　　容	课时
山歌成因	1.调查、访问、并查阅相关资料、了解乐园山歌的成因。 2.收集、整理山歌成因，与查阅到的资料的差别。 3.小组探讨或家长协助分析自认为的成因结果。	
影响	1.调查、访问、弄清乐园山歌在人们生活、生产、社会活动中的影响。 2.现在,山歌的发展对我们有什么影响。 3.了解到香港演出、歌唱家付祖光对山歌的现代影响。	
文化底蕴	1.搜集相关资料、了解山歌的文化内涵。 2.与其他歌的区别。 3.了解山歌的结构特点。 4.对山歌知识作一个全方位的了解。	
欣赏	1.收集优秀山歌欣赏。 2.弄清山歌的特点。 4.把山歌与其他歌对照,感悟山歌的文化魅力。	
传唱	1.由欣赏导入。 2.在山歌手(聘请乐园民间山歌艺人以及张小燕、刘德菊老师)指导下进行教唱,弘扬这一民族文化,使学生感受到一个乐园人的光荣与自豪。	
名人追踪	1.以调查、访问乐园山歌手,山歌会为题。 2.了解山歌手的演唱历史。 3.了解山歌会的气势与磅礴。	
创作	1.在理论学习、欣赏的基础上进行。 2.让学生根据生活创作具有土家特色的乐园山歌。 3.并能讲一讲结构等相关知识的特点。	

附件 2　校本课程实施评价表

第　　课　　　　被评人姓名：　　　　　评价日期：

项目	优　良	良　好	合　格	不合格
安全				
情感				
成果				
总评				
简要说明	安全:有安全第一的意识,自觉遵守纪律,无安全隐患和安全事故。 情感:积极主动、创造性地从事相关活动,并在经历基础上表达自己切身感受,作出较强烈而又理性的反应。 成果:在组里发挥自己的长处,让小组人个性化的成果到全班交流。			

二、乐园文化校本课程

(一)制定校本课程《乐园文化》开发纲要

乐园文化以其独特的文化渊源、深厚的底蕴,让一代又一代乐园人感到自豪。乐园山歌扬名于世,曾在中国香港特别行政区演出,也产生了一大批乐园山歌名人,傅祖光从喊山歌出发,到湖北歌舞团,到美国留学;乐园跳丧舞,经过挖掘、整理,改编成土家巴山歌,风靡全国。

一方乐园文化,带起一门课程,整合多门学科,调动师生平时的生活积累,感受到知识的力量和生活的广阔。让师生到其中去体验、去思考、去锻炼、去成长、去发掘,去感受乐园文化丰厚的文化内涵。

总课程:乐园文化

课程领导	顾问:翟胜明　　指导:刘昌菊 策划:黄传锋　刘勋　周爱华
课程课时	16 节,每周 1 节
开课形式	课内课外相结合,小组活动与全班交流相结合
课程特点	具有一定的固定内容,但外出调查时具有很大的随机性,很能锻炼同学们的知识应用与灵活机智,并磨炼同学们的创造性

续表

开发内容	（本内容之中,各自确定开发重点）		
	一、乐园山歌	二、乐园民间故事	三、乐园谚语
	四、乐园歇后语	五、乐园礼仪	六、乐园跳丧
	七、乐园方言	八、乐园风俗	九、乐园对联
开发重点	乐园山歌		
开发目标	通过调查、访问,发掘乐园文化丰富的内涵,了解乐园文化的起源,它在乐园人生活中的影响,充分挖掘乐园文化的内容,以及它在社会生活中的表现形式等,凡与乐园文化相关的内容,通过挖掘、整理,形成校本教材		

（二）开发学校课程乐园文化资源

1.对联资源

尊敬的各位家长：

新一轮课程改革已在我校推广,恭贺您的孩子遇到这么良好的机遇。新一轮课程改革的最大变化是实行三级课程管理,其中学校课程给学校发展、学生发展创造了良好的机遇,为学生的自由发展提供了广阔的空间,给学生带来了前所未有的机会。学生社会实践活动增多,调查、访问,到农家、到大自然,动手做的机会越来越多,能力也越来越强。其间,学生年龄小,生活经验不足,利用休息时间去活动,还需要各位家长的积极配合,以增长学生能力,帮助学生调查、访问,引导学生去完成调查、访问。

今年,我们三年级学生的重点是搜集乐园文化中的乐园乡土对联。其中碑文对联、红事对联、白事对联、祝寿对联,都是我们搜集的对象。三年级同学年龄小,需要家长大力支持与配合,与学生一同完成好调查任务。

我们期待你们的共同合作。为了孩子成长。我们携手共进。

2004 年 10 月 22 日

学校课程乐园文化对联学生活动调查表

调查人姓名　　　　　合作伙伴　　　　　调查时间

项目	内容	含义	出处
碑文对联			
红事对联			
白事对联			
祝寿对联			

2.校本课程·乐园文化·乐园山歌资源

学生问卷调查表

乐园山歌高亢嘹亮,从20世纪60年代至今,享誉中外。为继承发扬乐园山歌,让这一土家民族文化瑰宝永远流传,希望就在我们身上,如今,我校正式把"乐园山歌"纳入校本课程开发,这需要大家的热情,需要你的参与。

A.姓名(　　　),性别(　　　),年龄(　　　),班级(　　　),

家庭住址(　　　　　　　　　　),家长姓名(　　　)。

B.你的兴趣爱好有(　　　　　　　)。

C.你是否喜爱音乐课(　　　　　)。

D.你喜欢下列哪类歌曲(　　　　)。

革命歌曲　儿童歌曲　流行歌曲　校园歌曲　民歌山歌

E.你知道哪些歌星或歌唱家(　　　　　　　)。

F.你最喜欢唱哪几首歌?

(　　　)、(　　　)……

G.你知道土家族有哪些文化传统?

H.你喜欢乐园民族文化中的哪些项目?

I.你的长辈及所住地的亲朋、百姓等会喊山歌、跳丧鼓、支客、吹唢呐、敲锣打鼓吗？请说出姓名及所会项目。

J.你在过去的学习中,已学会喊哪些山歌？

K.你想成为一个山歌手吗？你想参与乐园山歌这一校本课程的开发吗？

(三)实施乐园文化课程教学

1.一般项目

主讲教师:

教学材料:调查、访问、整理、新编、参考其他长阳文化方面已取得的土家文化资料。

课程类型:人文素养类

授课时间:

教学对象:

2.具体内容

(1)课程目标

学生学会考察,发现身边的文化,并会观察与思考,能提出各种问题。学生融入生活、融入社会,调动学生多进行学习积累和生活积累。引导同学们关注社会生活中的乐园文化,享受到乐园文化的熏陶。学生初步形成创新意识,提高创新的能力,有自己的发现创造成果。学生懂得乐园文化的丰富内涵,主动去调查访问、收集、整理乐园文化,查阅资料,留心身边的事,并把乐园文化应用于生活和学习之中。

(2)课程内容及结构(在本内容之中,各自确定开发重点)

内　　容	主　　题	结　　构
乐园山歌	山歌的成因 山歌的影响 山歌的文化底蕴 山歌欣赏 山歌传唱 山歌名人追踪 山歌的创作	起源 影响与发展 内容与区别 创作与演唱 山歌会与山歌手 结构与修辞

续表

内　　容	主　　题	结　　构
乐园民间故事	民间故事欣赏 民间故事演讲 民间故事名人	内容 创作 特点 分类
乐园谚语 乐园歇后语 乐园方言 乐园对联	欣赏 创作	内容 创作 特点 分类
乐园礼仪 乐园跳丧 乐园风俗	欣赏 表演	内容 创作与演变 特点 分类

（3）课程实施建议

在教学过程中，应以学生为主体，通过查资料、调查、交流等活动，调动学生的积极性，激发学生参与校本课程的各项活动，让学生摆脱传统观念的束缚，培养其善于观察、勇于探索、勇于创新的能力，进一步培养学生的科学素养。在教学中，可采取"全班加小组"的形式进行。在外出参观与学习时，希望学校能协助联系好参观对象及指导教师，并适当安排其他的教师协助。建议学校购置一定的教学材料，便于教师教学。建议家长主动配合教师，为学生提供方便与支持。

（4）课程评价

从教师角度：针对学校、学生实际，按照课程目标的要求，选择比较适当的课程资源，既能保证教学活动正常进行，又满足学生学习的需要。在教学活动中，能比较准确地把握课程的教学内容，融入学生中，参与学生的创新活动，共同探讨发现与创新的有关问题，从学生的创新意识中探寻到创造的火花。从学生角度：能正确理解校本课程和其他课程的关系与区别，能树立正确的学习观，懂得创新能力的重要性。从三方面来定性评价学生，做到评价为学生的发展服务。

校本课程实施评价表

第　　课		被评人姓名	评价日期	

项目	优　良	良　好	合　格	不合格
安全				
情感				
成果				
总评				
简要说明	安全:有安全第一的意识,自觉遵守纪律,无安全隐患和安全事故。 情感:积极主动、创造性地从事相关活动,并在经历基础上表达自己切身感受,作出较强烈而又理性的反应。 成果:在组里发挥自己的长处,让小组人个性化的成果到全班交流。			

三、开展校本课程开发总结

"枣子开化哟细萌萌,葛藤开花哟扯大棚,桃花李花乖又乖,荷花菊花香喷喷,我爱家乡的映山红……"当您走进青山绿水环绕的榔坪镇乐园中学、秀峰桥小学的校园,迎接您的是高亢、嘹亮、婉转、亲切的乐园山歌,自 1999 年"山歌进课堂——让乐园的下一代都会喊山歌"项目活动开展至今,近 3000 名乐园学子成为乐园山歌的继承人。

(一)"不让乐园山歌失传"

长阳山歌、长阳南曲、土家撒叶儿嗬并称"长阳三件宝"。山歌,流传于榔坪、资丘、渔峡口、火烧坪一带。乐园是名副其实的"山歌之乡",20 世纪 60 年代,不论男女老少,随口就能喊几句,那时的乐园是山歌的海洋,人人唱山歌、写山歌。创作乐园山歌有国家工作人员、文人、教师,也有农民。时任乐园宣传委员的秦尚丰,带头写山歌,他创作的《丰收调》、《开创世界我工农》,由土生土长的山里娃傅祖光唱到了北京,后被制成唱片传唱到日本等国家,而山里娃傅祖光因生于斯长于斯造就的一副山歌嗓子而成为享誉海内外的歌唱家。

随着时代的变化和市场经济的冲击,古老多姿的长阳民族民间文化充满了生机和活力,同时也充满了挑战和忧虑。长阳县文体局的一位负责人说,三大因素的介入,不能不引起我们对山歌的关注。一是由于年轻人纷纷外出打工,老中青传帮带后继无人;二是外来文化的冲击,西洋文化、流行音乐正渗透、取代着传统文化;三是山歌作为生产、生活的交流手段,缺乏了以歌为媒的交流环境。现在全县很多年轻人都不会唱,或者说根本不愿唱。"不让乐园山歌失传"成为长阳政府、文化部门领导人及热爱山歌人士的志愿。

1998年,时任县文化局局长专程到乐园,与乡政府、乐园中学、秀峰桥小学、文化站领导磋商,他提出了"让乐园的下一代都会喊山歌"项目,确立了由政府牵头、学校领导主抓、文化站站长为指导,县文化局、乡政府共同筹资的具体实施方案。落实教师,落实经费,落实时间。从1999年春至2001年,聘请了农民山歌手马协菊到校教唱山歌,由文化站站长覃万馥与马协菊老师共同确立歌词,在小学五、六年级7个班、初中一、二、三年级18个班每周开设一节山歌课,每人每学期学唱5首山歌。自此,"山歌进课堂"活动在乐园中小学正式开展。

2001年撤乡并镇后,榔坪镇党委高度重视山歌教学工作,继续与县文体局共同筹资,聘请土家歌手覃洪翠来校进行山歌教学。

2002年,长阳县委、县政府于2002年正式实施民族文化生态工程,乐园山歌作为非物质文化被列为"清江传统文化生态保护项目",并正式建立了乐园文化生态保护区,这为学校开展山歌教学提供了有力的人、财、物保障,先后有"土家歌王"马协菊、覃洪翠、李道翠、姜翠云、秦道菊、尹国菊到校教唱山歌,时任县文化局局长每年到校指导山歌教学工作;长阳文化馆黄传凤老师多次到校指导优秀"小山歌手"排练山歌;文化站站长长期坚持为山歌教学写词,进行技艺上的指导;2006年、2007年,县民族宗教事务局副局长两次来校指导,并支持经费5000元……可以说,山歌在其发祥地得到了政府、文化部门、学校空前的重视,"乐园山歌不失传"不仅成了现实,"山歌教学"也成了我校教育教学工作的最大特色和亮点。

(二)山歌开发魅力无穷

两校山歌教学与开发经历了"传唱—搜集整理—展示—再创造"的过程。

"传唱":

教唱主要指三个方面:一是直接请农村的老歌手来校直接面向学生教唱,教师协助,一般采用老师喊一句,学生学喊一句的方式,一句一句地学;二是学校音乐教师用录音机先录制"老歌手"演唱的山歌,然后再用录音机向学生传唱;三是请"山歌手"先教学校教师,2004 年,学校请秦道菊来校教老师们学习"穿号子""一声号""扬歌"等曲牌的山歌,让教师人人会喊 3 至 5 支山歌,同时培养了刘德菊、张小燕、覃洪琴、田纯柳等会喊、会教山歌的教学人员。"教唱"环节应达到三个目的:一是增强师生传承山歌的责任感和使命感,二是让师生了解山歌,增强作为一个乐园人的幸福感;三是为农民老歌手提供了一个传艺舞台,提升了他们的生命价值和人生乐趣。

"搜集整理":

2004 年新课程改革全面实施,我校抓住这一契机,于 2004 年 9 月在制定《学校课程开发指南》中把乐园山歌正式作为一门学校课程列入课表,自此,乐园山歌教学进入规范运作阶段。"搜集整理"是"山歌开发"的第一环节,主要包括搜集和整理两个阶段,由学校制定"乐园山歌搜集表",人手一份,内容包括:(1)访问民间山歌手,介绍其生平,听其喊山歌,搜集山歌歌词,了解山歌发展的历史,一方面是学生利用假期结伴到老山歌手家中访问,另一方面由学校请山歌手到校进行系统介绍。(2)山歌名人追踪,让学生通过访问,查阅资料等形式了解山歌会、山歌手、土家歌王、歌唱家。(3)搜集图片,通过上网浏览、查阅资料让学生了解山歌产生的环境、作用、场景、了解山歌发展的情况及在海内外的影响。这一环节主要在老师的指导下进行,目的是让学生体验山歌的背景,增强学唱和创作山歌的兴趣。"搜集"环节主要安排在 2004 年秋至 2005 年春。2006 年秋至 2007 年春,主要利用课堂对"原始资料"进行整理;在教师的引导下进行四个方面的整理:(1)歌词整理,分曲牌类别整理;(2)曲谱整理;(3)"山歌手""山歌名人"资料整理;(4)图片整理,根据整理让学生做笔记、写感受。在"搜集整理"环节,共组织了一次动员会、两次山歌手介绍现场会;共采访山歌手 17 人;共搜集一声子、两声子、三声子、四声子、五声子、九声子、茶调子、对声子、扬歌、双龙摆尾、杂号子、阳雀调、绣花调等山歌 186 首,初步整理出两本山歌资料集。

"展示":

2001 年湖北电视台在乐园拍摄"千人山歌",1200 余名中小学学生参加了现场拍摄,并于当年 7 月在湖北电视台播放。2002 年,秀峰桥小学编排的山歌《乐园山上一树花》参加全县中小学生文艺会演获优秀奖。每年六一节每班演出一个"山歌"节目，培养了一批优秀"小山歌手"。2003 年，武汉电视台来校采访，十余名"优秀山歌手"现场拍摄。2003 年，张小燕老师执教《山歌欣赏》在全县音乐优质课比赛中荣获二等奖。2004 年，秀峰桥小学 10 名学生参演"老少四代同堂喊山歌"，参加县庆 20 周年演出。2006 年，黄华、邓雪丽在全县第七届县学生文艺会演中演唱山歌《四川下来个重庆门》获二等奖。2007年，黄华、邓雪丽的山歌节目参加省黄鹤美育节展示会。2007 年，外国教授在采访"合作医疗之父"覃祥官途经我校现场教英语课过程中，学生蔡柳炯以一支《外面客来哒》赢得教授一行称赞。

通过展示，让学生充分感受到了"山歌"无穷的魅力和价值，喜爱乐园山歌的学生越来越多。

"再创造"：

再创造是建立在开发基础上的，近几年，学校教师通过组织学生对"山歌的成因""山歌的影响""山歌的文化底蕴""山歌欣赏""山歌结构、内容、修辞"等进行初步的认识、了解、分析、研究，基本对乐园山歌有了一定的理解，同时，在教师的引导下，通过改旧词填新词进行简单的创作，也产生了一部分较成功的作品。例：

家乡乐园（哟）真神奇，

合作医疗发呀发祥地，

山歌之乡（哟）喜事多，

番茄广椒皱皮木瓜哟，

我爱神奇的乐园歌。

（三）山歌创辉煌，任重而道远

山歌，是乐园的土特产，是土家文化的瑰宝，如何让乐园山歌成为精神文明建设中一束艳丽的鲜花，如何让土家儿女热爱山歌、学唱山歌、弘扬山歌，让山歌再创辉煌，任重而道远。

学校通过近些年的山歌教学实践，收获和体会较多，一是通过学校这块阵地，培养了近 3000 名能喊一部分山歌的青少年接班人；二是通过此活动活跃了校园，提升了学校的文化品位和学校特色，提高了学校的知名度；三是学校担当了传播的重任，使学生成为继承乡土文化的主阵地；四是在学校课程开发体系中，乐园山歌无疑是最具乐园特色、学校特色的课程，其开发的深度、广度、价值将是无穷无尽的。然而，其中也存在许多困惑和难以解决的问题。

一是"山歌"并不是一门简单的艺术,其曲牌类别繁多,不易区别掌握,其音高亢、婉转、弯弯多,与校园歌曲、儿童歌曲差别很大,不易学唱。农村的老山歌手大多也只能"喊一嗓子",不懂曲谱,曲谱资料也很有限,在我校,能记谱的教师非常有限。因此,山歌教学要想跳出"喊一遍"的局面,就必须有专业技术人员的深入指导,否则,喊是喊了,但真正懂山歌的却很少。

二是"山歌"这一民族文化生态项目的保护刻不容缓。农村的老歌手所剩无几,他们的歌,从词到音频、视频资料的搜集整理必须形成一个系统工程。而这一系统工程的完成,学校很难肩负重任。从现实的情况来看,缺资金、缺人员、缺设备、缺时间。2006年"土家歌王"预选赛在我校举行,来参赛的歌手不到20人,大部分已年逾古稀。这说明,山歌已成为一门急需"抢救"的艺术。

三是要加大展示、宣传山歌舞台搭建的力度。撤乡并镇后,乐园没有了"文化节",田间地头没有了劳作过程中的山歌对唱……因此,把"乐园山歌"当作一个品牌,当作一个旅游产业来开发,重现"劳动歌""风情歌""苦歌"等场景。让学校与社会携手共进,才能共同奏响"山歌"发展的时代最强音。

第二节 传承的问题和对策

一、传承存在的问题

1. 传承经费严重不足。长阳县文化事业单位虽然均是财政全额预算单位,实际上财政只保证人员工资和极少量的办公费用,即没有足够的经费组织文化传承活动。歌舞剧团因经费短缺,设备老化,创编受到制约,难以推出更多的舞台艺术精品。文化馆、非物质文化遗产保护中心等单位,因经费紧张,文化基础设施面积小、规模小、设施设备落后。

2. 民族文化传承网络体系薄弱。县原建立的11个乡镇文化站,在乡镇体制改革时,与乡镇广播站合并后,改名为文化广播服务中心,单位性质定为"民办非企业"单位,实际上就是无主管部门的社会中介组织。原有文化站的文化干部有的退休,有的转行,绝大部分站无文化专业干部,多数乡镇的民族文化传承处于被动局面。

3. 文化传承产业化程度低。民族文化产品具有市场运作的潜力，文化传承单位缺乏市场意识和产业化理念，在开拓文化市场上缺乏拼搏精神，对民族文化的"生产性保护"传承尚处于探索阶段，文化事业单位仍处于单一靠财政拨款维持生存的局面，因而自我发展能力不强，民族文化资源优势还没有真正转化为经济优势和产业优势。

4. 文化传承机构功能萎缩。一部分单位因缺乏经费不能正常开展文化服务。能够开展业务的机构，其服务数量和质量也无法满足人民群众的文化需求。同时，从事文化管理、创作、表演、研究的公共文化服务人才年龄老化，专业人才断层现象突出，特别是各个乡镇综合文化站的文化服务人才就更显得单薄。

5. 民族文化流失加剧。改革开放以来，一是市场因素和广播、电视、电影、互联网等现代传媒对产生于农耕时代的民族文化冲击很大，各种流行文化、都市文化不断进入土家山寨，致使民族传统文化生活结构和文化环境再度发生巨大变化，民族文化不断流失、萎缩和严重变异；二是民族文化后继乏人，面临失传；三是随着农村城镇化建设步伐的不断加快和农村体制改革，部分传统文化失去了生存环境。

6. 学校教育传承处于无序状态。首先，经费保障严重不足。学校作为传承民族民间文化的主要阵地，经费不足严重制约着民间文化进校园工作的开展。如何确保民族文化生态得到有效保护、弘扬、合理利用和可持续发展，是我们必须认真思考和亟待解决的问题。一是开展"民族文化进校园"的学校仅15个，其他学校还只停留在计划阶段；有的学校虽然制定了民族文化进课堂的工作计划，但由于经费得不到落实，工作未能得到开展。二是已经开展这项工作的中小学校，也有经费投入不足、来源不稳定的问题，如资丘镇资丘小学、渔峡口镇双古墓小学、榔坪镇秀峰桥小学等，都是开展"民间文化进课堂"工作很有成绩的单位，但因没有经费投入到这项工作，致使教材未能编印出版，教师的培训工作也无法正常展开，课堂教学的教具、器材等也得不到解决，影响了整个工作的整体推进。三是部分中小学因聘请民间艺人时，涉及往返交通费、生活费和误工补助费等，增加了学校负担。

其次，教材教具普遍缺乏。教材教具是开展民族民间文化进校园的物质基础，从目前情况看，这个基础还很薄弱。一是部分中小学没有相应教材，目前仅5所中小学编印使用了教材。二是部分中小学校编写的教材存在质量不高、内容较为单一、使用效果不理想等问题。虽然有几所中小学校编写了一本或一套乡土教材,但从整个工作来看,教材存在的问题非常多,如编写不科学、欠规范,不是按照中小学教材的要求来编写,部分内容不适合中小学生的学习;绝大部分教材的选材内容只局限于本地,未能把本县最优秀的文化成果选进教材引进课堂;教材的内容较为单一,有的仅仅限于民间故事。三是传统体育训练场地和训练器材不足。从调查情况来看,全县仅 5 个学校有民族传统体育训练场地,仅占学校总数的 3%。

复次,师资力量亟待改善。教师也是影响这项工作能否正常开展的因素之一,我们了解到每个乡镇都存在师资力量薄弱的问题,全县中小学专(兼)职老师共有 80 人,而能胜任这项教学工作的又较少。不少的中小学校从民间艺人中聘请教师,但这些民间艺人大都文化程度不高,缺乏教学经验,因此工作效率不高、教学效果也不理想,还涉及民间艺人往返交通费、生活费和误工补助费,时间长了,学校负担不起。有些学校计划开展这方面的教学工作,终因教师的问题不能解决而放弃。

最后,民族民间文化传承与现行教育政策体制存在矛盾。"民族文化进校园"中,主导课程政策和教学评价体系与民族民间文化教育传承之间存在冲突,"民族民间文化进校园"是一项全新的工作,目前国家教育部门对这项工作还没有明确的具体要求,只是提倡,没有任务,没有考核目标,学校又负有完成九年义务教育课程的压力,因此在一部分学校还没有得到应有的重视,认为此项工作可有可无。

二、完善传承的对策

1. 完善法规政策。根据《非物质文化遗产保护法》和国务院《关于加强非物质文化遗产保护工作的意见》,完善《长阳土家族自治县民族民间传统文化保护条例》的各项规定和法律责任。细化民族民间传统文化的普查工作的主体、内容、范围、程序等事项,制定国家级、省级非物质文化遗产代表性项目的保护措施,制定学校教育的传承体制和机制规则。

2. 加大投入力度。加强民族文化传承基础设施建设,不断完善民族传承的条件。在文化基础设施建设中,应优先考虑县歌舞剧团、县文化馆(县群众文化活动中心)、县非物质文化遗产馆、县博物馆和乡镇非物质文化遗产传习所的建设。这些文化基础设施的建设过程,不仅可以满足开展民族文化活动的需要,为广大人民群众提供精神食粮,实际上也是民族文化保护、传承、传播的过程。繁荣发展民族新闻出版事业。加大对民族新闻媒体的扶持力度,加快设备和技术的更新改造,努力提高信息化传承水平和传播能力。扶持县民族网、新闻网站建设,支持新兴传承传播载体有序发展。

3. 扩大对民族民间传统文化传承人的保护。2004年和2007年,县委、县人民政府两次命名表彰民族民间传统文化优秀传承人,建立优秀传承人档案。上述被命名、表彰传承人基本上都是民间文艺方面的传承人,而民间信仰、生产、生活习俗,手工工艺和技艺、商贸习俗、民间医药、民间竞技和民间体育等方面的艺人工匠基本上未涉及,因此要组织人力对县域境内的刺绣、雕刻、印染、缝纫、织锦、制陶、盆景、假山、建筑、彩绘、藤编、草药、制茶、酿造、造船、各类金属制作等民间工匠、艺人进行地毯式的普查登记,为优秀的工匠、艺人建档,凡是还能"活态"展现的事项,要用现代化的手段真实地记录下来。在今后的工作中,除保留原来做法外,各乡镇应像资丘镇一样,建立民间艺人协会,一年召开一次民间艺人代表座谈会,开展一至两次民间文化活动。县政府为生活困难的高龄优秀传承人发放补贴事宜应尽早实施。

4. 注重民族文化传承人才队伍建设。加强对民族文化人才的培养,努力造就一大批艺术拔尖人才、经营管理人才、专业技术人才和艺术管理人才,为传承民族文化提供人才保障。要从工作和生活上关心民族文化人才,帮助解决实际问题,充分调动他们的积极性和创造性。

5. 强化"生产性保护"传承。借助国家西部开发、中部崛起战略,实现民族文化传承保护与国家、省、市建设项目的有机对接;充分利用省政府建设鄂西生态文化旅游圈和省委宣传部、省文化厅、省文联关于全省开展"一县一品"的契机,实现民族文化保护与鄂西生态文化旅游发展规划的对接,充分发挥我县生态文化资源优势,加强清江画廊的建设。重点建设宝塔山民族公园、"长阳人"遗址、香炉石遗址公园、白虎垅陵园、毕兹卡民俗文化村、巴国古城、中华巴土圣山和麻池古寨革命旧址群,努力提高旅游业的文化品位,促进民族文化与旅游相互融合,力争在较短时期内打造一批在全省或者全国有影响的旅游品牌。

6. 充分发挥学校教育传承功能。

从70年代中期以来,长阳县民间文化进校园的教育一直在开展,但对于这项工作的开展状况,实施过程中存在的误区、困难、问题、对策等方面调查不多,研究不透。研究应以多元文化教育理论以及教育政策分析的相关理论等理论为指导,以文化敏感性的研究为新关注点,要从保护文化多样性和县经济社会可持续发展的高度认识民族民间文化进校园和进课堂的问题,要充分认识学校教育是现代社会条件下民族民间文化能够得到有效保护、传承、发展的重要途径。多年实践证明,在广大中小学生中加强民族民间传统文化教育,不仅仅是针对艺术本体,更应着眼于民族文化的整体。通过学校的学习并传承,不仅可以增进学生的民族文化知识,而且更有利于培养学生们对本民族文化的认知和认同感,从而树立起民族自尊心和民族自豪感。长阳作为全国多民族聚居的自治县之一,其民族教育政策的实施状况有着重要的研究价值和参考价值。以长阳山歌、南曲、撒叶儿嗬为代表的"民族民间文化进校园"的教育成为近几年来各中小学的热点。

针对非物质文化遗产学校传承问题,必须进行政策实施经验的完善。在基础教育领域实施文化保护政策的过程中,要协调民族民间文化的保护与政策实施之间的矛盾,包括处理主导课程政策与民族民间文化保护之间存在的冲突、自发性质的文化保护与制度化的政策之间存在的矛盾以及民族民间文化进校园政策的评估与制定的初衷相悖等问题。基于以上分析,应该制定相应的符合新现实需求的政策或者是通过现有政策的有效调整来保障民族民间文化的传承及保护。相关部门必须寻求政策的制定机制与实施机制之间的平衡;关注政策实施中涉及的文化敏感性的问题,尤其注意对民族民间文化的不同内容和形式进行相应的分类和处理,并探讨在多元文化教育背景下的政策层面的民族民间文化保护如何开展,为文化的保护需求最佳生境(在强制力量保证之下,发挥好自发传承的作用)。"民族民间文化进校园"的教育政策不是一项独立的政策,与基础教育领域的其他重要政策如两免一补、寄宿制、布局调整、新课程改革、双语教育、师资队伍的建设等息息相关。各项政策之间保持相互补充、相互调整的和谐,能够使政策的实施富有成效。

(1)民族民间文化进课堂是一项系统工程,此项工作涉及教育、文化、民宗等多个行政管理部门,必须要有一个共同协调的工作机制,才能引导此项工作健康协调发展,建议建立县民间文化进校园的工作协调机制。

(2)要把民族民间文化进课堂的工作经费纳入财政预算,设立民族民间文化进课堂教育基金。我县民族民间文化保存较好的乡镇都是国家级、省级、市级和县级非物质文化遗产保护名录分布区域,同时也是土家族聚集区,其地方财政都很困难,县财政在支持民族民间文化进课堂经费方面应给予倾斜。

(3)统筹教材的编写与使用,相同文化类型的乡镇应该编写和使用相对统一的教材,便于教学。全县也可以统一教材。目前各地自主编写乡土教材,有较多的弊端。一是浪费了不少的人力、物力、财力；二是教材的质量不高，未能把最优秀的民族民间文化纳入校园；三是这些教材的编写由于缺乏教育、文化部门的具体指导，编写很不规范，使用效果不理想。建议由教育、文化、民宗三部门联合成立教材编写班子。

（4）民族民间文化进课堂是一项长期的工作，教师是我县民族民间文化进课堂能否正常开展和开展是否能取得实效的关键，目前各地是从民间艺人中聘请教师，这只能是暂时的，解决不了长远的问题。建议一是在县教师队伍中挑选有这方面特长的老师到大专院校进修、培训深造相关专业，把大力培养和培训中小学民间文化传任教师纳入重要工作。二是能否在社会上、有关单位招收和调动专业人才。三是在招聘教师时，把民间文化知识作为加分内容优先招聘。

（5）要把民族民间文化教育纳入我县中小学校的教学体系，明确民族民间文化进课堂（校园）是我县中小学素质教育的重要内容，教育行政主管部门仅仅只是提倡开展此项工作还不够，还需要制定相应的具体措施和要求，规定相应的教学时数，相对规范此项工作的考核目标和办法。

（6）政府协调，向省民宗委、省教育厅建议，有选择地对部分院校的教师专业增设民族传统文化和传统体育课程，培养更多的人才。

第五章

长阳县土家族非物质文化遗产的产业化①

　　文化产业是指为社会公众提供文化、娱乐产品和服务的活动。国家统计局 2004 年将文化产业划分为 3 个层次：文化产业核心层、文化产业外围层、相关文化产业层，包括以下 8 个类别：（1）新闻服务；（2）出版发行和版权服务；（3）广播、电视、电影服务；（4）文化艺术服务；（5）网络文化服务；（6）文化休闲娱乐服务；（7）其他文化服务；（8）文化用品、设备及相关文化产品的服务。

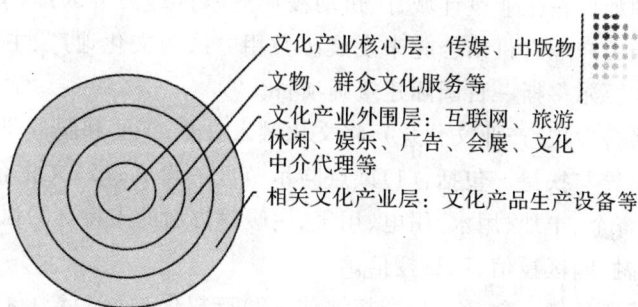

文化产业核心层：传媒、出版物
文物、群众文化服务等
文化产业外围层：互联网、旅游
休闲、娱乐、广告、会展、文化
中介代理等
相关文化产业层：文化产品生产设备等

　　文化的产业化是指把目前所界定的文化业进行规模化、市场化发展。就是在市场经济和全球化背景下，使文化事业和特定文化资源转化为文化产业，形成在文化市场中有核心竞争力的文化产品和服务系统。

---

　　①　本章系湖北省民委课题"湖北民族地区文化产业发展中的政府责任研究"（HB-MW2012001）的成果之一。

第一节　非物质文化遗产产业化的主体

长阳县政府在整个文化产业(含非物质文化遗产)中形成了"党委重视、政府主导、市场主体、全民参与"的工作机制,文化产业开发的主体除了企业之外,还有一些主体在发挥重要的作用,主要是政府、事业单位、民间组织。

一、长阳县政府

由于文化产业的经济性、政治性、社会性、文化性和意识形态性等特点,政府在其中的作用不同于与其他产业,政府对文化产业化发展的途径主要包括:

第一,建设载体。包括:(1)集聚区:设立文化产业园、动漫设计园、研发设计城等等,例如广东工业设计城、广州动漫产业园;(2)集群区:以文化产业为切入点,把相关产业有机结合起来发展。常用方法为文化地产、主题地产、主题城区,例如鄂尔多斯一百国际建筑师项目。

第二,融合发展(产业文化化):将文化融入农业、工业和服务业。

第三,引导与扶持。包括:(1)试点与示范区的设立;(2)文化企业的进入门槛、税收、资金、土地、用水、用电、用气、用暖等方面的支持;(3)风险投资、文化(产业)金融、园区授信、项目授信。

第四,营造环境。包括:(1)产权评估;(2)产权保护;(3)产权交易;(4)价值评估;(5)会展博览;(6)文化论坛等。

长阳县政府对非遗文化产业化的主导作用如下:

1.政府建设文化产业的载体。长阳县各级党委、政府高度重视民族文化工作,切实加大投入,不断加强民族文化基础设施建设,使一部分破旧落后的民族文化设施以较高的水准展现在世人面前。如占地1万平方米,投资一千余万元的民族体育馆,不仅功能齐全,而且是县城标志性的文化建筑。县图书馆投资近3百多万元进行维修改造,其内部设施已达到国家二级图书馆标准;投资近2000万元、占地面积8000平方米的民族文化广场,已成为人们休闲、娱乐、健身的重要场所。近几年,投资数百万元对各乡镇文化综合站进行维修改造和新建,致使全县初步形成了县、乡镇、社区、村有文化活动室的民族文化工作网络。

2.政府扶持民营文化企业。毕兹卡民俗文化村属于企业性质经营单位,按道理讲纯属自负盈亏单位。2008年,政府拨专款数十万元对民俗文化村基础设施进行了改造维修,为员工购买养老保险,解决演职员工的后顾之忧,其环境建筑和演出受到中外游客好评。政府积极支持毕兹卡民俗文化村艺术团将旅游业作为开发平台。这些措施的实施增强了艺术生产力,提高了文化市场竞争实力,迈开了跨县、跨省和到港澳地区进行商业演出的步伐,增强经济效益,增强了自我发展能力。

3.政府积极引进文化产业开发大企业。清江古城、长阳土苗风情园等大型文化企业和文化项目都是政府积极引进的,落实各项优惠和补贴政策,优先规划用地,鼓励银行等金融机构给予支持。

4.政府营造文化产业发展的氛围。政府积极举办各类文化节,如巴人先祖廪君文化旅游节;民间艺术比赛,如土家族撒叶儿嗬大赛,等等。

二、长阳县相关事业单位

在文化体制改革中,县委、县人民政府从民族文化事业发展的实际需要出发,把民族文化事业单位与其他事业单位区别对待,在将文化事业单位推向市场的情况下,特殊地把民族文化事业单位定为公益性和准公益类单位,地方财政给予重点支持,使民族文化事业单位经过内部管理机制改革,焕发出较强的生机和活力,从而保障了民族文化事业单位的生存和发展。强化文化事业单位的功能作用,传承和弘扬优秀的传统文化。近些年来,我县在民族文化建设上,注重强化和发挥民族文化事业单位的功能作用,坚持以县民族民间传统文化保护中心为龙头,以县艺术团体(后文详细介绍)和文化馆为纽带,以社区、乡镇综合文化站、村文化活动室为辐射点,多层次、全方位地推进民族文化的繁荣。

第一,文化馆广泛开展丰富多彩的群众文化活动。多年来,以各种民族传统节日和乡镇文化节为载体,积极组织开展各种形式的民族文化活动,每逢春节、正月十五、端午节、中秋节以及国家法定节假日,组织文化演出和各种歌咏活动。举办民间艺术比赛、多途径宣传推广民族民间文化。文化馆成功组织辅导了全县四届农村文艺会演、六届"夷水乡音"青年歌手大奖赛、一届职工文艺会演、十三届中小学生美术书法征文大赛,还配合其他部门举办了全县中小学生长阳巴山舞比赛等一系列群众文化活动。辅导全县 11 个乡镇举办文化节 30 多届次,为农村编排文艺节目 500 多个,举办各类培训班 300 多期,培训骨干 8000 多人次。

第二,专业文艺团体(县歌舞团)艺术生产活跃。"十五"规划以来,我县专业文艺剧团在各级党委和政府的重视与支持下,长期坚持不懈地进行艺术创作,不断打造民族艺术精品,不断推出具有时代特征和民族特色的艺术表演形式,常年活跃在城乡文化舞台上,为繁荣和弘扬民族文化艺术起到了主力军的作用。

县歌舞剧团组建于 1958 年,正式成立于 1959 年 3 月,是县文化体育局所属的财政全额拨款的事业单位,现在是中宣部、文化部 2011 年 5 月发文保留的湖北省四家事业单位性质的国有文艺院团之一。拥有固定资产 1000 万元,其中演出设施设备 500 万元,排练、演出、办公、业务公用房屋总面积 2500 平方米。现有在职演职人员 62 人,其中财政全额拨款编制 33 人,"以钱养事"人事派遣员工 29 人。现有退休职工 13 人。在职人员中高级职称 1 人,中级职称 24 人,初级职称 22 人,演职人员大部分毕业于专业艺术院校,人员平均年龄 28 岁。内设机构主要有演出队、艺术服务中心、艺术培训中心、音乐制作部(创作室)及灯光股、音响股、服装股、装置道具股、化装股、艺术档案室等业务股室。

建团 50 多年来,剧团始终将"走民族民间道路,办地方特色剧团"作为剧团建设的宗旨,长期坚持以弘扬本民族优秀文化为己任,以出人才、出作品为目标,以满足山区人民文化生活需求为重点,自觉服从和服务于党委政府工作大局,在努力探索实践中,走上了一条健康发展的道路。剧团曾先后 4 次带着具有浓郁土家族特色的民族歌舞进京演出,受到李先念、廖汉生、杨静仁、乔石、李德生、江泽民、胡锦涛、温家宝等党和国家领导人的亲切接见。

长阳是集"老、少、边、山、库"于一体的国家级贫困县,人民群众在创建富裕幸福家园的艰苦奋斗中,迫切需要先进文化艺术的熏陶,有着日益增长的越来越多样化的文化需求。50 多年来,长阳歌舞剧团立足山寨、面向基层,上山上到顶、下乡下到边,把戏剧送到村村寨寨,把歌声送到田间地头,被群众称之为"在山路上成长,在村寨中壮大的背篓剧团",演员们的足迹踏遍长阳的山山岭岭,村村寨寨。在改革开放的新时期,剧团紧紧围绕县委、县政府的中心工作,把服务基层、服务农村作为工作重点,克服经费不足等困难,广泛争取社会力量的支持,多渠道、多形式地到农村演出,每年为农村送戏均在 120 场以上。

早在1973年7月,县歌舞剧团上山下乡为农民演出的先进事迹就被《人民日报》报道;1991年9月6日,新华社播发了《有这样一个歌舞剧团》的消息,介绍长阳歌舞剧团送戏下乡、热情为农民服务的事迹。90年代以来,歌舞剧团多次被省文化厅评为全省百团上山下乡演出先进集体。

　　"走路要走自己的路、唱歌要唱自己的音"是长阳歌舞剧团几十年艺术实践的总结,一代又一代文艺工作者坚信越是民族的、越是世界的,长期扎根土家山寨,在民族文化沃土中耕耘、收获。以"土"为本,推陈出新。早在70年代初期,剧团改编创作的长阳山歌《丰收调》、《一支山歌飞出岩》、《开创世界我工农》等就唱到了北京、唱到日本东京,受到国内外专家和观众的高度赞誉。自治县成立以后,剧团围绕要让土家文化跻身于世界民族艺术之林的目标,创作了一大批文化底蕴深、民族特色浓的节目,1988年应国家民委邀请首次赴京在首都民族文化宫向首都观众汇报演出,北京十多家新闻单位对演出进行了专访和报道,中央电视台《旋转舞台》栏目多次在黄金时间播放了整台节目。这次赴京演出的圆满成功,使全体演职员更坚定了走民族民间道路的信心和决心,成为长阳歌舞剧团艺术事业发展的新起点。几十年来,剧团创作演出了一大批在全国、全省产生过重大影响的优秀节目。其中器乐类:笛子独奏《欢乐的土家寨》获全国民族器乐比赛创作三等奖;长阳南曲:《夜闯龙虎滩》参加全国曲艺调演(南方片)演出获创作、表演二等奖;《昭君别乡》获全国少数民族曲艺展演创作、表演一等奖;《土家吊脚楼》获全国第二届少数民族文艺会演金奖,等等。在湖北省百花书会上,长阳南曲《白虎剑》、《巴山女》、《白胡子唱老》等作品还先后获得了一等奖。舞蹈类:土家风情舞蹈《撒》获全国群星奖优秀奖;土家婚俗舞蹈《骂媒》获全国第二届少数民族文艺会演二等奖;土家风情舞蹈《咂酒歌》获湖北省舞蹈比赛音乐创作金奖;《土家汉子》获湖北省编钟表演奖;《巴山裙铃舞》获全国大学生艺术节优秀节目创作奖。声乐类:歌曲《爹是山里男子汉》获文化部通俗歌曲比赛歌词创作一等奖;《木叶相思》获湖北省文化厅民间音乐电视比赛二等奖;《背篓人生》获湖北省新人新作比赛二等奖;《兰草谷》获湖北省编钟音乐创作二等奖、编钟表演奖;歌曲《清江画廊土家妹》获得"湖北新歌大赛暨歌颂天下湖北美"大赛十佳优秀歌曲奖、2012年还获得湖北省第八届精神文明建设"屈原文艺奖";大型民族歌舞《巴土恋歌》获中宣部第十二届精神文明建设"五个一工程奖"等。由剧团创作并首演的大型土家族婚俗舞蹈剧《土里巴人》获1995年中宣部"五个一工程奖"和文化部"国家文华大奖"。2008年,剧团倾力打造的大型民族歌舞《梦幻土家》在湖北省文联、省舞蹈家协会举办的第二届湖北舞蹈"金凤奖"（职业舞蹈）评奖活动中荣获舞剧、舞蹈诗剧目奖和单项奖类舞蹈音乐创作奖；2011年创作演出的大型民族风情歌舞《巴土恋歌》获湖北省首届少数民族文艺会演演出大奖；男子群舞《白虎神威》、组合唱《姐不招手郎不来》获会演最佳节目奖；2012年12月，剧团排练演出的中国第一部土家族创世史诗歌舞剧《江山美人》在清江古城剧院首演受到好评。同时，剧团在参加宜昌市专业艺术表演团体文艺会演中，连续6届获得最佳演出奖。邓邦国研制的D调宽音竹笛获湖北省科技进步二等奖。几十年来，剧团还培养造就了土家族歌唱家傅祖光、王丹萍，民族民间文艺家陈民洪、刘勋一、覃发池、汪安全，笛子演奏家邓帮国等一批专业艺术拔尖人才。优秀文艺作品和人才的不断涌现，使长阳文化工作在全国及省内外产生了较大的影响，文化真正成为长阳的品牌，成为长阳改革开放的窗口，走向世界的桥梁。歌舞剧团良好的工作成绩和在全县"三个文明"建设中的重要作用得到县委、县政府和全县广大人民群众的充分肯定。县委、县政府对剧团的事业发展十分关心和支持，从政策上倾斜，不断为剧团的艺术生产创造条件。剧团曾先后被评为"全省双文明单位"、全省文化先进集体、宜昌市民族团结进步先进集体，剧团党支部也多次被宜昌市委和长阳县委评为先进基层党组织。近几年来，县歌舞剧团业务工作也受到了上级宣传文化主管部门的充分肯定，多次荣获省、市、县文化工作先进单位，全省多届百团上山下乡暨新春金秋巡回演出季活动、湖北省专业艺术院团优秀节目展演月活动、"百团千村万场戏"巡演活动先进单位。这些荣誉和成绩的取得，得益于县委、县政府对歌舞剧团事业发展的关心和支持，得益于长阳这片肥沃的文化土壤对剧团的养育，得益于剧团一大批钟情于民族文艺事业的文化人对事业孜孜不倦的追求和奉献。

县歌舞剧团在今后的发展道路上仍将继承和发扬老一辈的光荣传统，坚持"二为"方向和"双百"方针，重人才、抓创作、出力作、出精品，走好自己的路，唱好自己的歌，再创长阳歌舞剧团更加美好灿烂的明天。

三、长阳县民间组织

为了更好地发挥社团的优势，长阳除建立文联各协会以外，还先后建立了民间老艺人协会、长阳民族文化研究会、奇石协会、盆景根艺协会等群众组织。长阳县政府支持这些社团按照章程开展自己的活动，同时维护它们的合法权益。这些社团常年进行文化遗产挖掘抢救、文艺表演、经验交流、学术交流等活动,不仅丰富了群众的文化生活,也为文化遗产的保护和传承、文化产业的发展做了大量工作。长阳县政府依靠社团联络、团结民间艺人和文化传人,同时,为他们解决活动中的困难。因此,这些群团组织成为长阳保护和传承民族文化、开展文化活动、发展文化产业的重要力量,是政府开展文化工作、进行文化建设的得力助手。[①]

1. 长阳奇石协会。早在 1995 年,由龚发达等一批长阳文化人发起,成立了长阳奇石协会,到目前为止,组织机构日益健全,队伍不断壮大,会员达 160 余人。在协会的推动下,一批奇石爱好者纷纷上山下河,收藏了大批清江精品石,后又带动了几千农民和上百城镇居民抢救奇石资源,使清江奇石的发现、收集、整理、展示、交流活动蔚然成风。长阳奇石协会的工作贡献如下:一是成功举办六届奇石展,并进行了评审,还组织过外出考察参观;二是鼓励家庭收藏场馆,现在已有百余人;三是编撰出版了大型画册《清江石》,受到韩国、中国台湾地区、中国香港特别行政区及各省的好评,还组织专家撰写各种论文,进行赏石理论研究;四是大力宣传清江赏石文化,扩大了清江奇石在国际国内的知名度。在三峡奇石热兴起后,一大批专家把长阳清江作为他们搜寻奇石的基地。以此为契机,一批依托赏石文化而发展的奇石专业户、专业村也在县内悄然兴起,并逐步形成了奇石采集、加工、鉴赏、收藏、买卖五位一体的文化产业链,为文化与经济结合独辟蹊径。

2. 长阳高家堰镇盆景根艺协会。2003 年成立,每次全国大型盆景展销会,高家堰盆景根艺协会都会派人去学习、考察。平时,也会由协会出面请园艺专家来授课。

3. 长阳土家族自治县民族文化研究会。2009 年,县民族文化研究会在县委、县政府领导下,在县民宗局的指导下,全面完成了白虎垅廪君陵园建设规划;出版了大型画册《文化长阳》、《长阳书画收藏集萃》;启动了亲水平台"诗画长阳"的文化走廊建设;编写《巴土研究》第二辑;启动了香炉石文化遗址的保护和建设工程……总之,为实施县委、县政府提出的发展文化产业,打造文化强县的战略部署做出了较大贡献,得到了县政府的认可。2010 年 3 月 13 日,长阳土家族自治县民族文化研究会在县城龙舟坪镇召开了年会,近 80 名会员出席。县长吕学锋在会上发表了热情洋溢的讲话,他首先肯定了县民族文化

---

① 黄柏权、彭林绪、罗一萌:《长阳民族文化遗产保护传承模式的启示》,载《中国民族报》2009 年 12 月 4 日。

研究会为长阳民族文化所做的贡献,并对各位会员的无私奉献表示由衷的感谢,随后,他向各位会员通报了去年全县的经济建设情况和今年的主要工作任务,最后他鼓励大家再接再厉,为建设美丽富裕的家乡生命不息、奋斗不止。

县民研会 2010 年的工作任务主要有 8 项:一是支持渔峡口镇创建历史文化名镇;二是完成香炉石遗址保护性建设;三是续建资丘烈士陵园烈士名录碑;四是完成《巴土研究》第二辑的出版工作;五是做好彭秋潭故居修复的准备工作;六是开始对盐井寺重修进行前期研究;七是收集、整理习久兰诗词;八是加强同省市和其他兄弟县市民族文化研究机构的联系,推动巴土文化研究再上新台阶。

另外,在 2010 年 7 月 17 日举行的"中国巴人先祖廪君文化旅游节"背后,长阳民族文化研究会的几位老人(年长的 82 岁,最小的 72 岁),长期的潜心研究,让他们成为本地民间民族文化的专家,为文化节的筹办承担了很多文史资料的收集和整理工作,对民族文化的热爱让他们退休后依然在协会"发挥余热"。

4. 县民间文艺家协会。资丘、都镇湾、榔坪等文化大镇成立了分会,吸纳有一定功底的民间艺人为会员,并定期组织开展撒叶儿嗬大赛、讲故事、比赛山歌比赛等民间文化活动,弘扬优秀民族文化,培养民间文化传承人。

第二节　非物质文化遗产产业化的方式之一——传媒业

长阳县非常重视非物质文化遗产在传媒业的宣传,以扩大其影响,获得更好的收益。主要包括电视和出版的方式。

一、长阳县非物质文化遗产的中央电视台展播

2007 年 10 月,中央电视台《新视听》特别节目——"山歌好比清江水"大型歌会在长阳举办,长阳县民间艺人 70 多人登台表演了原生态的山歌、薅草锣鼓和土家族撒叶儿嗬,节目在中央电视台文艺频道多次播放,在全国产生了较大反响。

2010 年 4 月上旬,由香港特别行政区阳光卫视《乡土中国》栏目拍摄的宜

昌非物质文化遗产电视系列专题片在阳光卫视连续播出,时长达 30 分钟的长阳国家级撒叶儿嗬优秀传承人张言科的《送亡者》、省级长阳南曲优秀传承人覃好群的《弦上人生》两个专题片名列其中。节目播出后,土家文化在全国甚至世界华人区形成较大影响。

2012 年与中央电视台合拍的《中华情·巴土恋歌》外景宣传片在中央电视台国际频道播出达 1 个小时,有力地宣传了长阳旅游文化。

2012 年 7 月 23 日,央视四套国际频道《远方的家》①栏目摄制组一行来到长阳清江画廊风景区,拍摄对外宣传的公益节目《北纬 30°中国行·宜昌长阳篇》。摄制组一行在长阳拍摄行程是 4 天,清江画廊景区是节目拍摄的第一站。摄制组一行十余人顶着烈日,观土家风情街,拍清江画廊美景,登巴人发祥地武落钟离山,采访当地相关人员,了解长阳地方历史和民风民俗等。之后录制播出了《远方的家·北纬 30°中国行》第 62 集《宜昌美之长阳》。

二、长阳县非物质文化遗产的地方广播电视台展播

从 2007 年初开始,长阳广播电视台围绕将节目办出特色、办出水平的宗旨,充分利用长阳悠久灿烂的历史文化、多姿多彩的民俗风情,清奇秀美的自然风光资源,不断创新,精心打造了《清江美文》、《长阳故事》、《土家讲坛》三个品牌栏目,请民间艺人每周为市民讲几个故事,通过电视为广大市民传播民间文化,开辟了民间文化传承新天地。三档节目为弘扬和传承民族文化、展示清江长阳优美自然风光和淳朴风土人情搭建了很好的传播平台,深受社会各界的欢迎和好评,成为长阳电视台的精品栏目,进一步提升了长阳广播电视台的形象和影响力。

《清江美文》是电视散文类栏目。立足于展示清江长阳秀美山水和风土人情,文章来源于全县中小学生和社会各界文学爱好者撰写的各类美文,具有较强的艺术性。栏目坚持一周播出一期节目,2013 年上半年共播出节目 200 余期。特别是 2012 年 6 月,围绕策划主题"远去的风景"编排了《篾匠》、《铁匠》、

---

① 《远方的家》是央视四套中文国际频道于 2010 年 12 月开播的大型日播类旅游栏目,曾推出大型系列节目《边疆行》和《沿海行》等。而此次《远方的家·北纬 30°中国行》大型系列特别节目旨在向海内外观众介绍中国北纬 30°生存带人与自然的关系、文化和生活的变迁以及人们为持续发展所做的努力。

《最后的大众理发厅》、《打草鞋》等文章,民族特色浓郁、时代印记鲜明,带给观众不一样的感受。

《长阳故事》是一个方言栏目。主要围绕挖掘、传承、保护和繁荣土家故事文化,以内容健康向上的长阳寓言故事、民间故事、历史故事和现代故事为主,聘请文化名人、民间艺人和故事爱好者以方言的形式进行生动讲述。经过几年的发展创新,节目摄制组走出演播室,开展"千人进荧屏,寻找故事王"活动,走进田间地头、社区、学校,让老百姓当主讲人,讲述原汁原味的长阳故事,广大故事爱好者踊跃参与,对于抢救和保护我县民间故事这一非物质文化遗产做出了贡献,截至 2013 年上半年该栏目已制播节目 200 余期。

《土家讲坛》是一个讲述土家民族历史文化和民风民俗的文化栏目。2011年,围绕发掘、传承、发扬土家民族文化,长阳县广播电视台与县非物质文化遗产保护中心联合开办了《土家讲坛》栏目,主要由县内文化人、专家系统讲述土家民族历史文化和民风民俗,截至 2013 年上半年,共播出 53 期。

2012 年一季度电视专题播出情况统计表①

专题类别	播出内容	播出时间	制片人
土家讲坛	长阳旱龙船	4.16	曾小红
	长阳南曲	4.30	
	长阳竹枝词	5.14	
	民间故事	5.28	
	谜语	6.11	
	歇后语	6.25	

三、长阳县非物质文化遗产的网络展播

2012 年由长阳夷风文化传媒有限公司负责策划组织的长阳版《江南Style》在湖北清江画廊旅游度假区正式开机,主要取景于风光秀丽的清江画廊景区,包括巴人发祥地武落钟离山、清江画廊游船、长阳广场、亲水平台等,

---

① 《广电局:季度宣传情况综述及三季度报道要点》第 5 期(总第 78 期),http://xxgk. changyang. gov. cn/gov/jcms_files/jcms1/web64/site/art/2012/8/20/art_12205_85834. html。

整个 MV 以欢快、轻松、夸张的手法充分展示了长阳的自然风光,并融入土家"土家吹打乐"、"长阳山歌"、"茅古斯"等节目,向观众展示了长阳独特的土家民俗风情,使整个节目既有观赏性,又有娱乐性。本次长阳版《江南 Style》演员系从长阳职高以及社会各界精心挑选的总共 40 多名骑马爱好者,由专门的舞蹈教师对所有演员进行排练,整台节目从策划组织到开机历时一个月,MV 总长度 4 分多钟。

12 月 8 日,别开生面的长阳版《江南 Style》出现在优酷、酷 6 等各大视频网站上,截至 10 日,点击率已超过 7 万次,在网上蹿红。策划组织的长阳夷风文化传媒有限公司负责人李巧罗坦言,拍摄 MV 的成本约 7000 元,然而收益却远远超过预期。"我们预计是一周达到 5 万次的点击率,然而现在仅 3 天,点击率就超过了 7 万次。""社会反响非常好。"

四、长阳县非物质文化遗产资料的出版

几年来,长阳县始终把普查、收集、整理民族民间传统文化资源当作一项基础工程常抓不懈,先后搜集整理出版了 150 多种、计 1000 多万字的巴土文化系列丛书。《巴土长阳》、《土家民歌》、《长阳南曲》、《长阳巴山舞》、《土家风情》、《土家俗谚》、《长阳竹枝词》、《土家民间故事》、《长阳方言》、《考古发现与早期巴人揭秘》、《巴人源流研究》、《巴地域研究》、《土家族撒叶尔嗬》、《廪君》等就是土家族历史文化的精品。此外,长阳县文化馆搜集、整理、编印出版了《民间故事集》、《民间谜语集》、《民间谚语集》、《民间歌谣集》、《湖北民间舞蹈集》等十大集成,同时还整理、编印、出版了《大山里的歌》、《秋潭竹枝词浅注》、《长阳地名传奇》、《孙家香故事集》等 20 多本民间文化丛书。

长阳曾陆续推出《清江长阳》、《长阳山歌》、《南曲》等光碟。比如长阳县文化名人田玉成主持收集制作的《长阳土家风情光碟》由九通电子音响出版社出版发行。这套光碟收集了长阳土家族的主要风情,内容齐全。该套碟共 4 张,收录了土家山歌情歌 15 首,土家吹打乐 18 曲,长阳南曲 9 曲,撒叶儿嗬民俗舞等内容,所收集的这些民间文化节目,具有丰富的文化底蕴,又是群众喜闻乐见的一些传统文化项目,这对繁荣群众文化、传承土家文化具有十分重要的作用。《长阳土家风情光碟》一经出版,立即被广大的人们所喜爱,现已出版

4000 套，并销售一空。①

第三节　非物质文化遗产产业化的方式
之二——文化艺术服务

一、长阳县非物质文化遗产的展览

1. 展览的主要场所

博物馆 1 个，成立于 1986 年元月，新馆建成于 1993 年，馆舍面积 2200 平方米，馆藏文物 6000 余件。现有在职职工 12 人，下设长阳人化石洞管理处、展览陈列部、考古研究部等部门，2010 年享受国家免费开放费用 25 万元，财政拨款 123 万元。全年接待观众 3 万人次，发放宣传资料 3000 册。

清江画院 1 个，馆舍 200 平方米，馆藏西兰卡普等各类艺术品 200 余件，织锦百余件，其传统花形近百种，其中不乏清末、民国初年及解放初期的作品，成为目前全国品种、数量最多的西兰卡普陈列馆。

资丘民族文化馆，现有财政拨款的在编人员 2 人，馆舍面积 2000 平方米，建有群众活动室、南曲演出厅、民族文化展、图书室、共享工程基层服务点和电子阅览室等。

2. 主要的展览活动

在 2007 年中国第八届艺术节群众文化系列活动之中，长阳县在宜昌市举办了非物质文化遗产保护成果展，展览运用实物、照片、文字、投影和民间艺人现场表演等手段，以其具有浓厚文化底蕴的土家族撒叶儿嗬、山歌、南曲、民间故事、吹打乐、薅草锣鼓、土家织锦、西兰卡普等，让观众流连忘返，特别是民间艺人展演的原生态民间文艺更让中外观众大饱眼福。文化部周和平副部长看了展览和演出后说："长阳展厅办得好，演出很有特色。"

---

① 覃正瑛：《长阳出版土家风情光碟》，http://www.cy-tujia.com/uploadnews/124416917323945.php? news_id=1101。

二、长阳县非物质文化遗产的群众文化活动、赛事、文化节展示

1.举办民间艺术活动。一是举办全县性大规模的民间艺术展示活动。在自治县县庆 20 周年期间,全县各个乡镇及县民俗文化村 330 多名民间艺人,演出了《土家吹打乐》、《长阳山歌》、《长阳南曲》等优秀民间艺术节目,受到了广大市民广泛赞誉,将土家优秀民族民间传统文化做了一次规模宏大、影响深远的展示,引起了社会各界的高度关注。二是组织参加上级民间艺术比赛。近几年来,先后 10 多次组织民间文艺队伍参加宜昌市举办的民间艺术大赛和原生态文化展示,长阳山歌、长阳南曲、撒叶儿嗬、薅草锣鼓、花鼓子等优秀民间艺术在大赛中多次获奖。从 1990 年开始,坚持每 5 年举办一届全县农村文艺会演,每 4 年举行一次职工运动会,每 3 年举行一次职工文艺会演,每 3 年举行一届全县中小学生文艺会演。

2.举办民间艺术比赛。一是举办土家族撒叶儿嗬大赛。为弘扬土家族撒叶儿嗬这一优秀民间艺术,2004 年在资丘镇举办了首届土家族撒叶儿嗬大赛。来自湖北长阳、五峰、巴东及重庆黔江两省市四个县的 18 支代表队、300 多人参加了比赛。这次大赛的成功举办,把撒叶儿嗬这一土家民间祭祀歌舞正式搬上了群众文化舞台。二是举办长阳南曲、土家山歌民间艺人师徒大赛。来自全县 170 多名山歌、南曲艺人参加了比赛,其中年龄最大的 88 岁,最小的 10 岁,有的夫妻同台演出,有的爷孙上场比赛,场面隆重热烈。通过比赛,有 20 多名师徒分别获得了"带徒传艺奖"和"学艺有成奖"。三是举办土家歌王擂台赛。通过预赛、复赛和决赛,在全县选出了 10 名"土家歌王"和 10 名土家优秀歌手。每 2 年举办一届全县"夷水乡音"歌手大奖赛,每年举办一届全县书画美术大赛。

3.举办文化旅游节。从 1973 年开始,乡镇文化节在长阳县正式兴起,到目前各乡镇已举办乡镇文化节 200 多届次,全县坚持最好的资丘镇已连续举办了 34 届乡镇文化节。2010 年农历六月初六,长阳举办了中国巴人先祖廪君文化旅游节,来自湘、鄂、川、黔、渝的 70 名专家学者和来宾共同参加了武落钟离山廪君铜像揭幕仪式和廪君陵揭陵活动,举办了廪君文化专题座谈会。

三、长阳县非物质文化遗产的演出业展示

1. 长阳民间艺术团队。都镇湾镇龙潭坪村与十五溪村两个村的吹打乐多达十多个班子,常年活跃在本村和邻近村寨的红白喜事场上。吹打乐多次参加镇、县、市举办的大型节庆文化活动。这一地区的吹打乐具有民间艺人多、器乐曲牌丰富、器乐器具齐整、演奏水平普遍较高、广大村民喜闻乐见等特点。贺家坪镇已在 9 个行政村建立薅草锣鼓表演队,全镇薅草锣鼓表演人数近百人。大堰乡 3 支乐队,3 支舞狮舞蹈队常年活跃在乡村各地,全年演出 260 多场次。龙舟坪镇在 2012 年元旦、春节期间,组织多支民间文艺宣传队巡回演出 80 多场。

长阳县部分民间艺术团队的基本情况表

名称	负责人	地址	年收入（万元）	固定资产（万元）
长阳土家民族艺术团	尹明富	长阳庄溪村		50
长阳金狮乐队	王兴村	长阳大堰	50	50
长阳女子撒叶儿嗬艺术团	覃熊穗	长阳资丘	20	30
长阳土家人文化传媒工作室	田继富	长阳资丘	80	100
长阳神女舞蹈队	赵丽华	长阳县城	40	40
长阳新农村民间艺术团	张银阶	长阳县城		
长阳报喜鸟乐队	汤应松	长阳火烧坪	50	50
长阳飞歌庆典乐队	田第伟	长阳资丘	60	100

2. 长阳歌舞剧团。详情如下:

2005 年

2005 年,剧团共组织各类演出活动 290 场,观众 25 万人次。其中主要创排专题晚会近 10 场,全年组织对外演出共 75 场;先后 3 次深入到县辖 11 个乡镇以及厂矿、学校、社区,为农村送戏、送文化下乡、为广大农民服务,丰富了农民的文化生活,全年共送戏到农村演出 125 场,观众 13 万人次,演出受到了广大农民朋友和基层干部的好评,收到了显著的社会效益;清江画廊首游式《清江·比兹卡》民族歌舞晚会,在原《夷水巴风》晚会基础上,重新打磨、编排;

4月在武汉参加土家文化周活动的两个专题演出《梦幻土家》和《清江·比兹卡》；"长阳三峡·清江长阳全国冬泳邀请赛·万人巴山舞"表演及冬泳会颁奖晚会；2005年新春民族音乐晚会；代表县水产局在武汉洪山礼堂参加省农业厅主办的"在希望的田野上"省农业系统庆丰收迎新春联欢晚会上演出的长阳南曲《水美鱼跃清江秀》；在旅游演出市场疲软的不利情况下，全年组织土家歌舞演出90场。通过演出活动的开展，努力开拓对外演出市场，为推动我县"三个文明"建设，扩大对外开放，促进民族经济建设和发展起到了较好的推动作用。这些演出活动的成功举办，得到了县委、县政府以及广大观众的赞誉和好评，为部门服务性演出收到很好效果。

剧团在市级以上的各类比赛中也取得了较好成绩：一是长阳南曲《白胡子唱老》获得湖北省第十届百花书会创作一等奖，表演一等奖。二是9月参加湖北省第五届音乐、舞蹈、曲艺新人创作比赛，参演节目舞蹈《土家汉子》、女声独唱《兰草谷》、男声独唱《把幺妹送过河》获得好评。三是11月参加湖北省第二届巴山舞比赛开幕式示范表演圆满成功。四是覃莉演唱的《伙计歌》获湖南石门柑橘节山歌民歌大赛三等奖。通过参赛获奖，提高了长阳的知名度。

2006 年

2006年，剧团共组织各类演出195场，观众16万人次，其中农村演出场次129场。其中，一是完成县委政府指令性演出任务，如"夷水之春"民族音乐会；二是为部门和农村演出；三是对外演出活动取得很好效果。全年共创作、排练、上演新节目共17个，具有民族特色的节目有男声表演唱《喊喜》、舞蹈《出来哒》、《摆手女儿家》等。在市级以上的各类比赛中也取得了较好成绩，4月份以剧团演员为主力阵容的巴山舞代表队参加宜昌市第二届运动会成人类县市区组长阳巴山舞比赛，获一等奖。

2007 年

2007年，剧团共组织各类演出195场，观众17万人次，其中农村演出场次128场。县歌舞团一方面认真完成县委、县政府及主管部门下达的工作任务，如3月份配合县妇联完成了庆"三八"联通杯长阳山歌、南曲、巴山舞表演赛的相关服务工作，特别是10月完成了中央电视台《新视听》特别节目"放声高歌十七大·山歌好比清江水"中国长阳山歌节演出活动，剧团3个节目参演受到好评。另一方面还多渠道、多形式开拓演出市场，如参加松滋市解甲坪土家族自治县成立10周年庆典演出等。

2007年创作、排练、上演新节目共10个，具有民族特色的节目有长阳南曲《移动时空》、《和谐房管铸辉煌》等。剧团还投资 55 万元启动了大型原生态歌舞《梦幻土家》的创作,本年度导演脚本、音乐、舞美、服装、道具方案均已确定,即将进入排练阶段。剧团在市级以上的各类比赛中也取得了较好成绩:一是今年 2 月剧团声乐队代表长阳县参加了宜昌市首届"唱响移动"电视歌手大奖赛,经过紧张激烈的角逐,曾令娥获民族唱法一等奖,综合成绩二等奖;覃莉获民族唱法三等奖;汪庆华获民族唱法优秀奖。二是参与排练和精心打造的广场舞"长阳撒叶儿嗬"以湖北省排名第一的位置进入全国群星广场舞蹈决赛名单,并于 9 月 29 日在广州举办的全国第十四届"群星奖"广场舞蹈比赛中获群星表演奖。三是根据省民委安排,剧团组队以"长阳巴山舞"为参赛项目参加了在广州举办的中国第八届少数民族传统体育运动会,获得表演项目民族健身操铜牌。

2008 年

2008 年,剧团共组织各类演出 196 场,观众 19 万人次,其中农村演出场次 128 场。全年一是较好地完成了县委、县政府指令性演出工作任务。二是较好地完成了对外宣传演出任务,如:3 月份我团组织了一台丰富多彩的土家歌舞节目,赴湖北的石首、松滋,湖南的临澧进行了对外交流演出,晚会民族风情淳朴,地域特色浓郁,充分展示了土家文化的魅力;5 月份与县旅游局共同组织并完成了清江画廊之夜——土苗兄妹组合家乡汇报暨颁奖晚会演出等。

本年度创作、排练、上演新节目共 20 个,其中具有民族特色的节目包括:长阳南曲《和谐房管铸辉煌》、《巴山夷水清歌放》、《善待大地》、《民福工程福长阳》;舞蹈《龙船调》、《叭一口》……同时,大型原创情景歌舞《梦幻土家》从 8 月1 日正式采排,第一阶段排练已经完成,即将进入舞美、灯光、服装、道具和节目的合成阶段,并力争春节前上演,剧团本年度在市级以上的各类比赛中也取得了较好成绩。如:元月份与县房管局合作创作排练了长阳南曲《和谐房管铸辉煌》,并参加宜昌市房管系统迎新春文艺会演获得创作表演二等奖;6 月为了代表县纪委参加宜昌市"三峡清风"文艺演出暨"安琪杯"优秀廉政文化作品比赛,我团新创作和排练的参赛节目长阳南曲《巴山夷水唱清歌》,获得创作演出一等奖;9 月新创作节目长阳南曲《民福工程福长阳》代表宜昌市计生局赴省参加全省计生系统文艺调演,获得创作演出三等奖;代表县总工会参加宜昌市总工会主办的"宜化之韵"全市职工文艺会演,舞蹈《摆手女儿家》获得创作演出二等奖。

2009 年

2009 年,剧团共组织各类演出 270 场,创演出毛收入 25 万元,观众 39 万人次,其中农村演出场次 156 场。全年一是较好地完成了县委、县政府指令性演出工作任务:4 月,历时两年多时间,举全力打造的大型民族歌舞《梦幻土家》在隔河岩剧场首演,宜昌市委宣传部、长阳县县委、县人大、县政府、县政协和千余名观众观看演出,获得好评;5 月,为全国部分少数民族自治县(旗)人大工作联席会第一次会议参会代表演出《梦幻土家》,与参会代表进行民族风情大联欢演出均取得圆满成功;6 月,大型民族歌舞《梦幻土家》为全省优抚医疗保障工作现场会议演出获得好评,圆满完成为参加"盛世伟业杯"长阳土家文化旅游节暨 2009 第四届中国长阳·清江画廊横渡接力挑战赛的运动员、教练员及国内外来宾演出《梦幻土家》的演出任务及开幕式文艺演出、舞台搭建、音响服务、和"巴山舞之夜"的相关工作任务;二是较好地完成了对外宣传演出任务。如 10 月由以我团男演员为主的男子群舞《土家撒叶嗬》赴江苏省张家港市参加由文化部主办的长江流域"张家港市第三届民间艺术节"演出。

本年度创作、排练、上演新节目共 9 个,其中具有民族特色的节目包括:大型民族歌舞《梦幻土家》;独唱《清江画廊土家妹》;长阳南曲《鱼水情深》……剧团在市级以上比赛中也取得了较好的成绩。9 月由我团音乐创作员毛成东作曲的女声独唱《清江画廊土家妹》获得由中国音乐家协会、湖北省委宣传部为指导单位,省广电总局、省文化厅、省文联联合举办,湖北卫视和省音协共同承办的庆祝新中国成立六十周年"湖北新歌大赛暨歌颂天下湖北美"大赛十佳优秀歌曲奖。

2010 年

2010 年,剧团共组织各类演出 272 场,创演出毛收入 26.1 万元,观众 40 万人次,其中农村演出场次 159 场。在演出工作方面,一是较好地完成了县委、县政府指令性演出工作任务。2 月,完成了县 2010 年新春文艺晚会"盛世巴土情"现场直播演出的各项工作任务。9 月,完成湖北省第七届少数民族传统体育运动会开幕式大型文艺演出和闭幕式大型民族歌舞《梦幻土家》的演出任务。二是较好地完成了对外宣传演出任务。4 月,演出队赴宜昌市为最高人民法院主办的全国婚姻法解释(三)座谈会代表演出土家民族歌舞获得好评。

本年度创作、排练、上演新节目 27 个,其中具有民族特色的节目包括:舞蹈《白虎神威》、《西兰卡普情韵》、《竹枝之声》、《欢乐比兹卡》;独唱《我的土家族》、《神奇的清江石》、《土家风情是一条河》、《土家酒歌》;对唱《老家的团年饭》;组合唱《老家的火塘》;长阳南曲《土家嫂娘》、《税徽闪闪》……剧团在市级以上比赛中也取得了较好的成绩。大型民族歌舞《梦幻土家》在湖北省文联、省舞蹈家协会举办的第二届湖北舞蹈"金凤奖"(职业舞蹈)评奖活动中荣获舞剧、舞蹈诗剧目奖和单项奖类舞蹈音乐创作奖;2月,2010年新春文艺晚会"盛世巴土情"整台节目获湖北省"春满楚天"地方文艺晚会展播一等奖;剧团新创编节目男子群舞《白虎神威》获原创节目二等奖,覃莉演唱的《清江画廊土家妹》获演唱人才奖;6月,以剧团演员为主力阵容的长阳巴山舞代表赴荆门参加湖北省运动会获巴山舞项目比赛银牌,同时获宜昌市第三届运动会成年巴山舞一等奖;9月,在湖北省第七届少数民族传统体育运动会上,长阳巴山舞获得比赛金牌,土家撒叶儿嗬获表演赛一等奖;10月,在"宜化杯"宜昌市第六届专业艺术表演团体文艺会演中,我团大型民族歌舞《梦幻土家》获演出特等奖,同时还获得优秀编导奖、优秀作词奖、优秀作曲奖、优秀舞台美术设计奖,声乐演员覃莉、曾令娥、王爱民、王守彪、彭汉洲、汪庆华、赖泽敏获优秀演唱奖,舞蹈演员潘攀、刘超众、李海燕、李绪华、付欢欢、罗韵获优秀表演奖,群众演员钟宜兵等26人获表演奖。

2011 年

2011年,县歌舞剧团积极开拓演出市场,完成各类演出278场,观众42万人次,创演出毛收入28万元,其中农村演出场次162场。全面完成了县委、县政府指令性演出工作任务。充分发挥资源优势,努力开拓服务市场,全年共开展礼仪服务138场,举办两期少儿艺术培训,培训学员150人次,创收入12万元。

新创作上演节目22个,其中具有民族特色的节目包括歌舞《梦里清江》、独唱《巴土恋歌》、组合唱《姐不招手郎不来》、长阳南曲《清风颂廉》等。2011年元月,大型民族歌舞《梦幻土家》获得长阳土家族自治县首届"彭秋潭文艺奖"特别贡献奖大奖。《清江画廊土家妹》入选"湖北名歌大家唱·群众最喜爱的歌曲100首",并被中央电视台制作成MV,在央视"中国音乐电视"栏目中播出。新创作的大型民族风情歌舞《巴土恋歌》在湖北省首届少数民族会演中大放异彩。

2012 年

2012年,县歌舞剧团积极开拓演出市场,组织各类演出282场,创演出毛收入32万元,观众42万人次。努力开拓服务市场,全年共开展礼仪服务和服

务演出 140 场,创毛收入 8 万元,共举办三期少儿舞蹈培训班,培训学员 150
人次,创培训毛收入 3 万元。

新创作上演各类节目 10 个,大型剧目 1 台,具有民族特色的节目包括歌
舞《龙腾清江》、大型原创民族史诗歌舞剧《江山美人》等。歌曲《巴土恋歌》荣
获中宣部第十二届精神文明建设"五个一工程奖"。赴中央电视台完成了《中
华情——巴土恋歌》长阳特别节目的录制工作,节目于 8 月 11 日在央视四套
中文国际频道播出。12 月 29 日,投资 1300 多万元、历时两年打造、历经 3 个
月的艰苦排练,大型原创民族史诗歌舞剧《江山美人》在清江古城剧院隆重首
演,创排请到了中国著名舞蹈编导艺术家门文元,省歌舞团舞蹈编导王海洋、
汪艳作指导,力争将其打造成为鄂西生态文化旅游圈的知名品牌。力争通过
1 到 2 年的市场培育,每年演出 500 场次以上。《江山美人》又名《巴王与盐水
女神》,该剧以土家族先祖巴王廪君与盐水女神的爱情故事为主线展开,生动
讲述了大约 4000 年前巴王廪君与盐水女神忠贞优美的爱情故事。演出总时
长 70 分钟,分为《拓疆》、《奇遇》、《相恋》、《泪别》、《坚守》和《呈祥》6 个部分。
被誉为"音乐活化石"的"长阳南曲"和最具巴人特色的"跳丧鼓"等素材,也在
剧中呈现。

2013 年

2013 年,全年的统计数据还没有出来,有两项值得一提的成绩:一是经过
县歌舞剧团李绪华老师、县文化馆覃艳老师的精心编排,由长阳歌舞剧团的专
业演员和县卫生系统的优秀员工共同完成的第二套长阳巴山舞,在国家体育
总局群体司关于 2013 年全国原创广场健身操(舞)作品评选中获二等奖,也已
正式定为 2014 年第十四届湖北省运动会的参赛项目,将在全省进行推广普
及。二是歌舞剧《江山美人》全面推向市场,由清江古城公司聘请的 20 多名兼
职营销员进行宣传和销售,现在基本上一周演出一场,主要面向旅游人群,仅
4 月 30 日一场演出,就吸引了来自全国各地的近 500 名游客观看。①

3. 毕兹卡民俗文化村。毕兹卡民俗文化村艺术团,从 1994 年创建至今共
演出 6000 余场,先后接待了 50 多个国家的友好人士和来自全国各地的大量
游客;1995 年应邀赴香港特别行政区演出,"一炮打响载誉归来";近千名民间

---

① 《"五一"小长假清江古城迎来旅游接待小高峰》,http://www.hbqjgc.com/News-
View. Asp? ID=297。

文化爱好者在这里培训后,走向旅游景区从事演艺、导游工作,进入中小学校开展民间文化教学;创编的广场舞蹈"巴山舞"、"土家族撒叶儿嗬"分别获文化部第十届、第十四届群星奖金奖。主要的演出曲目是原生态土家民俗歌舞,如《巴人服饰——车巴拉呼》、《比兹卡姑娘——喇帕克噢》、《土家吹打乐——满堂红》、《土苗兄妹组合——花咚咚的姐》、《虎面舞》、《茅古斯》……县民俗文化村在抓好主业经营的同时,努力传承民族文化,在全体演员中开展山歌、民歌传唱活动,已传唱 80 首山歌、民歌。

2011 年全年完成总收入 60 万元,其中演出收入 56 万元。演出场次 356 场,接待国内外观众约 8 万人次,其中接待省部级领导 26 次,参加省、市、县各类大型庆典颁奖活动 50 余次,还积极参加中央、省、市新闻、电影、电视剧、地方方言剧和音乐剧的拍摄工作。

2012 年,大力拓展市场,全年演出场次 486 场,完成总收入 71.1 万元,其中演出收入 63.8 万元。

2013 年面临困境和调整:受中央厉行节约的政策的影响,演出场次比较受影响,正在调整演出的方式,力争与清江画廊公司联合,融入旅游线路。

第四节 非物质文化遗产产业化的方式 之三——文化休闲娱乐服务

一、长阳县非物质文化遗产融入旅游业

长阳县的文化旅游以清江画廊旅游度假区为核心,以清江古城巴土文化产业园建设为依托,以大型原创民族史诗歌舞剧《江山美人》正式演出、"四馆一院"对外开放为亮点,努力推进文化与旅游的深度融合。为打造"文化强县、旅游名县"的目标,各旅游景点、景区充分利用当地具有民族特色的传统文化,把民族文化资源转化为旅游资源,既促进了旅游业的发展,也加快了民族文化产业化的进程,进而实现了社会效益和经济效益的同步增长。旅游的人次和收入近年有大幅的增长,具体如下:

2013 年 1 月至 9 月,全县共接待旅游者 323.6 万人,实现旅游总收入

25.7256亿元,分别比去年同期大幅增长32.6%和75.9%,分别占年度目标400万人次、30亿元的80.9%和85.6%。

历年来旅游接待人数统计表

年份	接待人数(万人)	总收入(万元)
1990	0.5	30
1991	2	150
1992	6	350
1993	8	560
1994	13	1200
1995	20.39	2997
1996	26.9	4077
1997	40.2	5003.7
1998	50.7	6340
1999	60.26	8436.4
2000	70.9	21800
2001	81.2	29600
2002	70.6	26500
2003	41.6	12500
2004	68.2	19800
2005	80.1	27574
2006	94.3	34000
2007	108.8	42100
2008	122	50375
2009	135	57000
2010	165	91000
2011	226.2	127600
2012	302	181000

文化与旅游深度融合的代表性景点有:

1.清江画廊。湖北清江画廊旅游度假区成立于2006年,位于宜昌市长阳土家族自治县隔河岩旅游专用码头,距长阳县城 10 公里,是国家 5A 级景区、国家森林公园、省级风景名胜区、省级旅游度假区和省级地质公园。与神农架、武当山、长江三峡并称为湖北四大甲级旅游资源区,被列入鄂西圈十大核心旅游景区之一,年接待能力达到 100 多万人次,是湖北省服务标准化旅游示范景区。主要景点有隔河岩大坝、倒影峡、仙人寨、将军岛、土家族发祥地武落钟离山、财苑山庄、巴王洞等。度假区巴土文化底蕴深厚,人文景观都有着鲜明的巴文化和土家族文化烙印。度假区是历史上有名的巴子国起源的地方,武落钟离山就是土家先民巴人的发祥地,香炉石文化遗址更证实了 4000 年前巴人就开始生活在这一地域。在度假区可体验长阳山歌、南曲、撒叶儿嗬等浓郁巴土文化风情,凡来度假区旅游的客人都可欣赏到新编排的长阳民族民间文化大戏,游船航行途中免费观看土家歌舞并进行"四道茶"、"咂酒"等体验项目。土家族的"根"在清江画廊,这里必将成为全国 800 万土家族人寻"根"旅游的圣地。

2. 清江古城。清江古城位于长阳龙舟坪镇何家坪村,是长阳重点引进的重点文化旅游项目。规划面积 1000 亩,征地面积 200 亩,建筑面积 12 万平方米,总投资 5 亿元。于 2009 年破土动工,2013 年竣工。该项目该已被纳入鄂西生态文化旅游圈重点项目、三峡旅游目的地重点项目、湖北省少数民族"616"工程重点项目;被湖北省旅游局命名为省级旅游度假区;被湖北省发改委确定为省级现代服务业示范园区和省级文化产业园区;被省文化厅命名为省级示范基地。是一个浓缩了巴土建筑文化、歌舞文化、名人文化、民俗文化、饮食文化、休闲文化于一体的文化产业园区,走的是"文化＋生态＋旅游"三结合之路。

二、长阳县非物质文化遗产演绎的广场舞

2013 年第二套长阳巴山舞在全国原创广场健身操(舞)作品评选中获二等奖,拟全省推广。2012 年 9 月,在第九届中国民间艺术节暨第十一届山花奖·民间广场歌舞比赛中,我县创编的原生态风格广场舞蹈《土家撒叶儿嗬》代表湖北省参加了比赛,并喜获金奖。2011 年长阳巴山舞、土家撒叶儿嗬先后荣获全国广场舞"群星奖"金奖。

第五节 非物质文化遗产产业化的
方式之四——文化产品

一、西兰卡普

西兰卡普是土家人的著名工艺品,其制作与数花、篾片穿花、草编穿花原理相似,不过西兰卡普是以简单的木制机械织成的,比篾编、草编要方便得多,工艺要求更精细。长阳文化馆为发展旅游业的需要,特建有西兰卡普厂,十多年来生产西兰卡普一千多件,市场仍供不应求,主要是以质量取胜。长阳西兰卡普厂不但可以织提包、挎包、匾额,还可以制成衣服,色彩鲜艳,经久耐用,受到广大旅游者的厚爱。湖北省在长阳成立了西兰卡普研究中心,为西兰卡普的普及提高起到了积极的推动作用。长阳民族工艺服饰厂也生产部分的西兰卡普。

二、清江奇石

清江奇石主要分布于清江流域地区,清江古名为"夷水",北魏著名地理学家郦道元在《水经注》卷三十七《夷水》中撰文作记"夷水……之经者皆石山,略无土岸,其水虚映俯视,游鱼如乘空也,浅处多五色石……巡颓浪者不觉疲而忘归矣",那时就发现了清江的石头不一般。

长阳全县现有奇石采集专业村6个(龙舟坪镇渡口坪村、西氏坪村、白氏坪村、永和坪村、津洋口村及渔峡口镇招徕河村),采集奇石人数达2000人以上,其中奇石产业专业户达百余家。渡口坪村家家户户采奇石,户均年收入达3万元,带头人杨远寿采石年收益30万元左右。全县总计有采集、收藏奇石的人数达数万以上,估价2000万元,交易的最大画面石达15吨重,单体最大价位达20万元,交易达10000人次,交易额达500多万元,现已销往韩国、美国、德国、东南亚等国家和中国港、澳、台等地区。

清江奇石在联合国教科文组织、亚太地区博览会、国际奇石博览会、昆明世博会和洛阳国际石展上,分别获得金、银质奖,其中金奖 21 枚、银奖 43 枚、铜奖 110 枚。仅 2001 年 9 月在武汉举办的有 30 多个国家参展的第五届中国赏石暨国际赏石展上,长阳就获得了 5 金 19 银 22 铜,名列 99 个参展团中的第 3 位。其中时任县委顾问刘光荣收藏的"大漠春意"、时任政协主席李道槐收藏的"疏梅筛影"、县赏石协会副会长张祖武收藏的"黄山夕照"、县赏石协会秘书长覃世本收藏的"沙鸥翔集"等获金奖。另外,李道槐收藏的"阳光下的邓波儿"、"金沙水拍"、"伴侣"还在山东举办的全国奇石邀请展、广州举办的中国第五届花卉博览会上分别荣获金奖、银奖和铜奖;覃世本收藏的长阳清江龟纹石"琼枝骊石",在中韩于洛阳联合举办的国际奇石交易博览会上荣获一等奖。

香港特区行政长官董建华珍藏有刊印了 268 枚奇石精品的画册——《清江石》;全国有数以百万计的奇石爱好者寻觅、收藏清江长阳奇石,并建有巴楚奇石馆。

早在 2002 年 10 月,县委、县政府兴建了集奇石、根艺、盆景交易和休闲、游览于一体的文化旅游产业项目——清江奇石苑。该苑地处县城北入口处,交通方便,区位环境好,占地 2.1 万平方米,内设盆景园、根艺走廊和奇石交易所,功能齐全,设施完备,园内建筑设计自然得体,安静优雅,是广大参观者益智、愉悦、休闲、浏览、购物的好去处。清江奇石,源于自然,高山大川,取之不尽。奇石文化是"发现美、欣赏美"的文化,其资源永远不会枯竭。随着社会的文明进步、人们精神文化需求的与日俱增、审美情趣的不断丰富与发展,奇石文化产业将以其永恒魅力而呈现出良好的经济、社会效益前景和广阔的发展空间。

三、高家堰盆景根艺

盆景一级保护品种以银杏、小叶中华蚊母、红豆杉为主;二级保护品种有中华蚊母、对节白蜡、珙桐、红花矩檵木、紫薇。上等品种以开花、挂果、叶小、四季常青为特征,主要有金弹子、火棘、矮塔、檵木、杜鹃、水蜡、迟兰等。高家堰盆景根艺以中华蚊母为主,在清江隔河岩水库蓄水之前,抢救出了清江流域中华蚊母这一特色植物品种。

高家堰不仅是"湖北盆景第一大镇",而且也是"湖北根艺第一大镇"。1980 年冬,高家堰镇车沟三队曾学过绘画、雕刻手艺的夏少烈,利用树蔸的自然形态制成 4 个根雕送到宜昌市试销,被一抢而光,收入 40 多元。此举坚定了夏少烈根艺创作的信心。1981年,他出售"喜鹊闹梅"、"熊猫啃竹"、"虎踞龙盘"等10座根雕,收入200多元,这是我县根艺产业的发端。1989年夏出售根艺盆景200盆,收入8000元;1997年,高家堰镇公路沿线形成大市场,2000多农民通过加工根艺盆景变为"艺术农民",他们巧借318国道,沿路布局,以家为市,建成了近2000米长的根艺专业市场,因此而成为"湖北第一根艺盆景大镇";2010年生产各类盆景28万件,根艺作品3万件,年产量达到15万盆,实现产值700万元。从事根雕艺术的农户就有500多家,其中有百万元以上资产的大户有10多家,50万元以上的有19家。向克楷每年的盆景收入有二三十万元,未出售的盆景则价值过千万。2012年全县从事清江石文化产业的人员达到一万多人,去年总收入达一亿六千多万元,为我县文化产业的建设做出了贡献。截至2013年11月的统计,从事根雕艺术的农户就有1018户、3000多人,每年销售额达1.3亿元,存量5000多盆,总值超过10亿人民币,年销售额过50万的有8户,过10万的100多户。①

高家堰盆景根艺获得了多项奖励:1998年夏少烈、张元政的根艺作品"沙漠之舟"、"竞技"、"关公醉酒"等或获全国大奖,或被中国根艺协会收藏;向师强的"觅"造型典雅、寓意深刻,获全国第三届根艺盆景展一等奖;获宜昌市人民政府授予"农村乡土拔尖人才"光荣称号、被收入"乡土人才库"的向克海,其根雕作品"福满人间"曾获湖北省根雕大赛一等奖。2006年,向克楷等人制作的10件丹水盆景送展广东陈村花卉盆景世博会。经过26年的发展,中华蚊母已成为盆景中的精品、珍品。中央电视台和湖北电视台多次报道了高家堰镇盆景根艺盛况。2000年,东南亚14国农业部的高级官员来长阳参观,在考察了以高家堰为代表的盆景根艺专业市场后,对地处穷乡僻壤的山村拥有如此壮观的场景发出了心悦诚服的赞叹。

随着天然林保护政策的出台及三峡库区的淹没,盆景根艺的发展受到很大制约。高家堰村盆景根艺从调整产业结构着手,正在逐步实现转变:通过政策扶持,实行规模种植,联片开发,农户在相关政策法规的指导下,组成松散型的行业结构,做到"四统二分",即统一规划、统一品种、统一生产、统一销售,分片包干、分户管理。2000年,高家堰镇将盆景根艺专业市场纳入生态建设项目,确定了"统一规划、分户承建、以奖代补、壮大规模"的发展思路,运用民营

---

① 刘洪进、徐卫兵:《长阳800万盆景绵延20公里　高家堰镇盆景根艺走廊成特别风景区》,http://www.changyang.gov.cn/art/2013/11/13/art_42_120638.html。

机制,通过政策引导,适当补助,充分调动了农民的积极性。

根据《高家堰镇"十二五"产业发展规划》,该镇将以白果坪根艺盆景走廊为核心,辐射全镇 11 个行政村,分区发展中华蚊母种苗基地 3000 亩,绿化苗木 4000 亩,盆景胚桩培植基地 3000 亩。通过 5 年努力,使苗木总量达到 10 亿株,根艺盆景存量突破 1000 万盆(件),存量价值达到 8 亿元,使高家堰真正成为湖北根艺盆景第一镇和花卉苗木第一镇。

第六节　长阳土家族饮食习俗和传统医药的产业化开发

一、长阳土家族餐饮习俗的产业化开发

1. 土家特色餐饮。长阳当地以经营土家特色菜肴为特点的餐饮业有芙蓉寨、绣球寨土菜馆、食景园、金龙大酒店……拟建的长阳土苗兄妹酒店不仅在酒店的菜肴上体现土家饮食的特色,而且在装修风格、服务员的服饰等方面也突出土家特色,酒店部分营业员还可以应顾客要求演唱长阳民歌,还有艺术团进行土家民族歌舞、民俗表演。

2. 茶。长阳土家族自治县贺家坪镇贺家坪村党支部书记、贺家坪茶叶专业合作社理事长、张家大茶坊的总经理张旭东,从本地的"罐罐茶"中受到启发,用现代制茶工艺来弥补传统工艺的不足,手工制作精细茶,推广传统的土罐冲泡方法。2006 年,张旭东投资 70 多万元,建成了张家大茶坊,形成了生产、加工、销售一条龙。"张家罐罐茶"孕育而生,注册了商标,制定了产品质量等级标准,并获得了食品安全许可证(QS 认证)。张家大茶坊自行研制的"张家罐罐茶"在 2010 年度宜昌首届"三峡杯"大宗茶评比中,荣获金奖。近几年来,茶坊每年加工生产干茶达到 15 吨,产值超过 150 万元。①

长阳金福村打造茶文化村。这一带历史上以产贡茶出名,茶文化包括有关茶的文化艺术和科学技术,这里主要介绍一下长阳金福村种茶、制茶、泡茶、

---

① http://app.sxxw.net/print.php? contentid=304288。

饮茶的文化产业化,以传统的葫芦、瓢、坛、罐、揉搓机、箩筛等为基础,应用现代技术和媒体,完善工艺流程和品牌宣传,体现产品的文化特色。① 该村成功引进廪君茶叶合作社,有社员 1063 户,拥有 1.2 万亩绿色有机茶园。

长阳都镇湾镇打造土家茶艺风情街。该镇招商引进昌生茶叶公司投资 3个亿开展旅游茶乡建设,通过茶乡体验游、茶礼游、茶家乐风情游,让游客观古茶树、茶具,体验采茶、制茶、土家特别的饮茶方式,喝土家罐罐茶、油茶汤,吃葛粉茶、米子茶等,举办茶文化节,以茶文化为纽带,将多项产业捆绑起来,共同发展。2012 年 8 月 23 日,湖北昌生集团公司投资兴建的集观光、制茶、品茶、售茶及茶艺表演于一体的土家茶艺风情一条街,在清江画廊景区核心景点武落钟离山开工,以此为突破口,大力发展生态观光茶园,挖掘土家制茶工艺、品茶风俗和茶艺表演,谋划建立土家茶艺风情体验区,将其打造成农业旅游样板点。昌生集团依托该镇两万亩精品茶园建设生产园区,依托武落钟离山景区生态茶园建设观光园区。观光园一期工程包括建设 48 家仿古式茶庄、1 个可容纳 300 人的茶艺展示区和 1 个可以同时容纳 500 人的茶餐厅,还将建 1个现场炒制、烘焙提香的手工作坊,让游客参观茶叶制作过程,也可以自采自炒,体验茶人田园生活,增强观光游的互动参与。二期工程将建一个可接待500 人以上,集餐饮、住宿、休闲、会务于一体的大型度假接待中心。② 该项目占地 12 亩,建成后年接待游客将达 40 万人次。

3. 酒。长阳土家族自治县农村自古有用苞谷酿酒的传统习惯。这种"作坊式"生产的原生态纯粮食酒,醇香回味、口感特好,倍受城里人青睐,当地人称之为"苞谷茅台"。长阳榔坪镇关口垭村农民宋乔民在 318 国道边开办苞谷酒厂,年外销苞谷酒 5000 多公斤。他窖藏的"苞谷烧"格外抢手,2008 年卖到每斤 10 元。2008 年 7 月 21 日,宋乔民为客人现场灌装苞谷烧,来自全国各地的游客对这种"天然"酿酒赞不绝口。③

4. 土家特色食品开发。(1)腊制品。湖北长阳"香肠大王"覃兴茂结合传统腊货手艺,遍访长阳民间熏制腊味的高手,综合研究民间偏方,解决了批量

---

① 龚永新、陈红:《论土家茶文化资源及其开发——以长阳县土家族自治县金福村为例》,载《重庆三峡学院学报》2011 年第 6 期。

② 长阳旅游局:《清江画廊将添茶艺一条街》,http://xxgk.changyang.gov.cn/gov/jcms_files/jcms1/web33/site/art/2012/9/11/art_12287_88255.html。

③ http://www.hb.chinanews.com/xnc/2008/0723/196.html。

香肠熏制后的外观和肉质口感问题。于 1999 年 10 月在国家工商总局注册了"兴茂"牌食品商标,注册成立了长阳清江腊制品加工厂,产品在北京、上海、广洲、武汉等全国 20 多个大中城市有 200 多个固定的订货单位和订货人。2002 年至 2006 年,兴茂腊制品连续 4 年获得"宜昌市消费者满意产品"称号。2006 年,清江腊制品加工厂产量达到 5 吨,并通过国家食品安全体系认证。这一年,覃兴茂又投资 30 万元,扩建了厂房,建起了 320 平方米的加工车间,分设了化验室、包装车间和熏制车间。2007 年,兴茂腊制品被评为"湖北省消费者满意产品",2009 年,清江腊制品加工厂获得"长阳诚信单位"称号。相关的企业还有长阳明福土家腊味制品厂,主要以生产土家腊味香肠为主,腊味猪肉、腊味猪舌、腊味猪蹄、豆豉、烟熏豆干、咸菜为辅。该厂于 1999 年注册成立,产品主要供应本地,在当地获得优质的评价。

(2)辣椒酱等。长阳土家族自治县土家嫂特色食品有限公司成立于 1997 年,坐落在湖北长阳经济开发区,占地面积 3000 多平方米,现有固定资产 570 万元。公司依托长阳山区地理位置和资源优势,挖掘长阳土家的传统工艺,生产加工土家特色食品,公司主要产品有豆瓣酱、清江鱼豆豉、鲊广椒、仔姜、葛根粉等系列产品,是湖北省林业产业化龙头企业、宜昌市农业产业化重点龙头企业、长阳县首批取得国家出口食品生产企业卫生注册证书的企业之一,也是我县科技创新型企业之一。1999 年和 2001 年在中国农业博览会上,"土家嫂"牌豆瓣酱被评为"湖北名牌产品";2002 年"土家嫂"清江鱼豆豉被省消协评定为"湖北省消费者满意产品";良好的加工环境,独特的制作工艺,使"土家嫂"牌豆瓣酱、清江鱼豆豉在 2003 年双双获得国家"无公害食品"认证,在同类产品中极为少见;2005 年"土家嫂"被评为"湖北省著名商标",打破了我县著名商标零的纪录;2006 年"土家嫂"牌豆瓣酱被评为"湖北省名牌产品",2009 年土家嫂商标再次被认定为"湖北省著名商标"。而且带动了当地农业经济,比如豆瓣酱中的辣椒、蚕豆,鲊广椒中的玉米、辣椒,也都在本县农村收购,每年 1000 多吨的原材料收购,可为农民增加收入 300 多万元。①

---

① http://www.hbtujiasao.com/about/? 1.html。

二、长阳县传统医药业开发——何开意骨伤科诊所案例①

（一）对何开意医生的访谈

在长阳，我们多方走访，希望能够最大限度地发掘出长阳本地尤其是具有土家族特色的非物质文化遗产资源。在此之前，我们了解到长阳地区的一些土家族居民手中掌握着一些医药方面的土方、秘方，在治疗某些疾病方面具有特殊的疗效。来到长阳后，我们向当地人多方打听，他们都热情地向我们介绍了一位长阳本地的医生——何开意医生以及他开的何开意骨伤科诊所。据说何医生在治疗骨伤方面有很深的造诣，凭借何氏祖上留传下来的医治骨伤的特殊药方以及本人高超的医术，在本地和周边地区都获得了极好的口碑。

午后，我们在熟人的带领下来到了位于长阳县龙舟坪镇沿江路 45 号的何开意骨伤科诊所（其注册的营业执照名称为：龙舟坪镇何氏中医诊所）。我们对何医生进行了细致的访谈，希望对他所掌握的特殊的医药配方、医疗技术，他的诊所经营状况及其医药技术的产业化状况有个全面的了解。

以下是访谈内容（应被访谈者本人要求，隐去相关医药信息及其他商业机密内容）：

问：何先生，您好。我们这次过来主要是想对长阳当地的非物质文化遗产进行一个调研，希望能够形成一定的调研成果，来更好地保护本地的非物质文化遗产，促进它的传承与发展。我们听说您在医药这方面做得很好，尤其是在治疗骨科疾病方面有很高的水平，所以想知道您是否拥有什么特殊的医疗药方，还有您这个产业现在发展的大致状况。

何开意（以下简称"何"）：我们这个诊所只不过是小打小闹，产业的话还是远远谈不上的，做产业化什么的还真是从来没考虑过，其实一般人也不会有那个心思。至于特殊的医药配方那还是有一些的，主要是原来祖上流传下来了一些治疗骨折之类的比较有效的药方，然后经过我爷爷辈、父亲辈几辈人的研究和摸索，到了我这里，把这个技术学了过来，然后给别人瞧病，发现效果确实不错，所以在这个方面做得就比较好。

---

① 此问题系湖北省社科基金项目"产业化背景下土家族非物质文化遗产的特别知识产权保护研究"（2012046）的成果之一。

问：您说您这是"小打小闹"是不是因为你自己不想把这个诊所做大呢？因为如果有了这么好的医疗技术，要推广开来也不是什么困难的事情啊。

何：其实也不是我们本身不想做大，如果多开几家诊所、多看一些病人，我们的诊金自然也是可以多收一点，哪个医生会嫌自己挣的钱多呢？但是，我这边之所以没这么做也是有我们自己的考虑的。主要是我自己本身也没那么多精力。我们土家族有一句老话叫"墙多了糊不来"，就是说事多了办不好，本身我们瞧病的这个行业有我们自己的特殊性，如果什么都不管，一味地往大了做，肯定效果是不会很好的。用现在比较时髦的话说，本身这里的资源就很有限，无论是人力资源还是市场资源，做大了的话资源就分散了。如果效果不如原来的好，反而容易把长时间建立起来的招牌给搞砸了，所以我们这边到现在为止其实也没什么想做多大的想法。

问：你们这边给人治疗骨伤主要是用中草药吧，这在医学里主要是属于一个怎么样的门类，是不是也是属于中医这一块呢？

何：我们这边的本地人一般称我们这种治病的药方叫"土方"，也就是说我们这种药方是比较具有本地特色的，是先辈们在长期的摸索中自己发现的，也算是非常具有我们土家族特色的药方吧。因为在开诊所之后，我们也经常会和外面的一些诊所、医院，还有一些别的赤脚医生有一些交流，我就发现，我们这个药方现在除了我们以外，是没有人使用的，大家使用比较多的也都是一些医生普遍信赖的方子，是一些大同小异的治疗方法。我的这个方子里，用到的几乎都是中草药，当然根据情况的不同，有时候也会选取一些有辅助疗效的其余的药剂成分加进去，但不是很多，一般也都是辅助性的。至于是不是属于中医这一块，你看我们的营业执照上写的经营范围就是：中医科，内科专业，骨伤科专业。但是根据我们自己的感觉，其实我们应该是属于"草医"这一行当的，可是其实现在也没有"草医"这种说法，就是说没有这一行，医学上也没有特别详细的规定，所以也可以说我们是中医这一块的。

问：你们做骨科诊所做了多久了，您的治疗方法是从哪里学的？怎么样传给您的？有没有这方面的记录呢？

何：现在的这个诊所是前些年才开的，时间也不算太久，但是零零散散算起来我们给别人瞧骨科病也应该有 22 年了，原来是在乡下做一些简单的门诊之类的，有人骨折什么的听说我们看这个就会过来给瞧下，所以原来也不是很正规，就有点赤脚医生的意思。后来我们才想办法把店开到城里来，就是在现在这个地方买了门面，申请了经营许可证，开始正规的经营。我们的这个骨科病配方和技术在我印象中差不多到我这里应该传了4代人，像我的这个技艺主要是从我父亲那里学过来的，差不多到了后几代都是那种一代传一代的形式慢慢往下传的，至于原来这个方子或者技术是从哪里来的，我们这边也没有明确的记载，都是听先辈说是祖上辈根据自己的一些劳动实践，一些尝试，慢慢摸索出来的。

问：你们的名声这么大，除了本地的人，是不是也会有很多的外地人慕名而来呢？

何：现在也偶尔会有一些外地人来，主要也是当地人推荐过来的，大多数都是骨折或者其他的一些骨伤，花了大量的时间和精力治疗但是效果自己并不满意，然后就会访一访是不是别的地方有些偏方什么的能够治这个病。如果刚好遇到本地人或者对我们有了解的人就会推荐他过来看一看。一般自己从外地找过来的就很少了。

问：是不是有骨科的病到你们这里来看都能看好啊？你们在看病的时候会不会有个选择什么的，比方说什么样的人不看啊，会不会有这样的情况？

何：无论多么高超的医术也会有看不好的病，这个我们也不敢夸海口。但只要是来了的，我们愿意帮他治疗的，大多数，百分之九十我们是有把握能够看好的，我们看不好的也有，那都会想办法推荐到别的一些地方去，因为本身我们做骨科这一行的，对这一块的情况就比较了解，相互之间也会有些交流，或许我这边没办法看好的，别人那边有办法，主要是对病人负责。至于病人的选择这一块，我们这边主要就是面向长阳、宜昌和宜昌周边这一块的，有时候有外地人来，我们其实也是不大愿意看的。

问：为什么不大愿意给外地人看啊，是怕看不好还是别的什么原因？

何：这倒不是怕看不好，作为医生，有看不好的病是正常的，但是我说过，像对于骨伤这种情况，我们看不好的很少，只要我们愿意看，一般来说都是可以看好的。对于外地来的病人，我们担心看不好的情况倒是其次，主要是不敢接收，因为你知道有句古话说"伤筋动骨一百天"，也就证明一般伤到筋骨的病恢复起来都是非常麻烦的，至少会有一个很长的周期。像外地人来看病就有很大的不确定性了，因为他们一般都是今天看了明天就走，或者说过几天就走的，这就不利于我们进行跟踪治疗啊。一般病人过来，我们给他瞧过了，会先给他上药、按摩、推拿，然后就会要求他们定期到我这边来复查、换药，因为骨头是里面的东西，它恢复得怎么样了，一般人是看不出来的，有时候甚至都是感觉不出来的。比方说有人骨折了，来看过了，过了一段时间他感觉骨折的地方不像原来那么痛了,就以为好了,其实不是的,有时候骨折的情况比较复杂,比如压迫到了神经、脉络什么的就感觉不到痛了,这个情况我们有专门的方法可以发现,但病人凭感觉是无法察觉的,他以为就没事了,有时候就往往容易出问题。等到他真正能够感觉到的时候也就晚了。我们之所以不太愿意看外地人主要就是不方便跟踪治疗,你说人家冲着你的名气来了,你也给人家看了,结果过了几天病人就走了,最后这个病没瞧好,首先对病人自己来说就是很大的损失,不仅花费了大量的时间和金钱,而且最后也没治好,希望破灭了、精神寄托也没有了。其次,对我们而言也容易惹上麻烦,轻一点的就是别人回去说我们医术不行,严重一点的,像我们以前遇到的一些心态不好的病人还会过来"扯皮",要赔偿啊什么的。

问:那像这种病人应该不是很多吧,每年大概有多少这种病例呢?

何:多也不算多,但是碰上了就很麻烦。作为医生,我们本身要做的就是对病人负责,但是,医患关系向来不是单方面的问题。你看现在社会上整体的医患关系还是比较紧张的,我们虽然不是大医院,接触的病人没那么多、没那么复杂,但是也可以清晰地感受到这一点。我们的状况就是每年碰到那种不讲理的病人也不是太多。去年就没有,今年的话到现在为止就一个人。就在上个月,才刚处理完。那个病人是个什么情况呢,他原来是右胳膊摔断了,然后到我们这里来帮他看了下,他还算是得比较重的那种,除了骨折另外骨头还有点裂缝,当时就和他说先帮他把骨头接上,然后用木板夹一下,开始的时候两天过来换一次药,然后看看恢复的情况,过了几个星期,大体上恢复得有点好了,手也差不多能简单运动了,就让他一周过来一次。开始他还经常过来,后来估计也是自我感觉恢复差不多了,就过了两个多礼拜都没来。当时我们这里也有他的电话,我和我儿子都轮流给他打过电话,他自己是确实不愿意过来,说感觉差不多了,我们当时就和他说必须还要过来看看,骨头的情况比较复杂,否则可能会有问题,他还是没过来。当时我们这里还留了陪他一起来看病的他的一个叔叔的电话,我们也都给他打了,让他带人过来看看,他叔叔也敷衍了一下,我们当时就和他说如果不带人过来,到时候恐怕要出问题。他们当时估计也没当回事,后来过了一段时间,那个病人的伤口发痒,过来看的时候已经有些水肿了,就是里面发炎了,他过来的时候我们也没办法了,就让他到大医院去看看,他当时就说是在我们这里治出毛病的,要我们负责,你说这不是开玩笑吗?

问:那一般碰到这样的情况你们是怎么处理的,现在有没有什么预防措施呢？

何：对于这种我们屡次提醒还不听的人，我们也没什么办法，但最后要是真出什么问题了，找上门来我们也不怕，毕竟身正不怕影子斜，如果对于这种人老是怕影响名声委曲求全的话，那生意算是做不下去了。就说那个人吧，到这里来闹了几次，要赔偿什么的，我们也没理他，他如果要告我们什么的，我们也不怕，最后他估计也是知道错在自己身上也就走了，这件事就这么不了了之了。从这件事你就可以看得出来，为什么我们不太愿意给外地人医治，主要还是怕麻烦，麻烦别人也麻烦自己。要是哪个外地人来这边能自己找个安稳的地方待个一年半载的，我们也敢给他看。因为你知道，一般的骨头伤和皮外伤不一样，它恢复的周期都比较长，短时间内能治好的可能性不算太大。像现在到我们这里来看病的人，我们都会要求他签协议，必须要按照我们的要求复诊，如果不来的话，出事了和我们是没关系的。你看我们最近看过的这三个人都是签了协议的，都按了手印，这个我们是会好好保存的。所以现在想到的预防措施也就差不多是这个样子了。

问：您刚才也提到了骨伤的恢复周期比较长，那用你们的这种药方看病和一般的方法相比是不是会快一些呢，普遍来说，要看好病大概要多久？

何：和别的方法相比我们是要快一些的，这个我也问过了专门在医院工作的朋友，他们说在他们那里一般的骨折要看好估计要三四个月，我们这里的话可能只要两个月的样子，像比较严重一点的，比如大腿骨折需要手术的，他们那边恢复的时间就可能要半年到一年多了，我们这边可能会少一些。因为像医院对于稍微严重一点的骨折的话一般会要求患者进行手术，会打上钢板什么的，我们这边的话，要求手术的案例就很少了，一般来说，90％的是可以不通过手术治好的。如果手术的话，伤口恢复又要时间，我们这边就是直接帮你接好，然后夹上夹板定期上药就可以了，这样的话病人就少受了痛苦，而且也可以恢复得快一些。

问：那你们治疗骨折的关键是什么，是祖传的药方吗？

何：药方自然很关键，但我认为最重要的是手法。即使我把同样的药方给别人，别人也不一定能够治得好，因为治骨头不像治一般的病，给你药喝下去就好了，像治疗骨折的话涉及的环节就比较多、比较麻烦，骨头坏在里面，它是个什么情况通过肉眼是看不到的，我们就要首先观察他的表皮情况，看他的肌肉组织是不是红肿啊、瘀伤情况啊，然后就是用手摸一摸伤处，感觉一下里面到底是个什么样子，这就比较有讲究了，也和中医差不多，中医看病讲究个"望闻问切"，我们差不多这些手法都会用到，如果没有很多的实践经验，仅仅是摸一摸是察觉不到什么的。不过现在好了，有了 X 光，很多人会带着自己在医院照的片子过来，我们就可以很直观地发现问题在哪里、该怎么样对症下药。所以这个西医啊，在很多地方对我们的帮助也是很大的，都是相互促进的。接骨的手法是我们治疗中非常看重的东西，有时候能不能治好就看开始能不能把骨头接好，一般的骨折都会伴有骨头关节的错位，在接骨的时候就非常注重手法的运用，比如有时候会用到"转骨"，就是骨头错位但是没有办法直接把它接上去或者已经偏离了位置就需要把骨头转一下，这就是个很考验手法的活，没有个几十年的实践经验想要学会还是非常困难的。我原来跟随我父亲学医的时候，对于接骨头"一拉、一抖、一转"的手法是感到非常神奇的，但是真要我自己做起来那真是太困难了。像我儿子他们现在，虽然都是大学本科毕业了，但是对于这种手法的话，肯定还是不会的。因为有些东西可以从书本上学来，有些东西就必须要从实践中才能学了。

问：那这个技术是不是准备传给您的儿子他们呢？

何：我肯定是希望能够传下去的，我两个儿子本身都是学医的，大儿子还是研究生，但是这能不能传下去，还要看他们本身的兴趣。像大学里面教的就是比较西医一点的东西，学的多是西医的理论，对我们这一块涉及就很少，所以即使他们想学的话，也等于说是要从头学起。而且学这个靠强迫是肯定不行的，我说过，主要是看他们年轻人自己是不是有这个兴趣。

问：你们这个药方里用的药是自己采的吗？应该有很严格的标准吧？

何：原来都是自己采的，我们长阳这边多山，所以药材数量也很多，以前比较有空，偶尔就出去采采药，现在的话主要也是从市场上买了，都有比较稳定的供应商，有时候也会向专门的药农购买一些专门的药材。标准的话，一般药材也都那个样，我们自己看，感觉可以就用。因为我们这个药方其实也没有用到一些多么稀有和特别的药材，但是也要求采药的人对药材的性质和作用有基本的了解，所以有些时候有些专门的药物是找比较熟悉的药农去采的。本身我们这个药方的起源的话据说也是和采药有关的，原来这个药方也不是用来专门给别人治病的，而是用来给自己防身的。以前我们这边的人一般都是到山上砍柴、采药到山下卖了挣点钱，在山上就非常容易摔倒碰伤。我的祖辈原来也是山里人，在山里有时候会有摔伤的情况，就在山上找一些草药嚼碎了敷在伤口上，后来慢慢发现有几种药对治疗跌打损伤什么的特别有效，我祖辈也是个有心人就记了下来，然后告诉后人，后人就在祖辈的基础上加以改进，然后请教当地的一些郎中,自己也学一些基本的药理知识,然后就慢慢研究出了这个方子,所以我一直说这个方子是前人在摸索的基础上研究出来的,因为我的祖辈据说也没有专门学医的。

问:您说这个药方是祖辈在山上自己慢慢摸索出来的,那么现在的药方中是不是用到了当地独有的药材,或者比较名贵和稀有的药材?

何:其实药材这个东西并不是说它越名贵就越有什么特别好的疗效,我们都知道一句话叫"物以稀为贵",药材也是这样,就像现在被炒得比较热的虫草,上次我们这边进了一点就三万块钱,但是它真的比一般的药材好、能够治什么别的药治不了的病吗? 恐怕不是,我们现在市场上大部分的虫草都是作为保健品来销售的,一般人用到的概率不算太大。我们的药方中其实也没有什么名贵的药材,都是市场上可以轻易买到的,至于长阳本地独有的药材,也没有什么,都是山上的一些中草药,但我们就是通过一些特殊的加工手段使得药效能够充分发挥出来,能够很好地来治疗我们的骨折或者其他的骨伤。所以我们这个药的价格并不算贵,普通的医院里看个骨折什么的要个几千块钱是常事,我们这边一般来说,只要不是特别严重的骨折几百块就可以看好。

问:那么药材的加工的话是你们自己加工还是请了专门人员负责,是不是有一些比较烦琐的程序呢?

何:现在药材加工的话主要还是我们自己在做,平时我做得比较多,有时候我小儿子也帮着做一点,一边做也一边学。因为药材加工本身也涉及几个比较复杂的工序,对火候、时间和药量的把握都要非常精准,自己心里最起码要有杆秤,这个就是完全靠经验来做的,要是写成教科书什么的让他们自己看估计也是搞不好的。像我们对于这个药材的加工主要涉及的就是热加工,就是运用一些基本的热胀冷缩的技术把药材中的一些杂质先剔除出来,然后就有我们传下来的一些特殊的淬炼技术把药材本身的一些功效更好地发挥出来。

问:那么你们在给病人治病的时候是不是还会对配方做一定的调整,还是就用原来配好的药方?

何:这个药方也是因人而异的,做什么事情都不能按照死规矩来,我们治病也是这样,用药的轻重缓急都是有很大的讲究的,对于不同的病人,其体质、受伤部位、伤重程度不一样,用药也会不一样。死脑筋来做这个肯定是不行的,有时候我们碰到比较特殊的病人,有些人的骨头天生就脆一些,有些人就韧一些。年龄对骨头的影响也是很大的,通常在遇到这些情况时我还会根据病人独特的体质来调整我们药方中各种草药的比例,这样能够更好地发挥药性,有时候用药用重了对病人也是非常不利的。这就要求我们医生要懂中医方面的一些知识,而且还不是懂一点,要对药理、配药有非常熟悉的认知,这一点我很大程度上还不是从我父亲那里学来的,而是后来有这个需要自己看了很多中医方面的书籍,还和原来本地的一些老中医请教学习过,所以这方面的知识大部分还是靠自学学来的。在配药方面主要就是结合了前人的一些经验加上自己学的一些东西,现在也算较为熟练地掌握了。

问:现在西医的发展比中医好,那么西医的发展对你们这个产业的发展是不是会有什么冲击呢?

何:冲击也算不上,现在无论在哪里,人们有病的话肯定会第一时间去找西医看啊,你看我们对骨科非常了解,但是遇到感冒发烧什么的也没什么办法,只能去医院或者卫生所打点滴,只能说,在传统的观念里,中医的价值和作用已经被渐渐淡化了。有个非常可笑的事情,我们一般是把那些不登大雅之堂或者不是正式药典记载过的药方称为"土方子"、"偏方",你看现在很多人在找中医看病时都会说配些"偏方"什么的,这其实在潜意识里对中医是持不信任的态度的。中国传统的医学受西医的影响比较大,我们这边其实并不算明显,毕竟是小地方,没那么多讲究。你看在骨折治疗上,西医一般就会建议人们开刀,然后打个钢板什么的,这其实也不是治不好,只能说病人多受了痛苦,我原来和很多动过骨科手术的人说他们的骨折在我们这边是不需要手术的,他们并不信,直到后来我们用自己的方法看好了很多骨折的人以后名声慢慢出来了,现在这边的人也都信了,有时候出去了还会给我们做做免费的宣传,只要名气出来了,往后的一切做起来其实并不算难。所以西医对我们这块的影响就比较小。

问:那现在您的这个技术、药方是不是还在往下传呢?您的两个儿子都是学医出身的,是不是您也有这方面的考虑?如果有外人来学习这个技术你是不是愿意教给别人呢?

何:这个肯定是希望传下去的,现在大儿子在医院工作,小儿子的话就和我一起在管理这个诊所,学一学这个骨科技术。以前他们上学的时候,我也是有过这个考虑的,因为我本身就是医学出身,对这方面比较了解,而且这里有这么好的家庭条件,自然是希望子承父业,所以当时在考大学的时候就希望他们能够选择医学。至于这个技术能不能一直往下传,能传到什么地步我个人还是比较担忧的,医学这个东西一是靠自己的钻研,一是靠个人的兴趣,二者缺一不可,否则很难做出什么事情,做不精。尤其是中医这个东西,本身包含的一些药理、药方就比西医更加烦琐,而且越到后期就越注重经验的积累,"望闻问切"这些技术绝对不是一朝一夕能够学来的,少则十多年,多则三五十年,没有一定的兴趣的话是很难坚持下来的。我儿子他们现在也都有自己的想法,年轻人的思路比较活跃,我们只能加以引导不能妄加干预,至于他们以后学不学、能学到什么地步,还要看他们自己的努力程度和是否在这方面能够培养起兴趣。至于外人来学,到现在为止还没有人来过,但是这个也不是绝对的传内不传外,如果真有人愿意来继承这个技术并且能够把它发扬光大,为社会造福,而且有足够的诚意和兴趣的话我还是愿意教的。

问:有没有政府和相关部门来找你们谈过合作的事宜? 政府对这一方面是否支持?

何:政府对我们这边还是非常支持的。合作这方面原来好像也有人来谈过,最后由于种种原因就没谈成。其实这方面只要我们自己的口碑出来了,对地方的发展还是非常有利的,所以政府在政策上还是对我们非常鼓励和支持的。

问:那你是不是希望你们这个能够做大做强,能够进行产业化开发呢,或者你希望的产业化模式是什么样子的?

何:产业化这个问题我们确实是没有细致考虑过,我们也对别的地方一些特殊医药行业产业化的东西有过了解,一般来说都是一方出资、一方出药方和技术,由于我们对这方面不是很了解,所以产业化我们也不会贸然去做,说实话让我现在把药方交出来我个人还是不愿意的,像这种几代传下来的东西,我们是有保密义务的,就是从个人的私心来讲,人不为己天诛地灭,既然能够带来利益,我们自然是希望实现小范围的技术垄断。至于我个人希望的产业化模式,这个对我们来说就太专业了,我是个医生,就想安安分分地给人看病,那些东西暂时也不去考虑,如果将来有什么需求或许会进行考虑。

(二)访谈的启示

通过对何开意先生的访谈,我们对长阳本地比较具有代表性的非物质文化遗产——传统医药的保存和发展现状有了较详细的了解,对其产业化困境也有了大致的把握。概括来说,传统医药非物质文化遗产进行产业化的困境主要集中在以下五个方面:

1.以知识产权保护传统医药的制度困境

现有的知识产权制度无法对传统医药提供完整、妥善的保护。尽管 2011 年通过了《中华人民共和国非物质文化遗产法》(以下简称《非物质文化遗产法》)并于同年 6 月 1 日开始施行,但由于各地区、各民族的具体情况不同,有必要根据各个地方的具体情况制定相应的法律。长阳作为土家族自治县,拥有自治立法权,目前已有自治条例《长阳土家族自治县民族民间文化保护条例》(2006 年)。为贯彻 2011 年《非物质文化遗产法》,各自治地方应该加快立法脚步,根据自治地区的情况制定自治条例和单行条例,使非物质文化遗产的法律保护有法可依。

现在很多国内学者都探讨过少数民族传统知识产业化开发中开发与保护的关系、少数民族传统知识产业化保护的现代价值及其发展路径,并论证了通过知识产权立法对产业化保护传统知识进行规制之正当性的法学理论基础。但是上述研究更多地关注传统知识保护的理论问题,而不是操作性的制度问题。同样,现有的知识产权制度在对知识产权进行保护时也存在相同的问题:更注重对理论性问题的归纳和研究,而缺少对其操作性的指导和规范。

少数民族非物质文化遗产作为知识产权的一种特殊形态,符合知识产权客体的一些特征,如:基于人类的创造活动;与权益密切相关,具有身份与财产的双重属性;具有地域性;是无形的知识产品。但是,它又有不同于以往知识产权客体的特点:(1)主体的不特定性和群体性;(2)保护时间上的无限期性;(3)更侧重于精神权益。除此以外,非物质文化遗产相关的知识产权作为一项私人所有权,与其产生的传统部族所秉持的"共有共享"的观念也存在冲突。由此,非物质文化遗产是知识产权的另类客体,相对应的权利是一种特别知识产权。必须明确该项特别知识产权,实现与传统知识产权制度的协调,并实现对特别知识产权的妥善保护。

所谓特别知识产权制度的基本内容就是:在特定民族或特定地区的人群中形成或流传,创作主体不明确,但有充分理由推定为该群体中的个人或群体智力创造的传统知识表现形式的智力成果权属于该群体享有。对其保护是无期限的。该特别知识产权的内容包括:文化归属权、公布权、文化尊严权、使用权、传授权、获得报酬权等。因此,在以后的立法上,为了加强和重视对非物质文化遗产的保护,我们更要充分考虑到知识产权保护非物质文化遗产的问题,例如保护期限、保护客体、权利主体等等的冲突。

2.传统医药产业化模式选择的困境

一般而言,谈到对知识产权的保护,人们首先想到的就是对知识产品——

如本案例中专有医疗技术和配方的保密，或者给予他们充分的物质利益。在很多人看来是已经做得比较全面的了，所以很多地方在对非物质文化遗产进行开发利用时采取的是向非物质文化遗产继承人赎买的方式，通过给予报酬这种单一的方式获得对非物质文化遗产的开发利用权利。这种单一的产业化模式在很大的程度上抑制了非物质文化遗产继承人将非物质文化遗产奉献出来的积极性。人们更多要求的是长远的利益，或者说是可持续的利益。非物质文化遗产继承人并不太愿意接受一次性赎买的方式。因此，很多想要利用非物质文化遗产资源进行开发的地方和企业也会通过按时按量支付相应酬劳的方式与非物质文化遗产的继承人合作，一方面保证了开发利用者对非物质文化遗产进行长期、稳定、持续的开发利用，另一方面也切实保障了非物质文化遗产继承人的合法利益，这种方式是比较可行的。

3.传统医药产业化与个人利益的冲突

知识产权所有人潜意识里不愿意公开其掌握的医药技术，害怕产业化会导致医药技术的泄密，损害到个人的利益。为了打消这些医药技术所有人的顾虑，可以从以下两个方面着手解决：首先，加强对医药技术所有人的知识产权保护，通过赋予其医药技术以专利权或技术秘密权，实现其合法的垄断权，同时，也为权利人从产业化的过程中获取更大的利益奠定法律的权利基础。其次，要让这些医药技术的所有人切实参与到产业化运作中来。这样既保证了医药技术的原汁原味，也切实保障了其经济利益的实现。

但是，以上两种做法同样都有弊端：它们只注重对非物质文化遗产继承人物质利益的保障，极少地考虑到非物质文化遗产继承人的精神利益。我们认为，物质利益和精神利益同样重要。在对非物质文化遗产进行开发利用时，同样负有标明其来源及标注其继承人身份等义务，例如对继承人署名权的保护。这就要求我们在对非物质文化遗产进行产业化开发的时候，必须把继承人吸收进来。作为非物质文化遗产的所有人，继承人当然有权利切实参与到整个产业化运作中来，这样不仅可以将继承人的个人利益与产业化的利益实现充分的捆绑，增强继承人的责任心和参与产业化的积极性，同时也能够让继承人感受到本身的价值得到了充分的考虑与尊重，使得继承人在精神上得到相应的慰藉，对整个产业化的推动作用也是巨大的。

综上所述，对非物质文化遗产进行产业化开发，既要重视经济效益，同时更要促进非物质文化遗产的可持续发展，并能收获较大经济利益。在产业化的过程中，强有力的保护措施是必不可少的。而法律是社会当中最具权威性和稳定性的有力武器,在诸多的保护方式中,法律保护是最根本、最稳定、最高效的方式。只有健全的立法保护,才能使行政保护、财政支持、知识产权保护得到保证。

立法保护是解决产业化中个人利益与产业化冲突的最有效手段,在立法保护非物质文化遗产时,我们必须要遵循两个原则:原真性原则和开发与传承的良性原则。

非物质文化遗产是宝贵的文化资源,其中更有许多资源濒临灭绝。因此不可采取"唯经济主义"对其进行产业化开发,即一味追求经济利益的最大化而忽视非物质文化遗产本身蕴含的价值,对非物质文化遗产进行不尊重其实质内涵和民族特色的肆意改造,我们的产业化应该首先是建立在保证非物质文化遗产原真性的基础上的,这既是对非物质文化遗产的尊重,也是对非物质文化遗产传承人的尊重,必将对产业化起到极大的推动作用。其次,对于非物质文化遗产产业化而言,一方面有着开发、生产、销售、管理等不同利益环节利益实现和开发主体的多样化操作的现实,一方面有着传承人对于非物质文化遗产"保真"传承的要求,两者的意愿往往会背道而驰。如果在产业化的过程中,各个主体都是以追求自身利益最大化为目标,不顾全公平利益,未考虑到产业化的可持续发展和对非物质文化遗产的保护,则会使得利益分配出现不可调和的矛盾。另一方面就非物质文化遗产本身的价值而言,它是各民族世代的财富,应该让其继续流传,使得民族的子孙后代能够共享文化果实。这是文化权利的基础,这就要求在产业化的过程中应当考虑到子孙后代的利益,采取可持续、健康的发展方式。因此,在产业化过程中时刻注重开发与传承的良性原则就显得必不可少。

4. 传统医药人才的培养困难重重

何开意先生多次提到他的医疗技术的学习很重要的一个方面是靠个人兴趣,这是与医疗手段的特殊性相关的。对于不同的病人、不同的病状,所使用的医疗手法甚至医治药方也是不一样的,何开意先生经过长期的实践摸索对这方面有了自成一体的认识,所以在处理各种病状时游刃有余,但是如果仅仅把他的药方拿出去进行研究,进行产业化开发,最后的实际效果很可能与期望效果会大相径庭的。医疗是很注重医生、依赖医生本身的一个行业,并不是谁有了药方都可以治好病,这或许也是何开意骨科诊所无法实现产业化运作的一个重要因素。因此,本案例中的传统医药行业要实现产业化可谓困难重重,首先要面对的便是医疗人才的培养问题。

医疗人才的培养并非一朝一夕尽一人之力可以完成的事情,何开意先生在访谈中多次透露对医疗人才培养的有心无力从而使用"个人兴趣"的说法加以掩饰,医药配方必须结合熟练的医疗手法才能发挥最大的作用,而且对药方的使用也不是千篇一律的,也要根据复杂的实际情况加以变通,要求医生对中医的诸多药理、手法有透彻的了解,因此在产业化过程中如何培育出高水准的医疗人员显得尤为关键。这是靠个人的力量无法完成的,政府或者意欲开发利用该医药技术的企业在这个方面应该投入更多的财力及建立专门的机构培养相关人才。可以通过征集有兴趣、有基础的人员交由非物质文化遗产继承人进行小班教学,以师傅带徒弟的方式来促进对专业人才的培养。在这方面,政府的政策鼓励和资金投入就显得必不可少,要对学员加以物质性奖励,同时也要给予非物质文化遗产继承人合理的报酬及精神利益的尊重,充分调动各方积极性。

5.传统医药普遍适用性的研究任重道远

何开意先生多次说到他看病很多时候要根据病人的情况来对药方中药物含量、配比进行微调,程序相当烦琐。实行产业化以后,这样的方式必然是行不通的,因此加强对药方的普遍适用性研究便显得尤为重要。对传统医药普遍适用性研究主要是利用先进的制药手段,使得药方能够最大限度地发挥应有的功效,能够较为普遍地适用于各种特殊情况。因此我们应该借鉴西医制药的做法,加强对传统药方药物成分、药理属性的研究,用现代先进制药技术提炼出能够适用于不同病例,至少是在大部分病例中都能很好发挥功效的药剂,这是传统医药及其技术产业化的前提。

第七节　非物质文化遗产产业化的经验与展望

一、长阳县构建了非物质文化遗产保护和产业化的结合与互补

非物质文化遗产是印证一个民族存在的文化标志,是维系一个民族发展的文化基因。中国非物质文化遗产不仅为数众多、各具特色,而且具有极高的人文价值。由于我国目前正处于传统社会向现代社会的过渡转型阶段,大量

的非物质文化遗产在现代文明持续挑战和外来文化不断冲击的情势下陷入岌岌可危的境地,因此,保护我国非物质文化遗产显得极为重要和非常紧迫。适应全球化迅猛发展的趋势,借鉴发达国家的经验,走产业化发展道路是保护非物质文化遗产的一种比较理性的选择。非物质文化遗产产业化,就是以"非遗"为生产资源,经过市场运作,将非物质文化遗产与市场经济机制相结合,赋予非物质文化遗产一定的经济属性,使其成为一项适应人们精神文化需要的文化产品。①

1.长阳县非物质文化遗产的产业化发展反哺了非物质文化遗产的保护

非物质文化遗产实施产业化的本质在于大规模地制作非物质文化产品,在市场经济中彰显非物质文化的经济价值,并以此反哺非物质文化遗产保护,最大限度地延长非物质文化遗产的生命周期,使非物质文化遗产产生更大的社会效应,承负更大的社会责任。

经费保障。以长阳山歌五年保护计划为例,总共需要资金约 87 万,通过以下渠道来筹集:县财政投入约 22 万;文化部门及所在乡、镇、村自筹 5 万元;民族部门筹集民族文化事业发展项目资金支持 15 万元;向上级部门争取 45 万元。这些"非遗"保护的费用中有一部就是非遗文化产业化所形成的收入。长阳县这些年坚持政府主导、文化搭台、旅游唱戏,积极促进巴土文化与旅游的深度融合,着力打造民族文化"名片",打造鄂西文化生态旅游圈,增强长阳的经济实力,文化产业收入占县 GDP 的 3%,以后要提高到 6%。经济发展了,对"非遗"文化的保护经费就更充足了。

人员保障。非物质文化遗产实施产业化使得非物质文化遗产的传承人捧起了文化的金饭碗,部分传承人在表演业中获益,如长阳县民间歌手王爱华兄弟以长阳民歌喜获国家大奖,从一个普通农民一举成名,对非物质文化遗产的传承和保护有很强的示范作用。再如民俗文化村的表演者多是一些政府奖励的传承人的后代,演出的收益基本可以稳定这种第二代传承人队伍。歌舞团近年也在探索演出市场开发的问题,希望以更好的收入来稳定专业演员,从而保护非物质文化遗产的传承。

2.长阳县逐步从单纯非遗文化传承保护走向与产业经济相结合的道路

早在 1995 年,大型舞剧《土里巴人》便在全国引起轰动,还捧回了文华大

---

① 刘金祥:《非物质文化遗产保护应走产业化道路》,载《黑龙江日报》2011 年 12 月 25 日第 08 版理论专刊。

奖。然而此后就被束之高阁，逐渐淡出人们的视野。2005 年，《梦幻土家》走上了一条不同的路，县委书记王新祝对此深有感慨："《土里巴人》说到底是政府拿出一笔钱，演了一台戏，得了一个奖。这次《梦幻土家》虽然还留有不少政府运作的痕迹，但市场因子已经相当活跃。"尤为可喜的是，与一些专业艺术剧目动辄投入几百万元形成鲜明对比，《梦幻土家》并未耗费太多财力。据长阳土家族自治县文体局副局长覃万勤介绍，由于节目都是现成的，加以巧妙的串联和编排即可，因此该剧从构思到抽调民间艺人排练，直至登上舞台，总共只花了 10 天时间，成本也比较低。

2012 年的《江山美人》直接与旅游对接。长阳旅游发展的口号是：培育龙头、打造产业集群的旅游发展模式，景区一体化的管理模式，节庆推介、文化带山水的营销模式，构建"赏一江好水、观一台好戏、乘一艘好船、品一桌好饭、伴一名好导游"的"五个一"景区五星级服务体系。《江山美人》就是结合民族文化和旅游打造的"一台好戏"之一。

二、长阳县遵循了非物质文化遗产实施产业化的基本原则[①]

一是坚持遵循文化发展和市场经济双重规律。对待非物质文化产业项目，我们要遵循其发展的内在规律和特点，不可盲目地强制其产业化或禁止其产业化，应根据市场需求和潜力调整完善其产业化的方向和方式。同时，要从有利于文化资源的科学配置和优化组合出发，最大限度地追求文化资本不断积累的社会效益，努力形成经营性和公益性两种文化产业。如县歌舞团排练的演出多是公益性的，如其代表性作品《土里巴人》旨在对外宣传长阳土家文化；一些民间的艺术团多是营利性的，在各种演出中追求经济效益。

二是坚持统筹规划，区别对待。对于非物质文化遗产项目实施产业化应按照类别进行统筹规划，根据国家、省、市、县四级"非遗"项目名录，确定不同的产业化发展目标。对于远离现代社会生活、没有市场生存能力的项目，如礼仪类、语言类、风俗类、信仰类等，应主要由各级政府、社会力量和广大民众共同进行产业化开发。对于仍有市场需求的"非遗"项目，包括戏曲、舞蹈、杂技、传统技艺、民间美术等，应通过进行生产性保护，开辟新的文化市场，进行全部

---

① 刘金祥：《非物质文化遗产保护应走产业化道路》，载《黑龙江日报》2011 年 12 月 25 日第 08 版理论专刊。

或者部分产业化运作,实现"非遗"项目良性运转。

三是坚持多元联动,协调发展。对非物质文化遗产实施产业化需要政府、传承人、企事业单位等社会各个方面的协调配合,需要相关产业资源的配套发展,包括公共文化服务体系建设、高新技术介入和实体产品生产经营等层面和环节。而每个层面和环节都应根据不同的"非遗"项目特点,有机融合商业元素和文化元素,通过规模化运作提升行业竞争力,实现文化传承下的产业勃兴。长阳县实行三种模式并举:政府主导型,如歌舞团;政府扶持型,如民俗文化村;政府引导型,如土苗风情园。

四是坚持法律保障,政策扶持。用法律来规范非物质文化遗产的产业化水平是联合国教科文组织的硬性要求和发达国家的成功经验。2011 年 6 月 1 日,《中华人民共和国非物质文化遗产法》开始实施,把"非遗"的产业化保障提升到国家层面上,我国在制定促进"非遗"产业化政策方面还缺乏相应的政策可供执行,这使得保护"非遗"尚有大量的基础工作要做。《长阳土家族自治县民族民间传统文化保护条例》第 24 条规定:"自治县人民政府鼓励开发创新、合理利用民族民间传统文化资源,大力发展文化产业:(一)开发、生产有民族特色的传统工艺品、服饰、器皿等旅游商品;(二)挖掘、整理具有民族和地方特色的民俗表演项目,增强其艺术性和观赏性;(三)鼓励以弘扬优秀民族民间传统文化为目的的文学艺术和影视创作活动;(四)建立和恢复集中反映民族民间传统文化的设施;(五)建立自治县民族民间传统文化网站,扩大对外宣传;(六)有重点地对外开放具有民族民间传统文化特色的民居、场所等。"

五是坚持深化改革,开拓创新。改革创新是加快我国非物质文化遗产事业发展的强大动力。只有进行观念创新,妥善处理非物质文化遗产保护、传承、利用、发展的关系,既保护和传承好非物质文化遗产,又利用和发展好非物质文化遗产,才能在保护和传承的基础上充分利用和发展,通过利用和发展促进保护和传承;只有进行体制机制创新,以良性文化资源为前提,通过规范科学的市场模式,才能做大做强非物质文化遗产产业链;只有进行科技创新,充分运用现代科学技术研究和修缮非物质文化遗产,破解古代发明创造和工艺成果,才能提高非物质文化遗产保护的科技水平;只有进行展示方法创新,注重介绍非物质文化遗产发掘过程、历史背景、相关历史人物故事等信息,注重再现非物质文化遗产的传统生产技术和工艺流程,注重增强参与性、互动性、体验性和趣味性,才能使人们深入了解和亲身体验中华文明的丰富内涵和独特魅力;只有进行保护和传承方式创新,对具有重大历史价值的非物质文化遗产,按照国家有关要求,与经济建设、政治建设、文化建设、社会建设紧密地结合起来,对于有市场前景的,鼓励在国家政策支持下进入市场,特别是和发展旅游业紧密结合,开发文化产品,拓展服务项目,在与产业和市场的结合中实现传承和可持续发展。比如长阳茶叶、辣椒酱的传统制作和现代创新。

三、长阳县非物质文化遗产实施产业化的展望

长阳县文化产业发展相对滞后,还需进一步加强引导和扶持,特别是推进文化与旅游的深度融合。按《长阳县旅游产业发展十二五规划(2011—2025年)》的设想,长阳县的旅游突出一个定位,即原生态文化旅游度假胜地,打造山水生态画廊,浓郁巴土风情的文化名疆;实现文化旅游的转型,旅游要素体系中全方位融入土家文化,构建"土家源"文化工程品牌,建设和发展武落钟离山土家人寻根问祖的圣地,做大做强文化产业园,深度开发资丘民俗文化体验项目,开发巴国古都文化体验区,开发具有民族风情的旅游产品,营造清江浓郁的民俗风情氛围。到 2015 年,年旅游人数达 350 万人次,总收入 25 亿元,年增长 30％左右。以旅游业为轴心,整合长阳县非物质文化各产业,在"赏一江好水、观一台好戏、乘一艘好船、品一桌好饭、伴一名好导游"的"五个一"景区五星级服务体系的基础上更上一层楼。在发挥大项目、大公司龙头作用的同时,不忽略小公司的产业发展潜力,如资丘组建的清江九湾旅游开发有限责任公司,依托巴王洞、九湾桃花溪旅游区系列景点,同时"舞活"民间文艺演出队和原文化站扶持的"长阳昌杰民俗陈列馆",形成景区、民俗表演综合开发。目前该旅游公司已拥有固定资产 200 多万元,累计创产值 100 多万元。①

---

① 《长阳土家族自治县"文化扶贫"方兴未艾》,载《三峡晚报》2012 年 12 月 21 日。

附　　录

一、保护非物质文化遗产公约

第一章　总则

第一条　公约宗旨

本公约的宗旨如下：

（一）保护非物质文化遗产；

（二）尊重有关社区、群体和个人的非物质文化遗产；

（三）在地方、国家和国际一级提高对非物质文化遗产及其相互欣赏的重要性的意识；

（四）开展国际合作及提供国际援助。

第二条　定义

在本公约中：

（一）"非物质文化遗产"，指被各社区、群体，有时是个人，视为其文化遗产组成部分的各种社会实践、观念表述、表现形式、知识、技能以及相关的工具、实物、手工艺品和文化场所。这种非物质文化遗产世代相传，在各社区和群体适应周围环境以及与自然和历史的互动中，被不断地再创造，为这些社区和群体提供认同感和持续感，从而增强对文化多样性和人类创造力的尊重。在本公约中，只考虑符合现有的国际人权文件，各社区、群体和个人之间相互尊重的需要和顺应可持续发展的非物质文化遗产。

（二）按上述第（一）项的定义，"非物质文化遗产"包括以下方面：

1.口头传统和表现形式，包括作为非物质文化遗产媒介的语言；

2.表演艺术；

3.社会实践、仪式、节庆活动；

4.有关自然界和宇宙的知识和实践；

5.传统手工艺。

（三）"保护"指确保非物质文化遗产生命力的各种措施，包括这种遗产各个方面的确认、立档、研究、保存、保护、宣传、弘扬、传承（特别是通过正规和非正规教育）和振兴。

（四）"缔约国"指受本公约约束且本公约在它们之间也通用的国家。

（五）本公约经必要修改对根据第三十三条所述之条件成为其缔约方之领土也适用。在此意义上，"缔约国"亦指这些领土。

第三条　与其他国际文书

本公约的任何条款均不得解释为：

（一）改变与任一非物质文化遗产直接相关的世界遗产根据1972年《保护世界文化和自然遗产公约》所享有的地位，或降低其受保护的程度；

（二）影响缔约国从其作为缔约方的任何有关知识产权或使用生物和生态资源的国际文书所获得的权利和所负有的义务。

第二章　公约的有关机关

第四条　缔约国大会

一、兹建立缔约国大会，下称"大会"。大会为本公约的最高权力机关。

二、大会每两年举行一次常会。如若它作出此类决定或政府间保护非物质文化遗产委员会或至少三分之一的缔约国提出要求，可举行特别会议。

三、大会应通过自己的议事规则。

第五条　政府间保护非物质文化遗产委员会

一、兹在教科文组织内设立政府间保护非物质文化遗产委员会，下称"委员会"。在本公约依照第三十四条的规定生效之后，委员会由参加大会之缔约国选出的18个缔约国的代表组成。

二、在本公约缔约国的数目达到50个之后，委员会委员国的数目将增至24个。

第六条　委员会委员国的选举和任期

一、委员会委员国的选举应符合公平的地理分配和轮换原则。

二、委员会委员国由本公约缔约国大会选出，任期四年。

三、但第一次选举当选的半数委员会委员国的任期为两年。这些国家在第一次选举后抽签指定。

四、大会每两年对半数委员会委员国进行换届。

五、大会还应选出填补空缺席位所需的委员会委员国。

六、委员会委员国不得连选连任两届。

七、委员会委员国应选派在非物质文化遗产各领域有造诣的人士为其代表。

第七条　委员会的职能

在不妨碍本公约赋予委员会的其他职权的情况下,其职能如下:

(一)宣传公约的目标,鼓励并监督其实施情况;

(二)就好的做法和保护非物质文化遗产的措施提出建议;

(三)按照第二十五条的规定,拟订利用基金资金的计划并提交大会批准;

(四)按照第二十五条的规定,努力寻求增加其资金的方式方法,并为此采取必要的措施;

(五)拟订实施公约的业务指南并提交大会批准;

(六)根据第二十九条的规定,审议缔约国的报告并将报告综述提交大会;

(七)根据委员会制定的、大会批准的客观遴选标准,审议缔约国提出的申请并就以下事项作出决定:

1. 列入第十六条、第十七条和第十八条述及的名录和提名;

2. 按照第二十二条的规定提供国际援助。

第八条　委员会的工作方法

一、委员会对大会负责。它向大会报告自己的所有活动和决定。

二、委员会以其委员的三分之二多数通过自己的议事规则。

三、委员会可设立其认为执行任务所需的临时特设咨询机构。

四、委员会可邀请在非物质文化遗产各领域确有专长的任何公营或私营机构以及任何自然人参加会议,就任何具体的问题向其请教。

第九条　咨询组织的认证

一、委员会应建议大会认证在非物质文化遗产领域确有专长的非政府组织具有向委员会提供咨询意见的能力。

二、委员会还应向大会就此认证的标准和方式提出建议。

第十条　秘书处

一、委员会由教科文组织秘书处协助。

二、秘书处起草大会和委员会文件及其会议的议程草案和确保其决定的执行。

第三章　在国家一级保护非物质文化遗产

第十一条　缔约国的作用

各缔约国应该：

（一）采取必要措施确保其领土上的非物质文化遗产受到保护；

（二）在第二条第（三）项提及的保护措施内，由各社区、群体和有关非政府组织参与，确认和确定其领土上的各种非物质文化遗产。

第十二条　清单

一、为了使其领土上的非物质文化遗产得到确认以便加以保护，各缔约国应根据自己的国情拟订一份或数份关于这类遗产的清单，并应定期加以更新。

二、各缔约国在按第二十九条的规定定期向委员会提交报告时，应提供有关这些清单的情况。

第十三条　其他保护措施

为了确保其领土上的非物质文化遗产得到保护、弘扬和展示，各缔约国应努力做到：

（一）制定一项总的政策，使非物质文化遗产在社会中发挥应有的作用，并将对这种遗产的保护纳入规划工作；

（二）指定或建立一个或数个主管保护其领土上的非物质文化遗产的机构；

（三）鼓励开展有效保护非物质文化遗产，特别是濒危非物质文化遗产的科学、技术和艺术研究以及方法研究；

（四）采取适当的法律、技术、行政和财政措施，以便：

1. 促进建立或加强培训管理非物质文化遗产的机构以及通过为这种遗产提供活动和表现的场所和空间，促进这种遗产的传承；

2. 确保对非物质文化遗产的享用，同时对享用这种遗产的特殊方面的习俗做法予以尊重；

3. 建立非物质文化遗产文献机构并创造条件促进对它的利用。

第十四条　教育、宣传和能力培养

各缔约国应竭力采取种种必要的手段，以便：

（一）使非物质文化遗产在社会中得到确认、尊重和弘扬，主要通过：

1. 向公众，尤其是向青年进行宣传和传播信息的教育计划；

2. 有关社区和群体的具体的教育和培训计划；

3. 保护非物质文化遗产,尤其是管理和科研方面的能力培养活动;

4. 非正规的知识传播手段。

(二)不断向公众宣传对这种遗产造成的威胁以及根据本公约所开展的活动;

(三)促进保护表现非物质文化遗产所需的自然场所和纪念地点的教育。

第十五条 社区、群体和个人的参与

缔约国在开展保护非物质文化遗产活动时,应努力确保创造、延续和传承这种遗产的社区、群体,有时是个人的最大限度的参与,并吸收它们积极地参与有关的管理。

第四章 在国际一级保护非物质文化遗产

第十六条 人类非物质文化遗产代表作名录

一、为了扩大非物质文化遗产的影响,提高对其重要意义的认识和从尊重文化多样性的角度促进对话,委员会应该根据有关缔约国的提名编辑、更新和公布人类非物质文化遗产代表作名录。

二、委员会拟订有关编辑、更新和公布此代表作名录的标准并提交大会批准。

第十七条 急需保护的非物质文化遗产名录

一、为了采取适当的保护措施,委员会应编辑、更新和公布急需保护的非物质文化遗产名录,并根据有关缔约国的要求将此类遗产列入该名录。

二、委员会拟订有关编辑、更新和公布此名录的标准并提交大会批准。

三、委员会在极其紧急的情况(其具体标准由大会根据委员会的建议加以批准)下,可与有关缔约国协商将有关的遗产列入第一款所提之名录。

第十八条 保护非物质文化遗产的计划、项目和活动

一、在缔约国提名的基础上,委员会根据其制定的、大会批准的标准,兼顾发展中国家的特殊需要,定期遴选并宣传其认为最能体现本公约原则和目标的国家、分地区或地区保护非物质文化遗产的计划、项目和活动。

二、为此,委员会接受、审议和批准缔约国提交的关于要求国际援助拟订此类提名的申请。

三、委员会按照它确定的方式,配合这些计划、项目和活动的实施,随时推广有关经验。

第五章　国际合作与援助

第十九条　合作

一、在本公约中,国际合作主要是交流信息和经验,采取共同的行动,以及建立援助缔约国保护非物质文化遗产工作的机制。

二、在不违背国家法律规定及其习惯法和习俗的情况下,缔约国承认保护非物质文化遗产符合人类的整体利益,保证为此目的在双边、分地区、地区和国际各级开展合作。

第二十条　国际援助的目的

可为如下目的提供国际援助:

(一)保护列入《急需保护的非物质文化遗产名录》的遗产;

(二)按照第十一条和第十二条的精神编制清单;

(三)支持在国家、分地区和地区开展的保护非物质文化遗产的计划、项目和活动;

(四)委员会认为必要的其他一切目的。

第二十一条　国际援助的形式

第七条的业务指南和第二十四条所指的协定对委员会向缔约国提供援助作了规定,可采取的形式如下:

(一)对保护这种遗产的各个方面进行研究;

(二)提供专家和专业人员;

(三)培训各类所需人员;

(四)制订准则性措施或其他措施;

(五)基础设施的建立和营运;

(六)提供设备和技能;

(七)其他财政和技术援助形式,包括在必要时提供低息贷款和捐助。

第二十二条　国际援助的条件

一、委员会确定审议国际援助申请的程序和具体规定申请的内容,包括打算采取的措施、必须开展的工作及预计的费用。

二、如遇紧急情况,委员会应对有关援助申请优先审议。

三、委员会在作出决定之前,应进行其认为必要的研究和咨询。

第二十三条　国际援助的申请

一、各缔约国可向委员会递交国际援助的申请,保护在其领土上的非物质文化遗产。

二、此类申请亦可由两个或数个缔约国共同提出。

三、申请应包含第二十二条第一款规定的所有资料和所有必要的文件。

第二十四条　受援缔约国的任务

一、根据本公约的规定,国际援助应依据受援缔约国与委员会之间签署的协定来提供。

二、受援缔约国通常应在自己力所能及的范围内分担国际所援助的保护措施的费用。

三、受援缔约国应向委员会报告关于使用所提供的保护非物质文化遗产援助的情况。

第六章　非物质文化遗产基金

第二十五条　基金的性质和资金来源

一、兹建立一项"保护非物质文化遗产基金",下称"基金"。

二、根据教科文组织《财务条例》的规定,此项基金为信托基金。

三、基金的资金来源包括:

(一)缔约国的纳款;

(二)教科文组织大会为此所拨的资金;

(三)以下各方可能提供的捐款、赠款或遗赠:

1.其他国家;

2.联合国系统各组织和各署(特别是联合国开发计划署)以及其他国际组织;

3.公营或私营机构和个人。

(四)基金的资金所得的利息;

(五)为本基金募集的资金和开展活动之所得;

(六)委员会制定的基金条例所许可的所有其他资金。

四、委员会对资金的使用视大会的方针来决定。

五、委员会可接受用于某些项目的一般或特定目的的捐款及其他形式的援助,只要这些项目已获委员会的批准。

六、对基金的捐款不得附带任何与本公约所追求之目标不相符的政治、经济或其他条件。

第二十六条　缔约国对基金的纳款

一、在不妨碍任何自愿补充捐款的情况下,本公约缔约国至少每两年向基金纳一次款,其金额由大会根据适用于所有国家的统一的纳款额百分比加以确定。缔约国大会关于此问题的决定由出席会议并参加表决,但未作本条第二款中所述声明的缔约国的多数通过。在任何情况下,此纳款都不得超过缔约国对教科文组织正常预算纳款的百分之一。

二、但是,本公约第三十二条或第三十三条中所指的任何国家均可在交存批准书、接受书、核准书或加入书时声明不受本条第一款规定的约束。

三、已作本条第二款所述声明的本公约缔约国应努力通知联合国教育、科学及文化组织总干事收回所作声明。但是,收回声明之举不得影响该国在紧接着的下一届大会开幕之日前应缴的纳款。

四、为使委员会能够有效地规划其工作,已作本条第二款所述声明的本公约缔约国至少应每两年定期纳一次款,纳款额应尽可能接近它们按本条第一款规定应交的数额。

五、凡拖欠当年和前一日历年的义务纳款或自愿捐款的本公约缔约国不能当选为委员会委员,但此项规定不适用于第一次选举。已当选为委员会委员的缔约国的任期应在本公约第六条规定的选举之时终止。

第二十七条　基金的自愿补充捐款

除了第二十六条所规定的纳款,希望提供自愿捐款的缔约国应及时通知委员会以使其能对相应的活动作出规划。

第二十八条　国际筹资运动

缔约国应尽力支持在教科文组织领导下为该基金发起的国际筹资运动。

第七章　报告

第二十九条　缔约国的报告

缔约国应按照委员会确定的方式和周期向其报告它们为实施本公约而通过的法律、规章条例或采取的其他措施的情况。

第三十条　委员会的报告

一、委员会应在其开展的活动和第二十九条提及的缔约国报告的基础上,向每届大会提交报告。

二、该报告应提交教科文组织大会。

第八章　过渡条款

第三十一条　与宣布人类口头和非物质遗产代表作的关系

一、委员会应把在本公约生效前宣布为"人类口头和非物质遗产代表作"的遗产纳入人类非物质文化遗产代表作名录。

二、把这些遗产纳入人类非物质文化遗产代表作名录绝不是预设按第十六条第二款将确定的今后列入遗产的标准。

三、在本公约生效后,将不再宣布其他任何人类口头和非物质遗产代表作。

第九章　最后条款

第三十二条　批准、接受或核准

一、本公约须由教科文组织会员国根据各自的宪法程序予以批准、接受或核准。

二、批准书、接受书或核准书应交存教科文组织总干事。

第三十三条　加入

一、所有非教科文组织会员国的国家,经本组织大会邀请,均可加入本公约。

二、没有完全独立,但根据联合国大会第 1514(XV)号决议被联合国承认为充分享有内部自治,并且有权处理本公约范围内的事宜,包括有权就这些事宜签署协议的地区也可加入本公约。

三、加入书应交存教科文组织总干事。

第三十四条　生效

本公约在第三十份批准书、接受书、核准书或加入书交存之日起的三个月后生效,但只涉及在该日或该日之前交存批准书、接受书、核准书或加入书的国家。对其他缔约国来说,本公约则在这些国家的批准书、接受书、核准书或加入书交存之日起的三个月之后生效。

第三十五条　联邦制或非统一立宪制

对实行联邦制或非统一立宪制的缔约国实行下述规定:

(一)在联邦或中央立法机构的法律管辖下实施本公约各项条款的国家的联邦或中央政府的义务与非联邦国家的缔约国的义务相同;

(二)在构成联邦,但按照联邦立宪制无须采取立法手段的各个州、成员国、省或行政区的法律管辖下实施本公约的各项条款时,联邦政府应将这些条款连同其建议一并通知各个州、成员国、省或行政区的主管当局。

第三十六条　退出

一、各缔约国均可宣布退出本公约。

二、退约应以书面退约书的形式通知教科文组织总干事。

三、退约在接到退约书十二个月之后生效。在退约生效日之前不得影响退约国承担的财政义务。

第三十七条　保管人的职责

教科文组织总干事作为本公约的保管人,应将第三十二条和第三十三条规定交存的所有批准书、接受书、核准书或加入书和第三十六条规定的退约书的情况通告本组织各会员国、第三十三条提到的非本组织会员国的国家和联合国。

第三十八条　修订

一、任何缔约国均可书面通知总干事,对本公约提出修订建议。总干事应将此通知转发给所有缔约国。如在通知发出之日起六个月之内,至少有一半的缔约国回复赞成此要求,总干事应将此建议提交下一届大会讨论,决定是否通过。

二、对本公约的修订须经出席并参加表决的缔约国三分之二多数票通过。

三、对本公约的修订一旦通过,应提交缔约国批准、接受、核准或加入。

四、对于那些已批准、接受、核准或加入修订的缔约国来说,本公约的修订在三分之二的缔约国交存本条第三款所提及的文书之日起三个月之后生效。此后,对任何批准、接受、核准或加入修订的缔约国来说,在其交存批准书、接受书、核准书或加入书之日起三个月之后,本公约的修订即生效。

五、第三款和第四款所确定的程序对有关委员会委员国数目的第五条的修订不适用。此类修订一经通过即生效。

六、在修订依照本条第四款的规定生效之后成为本公约缔约国的国家如无表示异议,应:

(一)被视为修订的本公约的缔约方;

(二)但在与不受这些修订约束的任何缔约国的关系中,仍被视为未经修订之公约的缔约方。

第三十九条　有效文本

本公约用英文、阿拉伯文、中文、西班牙文、法文和俄文拟定,六种文本具有同等效力。

第四十条　登记

根据《联合国宪章》第一百零二条的规定,本公约应按教科文组织总干事的要求交联合国秘书处登记。

二、中华人民共和国非物质文化遗产保护法

第一章　总　则

第一条　为了继承和弘扬中华民族优秀传统文化,促进社会主义精神文明建设,加强非物质文化遗产保护、保存工作,制定本法。

第二条　本法所称非物质文化遗产,是指各族人民世代相传并视为其文化遗产组成部分的各种传统文化表现形式,以及与传统文化表现形式相关的实物和场所。包括:

（一）传统口头文学以及作为其载体的语言;

（二）传统美术、书法、音乐、舞蹈、戏剧、曲艺和杂技;

（三）传统技艺、医药和历法;

（四）传统礼仪、节庆等民俗;

（五）传统体育和游艺;

（六）其他非物质文化遗产。

属于非物质文化遗产组成部分的实物和场所,凡属文物的,适用《中华人民共和国文物保护法》的有关规定。

第三条　国家对非物质文化遗产采取认定、记录、建档等措施予以保存,对体现中华民族优秀传统文化,具有历史、文学、艺术、科学价值的非物质文化遗产采取传承、传播等措施予以保护。

第四条　保护非物质文化遗产,应当注重其真实性、整体性和传承性,有利于增强中华民族的文化认同,有利于维护国家统一和民族团结,有利于促进社会和谐和可持续发展。

第五条　使用非物质文化遗产,应当尊重其形式和内涵。

禁止以歪曲、贬损等方式使用非物质文化遗产。

第六条　县级以上人民政府应当将非物质文化遗产保护、保存工作纳入

本级国民经济和社会发展规划,并将保护、保存经费列入本级财政预算。

国家扶持民族地区、边远地区、贫困地区的非物质文化遗产保护、保存工作。

第七条　国务院文化主管部门负责全国非物质文化遗产的保护、保存工作;县级以上地方人民政府文化主管部门负责本行政区域内非物质文化遗产的保护、保存工作。

县级以上人民政府其他有关部门在各自职责范围内,负责有关非物质文化遗产的保护、保存工作。

第八条　县级以上人民政府应当加强对非物质文化遗产保护工作的宣传,提高全社会保护非物质文化遗产的意识。

第九条　国家鼓励和支持公民、法人和其他组织参与非物质文化遗产保护工作。

第十条　对在非物质文化遗产保护工作中做出显著贡献的组织和个人,按照国家有关规定予以表彰、奖励。

第二章　非物质文化遗产的调查

第十一条　县级以上人民政府根据非物质文化遗产保护、保存工作需要,组织非物质文化遗产调查。非物质文化遗产调查由文化主管部门负责进行。

县级以上人民政府其他有关部门可以对其工作领域内的非物质文化遗产进行调查。

第十二条　文化主管部门和其他有关部门进行非物质文化遗产调查,应当对非物质文化遗产予以认定、记录、建档,建立健全调查信息共享机制。

文化主管部门和其他有关部门进行非物质文化遗产调查,应当收集属于非物质文化遗产组成部分的代表性实物,整理调查工作中取得的资料,并妥善保存,防止损毁、流失。其他有关部门取得的实物图片、资料复制件,应当汇交给同级文化主管部门。

第十三条　文化主管部门应当全面了解非物质文化遗产有关情况,建立非物质文化遗产档案及相关数据库。除依法应当保密的外,非物质文化遗产档案及相关数据信息应当公开,便于公众查阅。

第十四条　公民、法人和其他组织可以依法进行非物质文化遗产调查。

第十五条　境外组织或者个人在中华人民共和国境内进行非物质文化遗产调查,应当报经省、自治区、直辖市人民政府文化主管部门批准;调查在两个以上省、自治区、直辖市行政区域进行的,应当报经国务院文化主管部门批准;调查结束后,应当向批准调查的文化主管部门提交调查报告和调查中取得的实物图片、资料复制件。

境外组织在中华人民共和国境内进行非物质文化遗产调查,应当与境内非物质文化遗产学术研究机构合作进行。

第十六条 进行非物质文化遗产调查,应当征得调查对象的同意,尊重其风俗习惯,不得损害其合法权益。

第十七条 对通过调查或者其他途径发现的濒临消失的非物质文化遗产项目,县级人民政府文化主管部门应当立即予以记录并收集有关实物,或者采取其他抢救性保存措施;对需要传承的,应当采取有效措施支持传承。

第三章 非物质文化遗产代表性项目名录

第十八条 国务院建立国家级非物质文化遗产代表性项目名录,将体现中华民族优秀传统文化,具有重大历史、文学、艺术、科学价值的非物质文化遗产项目列入名录予以保护。

省、自治区、直辖市人民政府建立地方非物质文化遗产代表性项目名录,将本行政区域内体现中华民族优秀传统文化,具有历史、文学、艺术、科学价值的非物质文化遗产项目列入名录予以保护。

第十九条 省、自治区、直辖市人民政府可以从本省、自治区、直辖市非物质文化遗产代表性项目名录中向国务院文化主管部门推荐列入国家级非物质文化遗产代表性项目名录的项目。推荐时应当提交下列材料:

(一)项目介绍,包括项目的名称、历史、现状和价值;

(二)传承情况介绍,包括传承范围、传承谱系、传承人的技艺水平、传承活动的社会影响;

(三)保护要求,包括保护应当达到的目标和应当采取的措施、步骤、管理制度;

(四)有助于说明项目的视听资料等材料。

第二十条 公民、法人和其他组织认为某项非物质文化遗产体现中华民族优秀传统文化,具有重大历史、文学、艺术、科学价值的,可以向省、自治区、直辖市人民政府或者国务院文化主管部门提出列入国家级非物质文化遗产代表性项目名录的建议。

第二十一条 相同的非物质文化遗产项目,其形式和内涵在两个以上地区均保持完整的,可以同时列入国家级非物质文化遗产代表性项目名录。

第二十二条　国务院文化主管部门应当组织专家评审小组和专家评审委员会,对推荐或者建议列入国家级非物质文化遗产代表性项目名录的非物质文化遗产项目进行初评和审议。

初评意见应当经专家评审小组成员过半数通过。专家评审委员会对初评意见进行审议,提出审议意见。

评审工作应当遵循公开、公平、公正的原则。

第二十三条　国务院文化主管部门应当将拟列入国家级非物质文化遗产代表性项目名录的项目予以公示,征求公众意见。公示时间不得少于二十日。

第二十四条　国务院文化主管部门根据专家评审委员会的审议意见和公示结果,拟订国家级非物质文化遗产代表性项目名录,报国务院批准、公布。

第二十五条　国务院文化主管部门应当组织制定保护规划,对国家级非物质文化遗产代表性项目予以保护。

省、自治区、直辖市人民政府文化主管部门应当组织制定保护规划,对本级人民政府批准公布的地方非物质文化遗产代表性项目予以保护。

制定非物质文化遗产代表性项目保护规划,应当对濒临消失的非物质文化遗产代表性项目予以重点保护。

第二十六条　对非物质文化遗产代表性项目集中、特色鲜明、形式和内涵保持完整的特定区域,当地文化主管部门可以制定专项保护规划,报经本级人民政府批准后,实行区域性整体保护。确定对非物质文化遗产实行区域性整体保护,应当尊重当地居民的意愿,并保护属于非物质文化遗产组成部分的实物和场所,避免遭受破坏。

实行区域性整体保护涉及非物质文化遗产集中地村镇或者街区空间规划的,应当由当地城乡规划主管部门依据相关法规制定专项保护规划。

第二十七条　国务院文化主管部门和省、自治区、直辖市人民政府文化主管部门应当对非物质文化遗产代表性项目保护规划的实施情况进行监督检查;发现保护规划未能有效实施的,应当及时纠正、处理。

第四章　非物质文化遗产的传承与传播

第二十八条　国家鼓励和支持开展非物质文化遗产代表性项目的传承、传播。

第二十九条　国务院文化主管部门和省、自治区、直辖市人民政府文化主管部门对本级人民政府批准公布的非物质文化遗产代表性项目,可以认定代表性传承人。

非物质文化遗产代表性项目的代表性传承人应当符合下列条件:

(一)熟练掌握其传承的非物质文化遗产;

(二)在特定领域内具有代表性,并在一定区域内具有较大影响;

(三)积极开展传承活动。

认定非物质文化遗产代表性项目的代表性传承人,应当参照执行本法有关非物质文化遗产代表性项目评审的规定,并将所认定的代表性传承人名单予以公布。

第三十条　县级以上人民政府文化主管部门根据需要,采取下列措施,支持非物质文化遗产代表性项目的代表性传承人开展传承、传播活动:

(一)提供必要的传承场所;

(二)提供必要的经费资助其开展授徒、传艺、交流等活动;

(三)支持其参与社会公益性活动;

(四)支持其开展传承、传播活动的其他措施。

第三十一条　非物质文化遗产代表性项目的代表性传承人应当履行下列义务:

(一)开展传承活动,培养后继人才;

(二)妥善保存相关的实物、资料;

(三)配合文化主管部门和其他有关部门进行非物质文化遗产调查;

(四)参与非物质文化遗产公益性宣传。

非物质文化遗产代表性项目的代表性传承人无正当理由不履行前款规定义务的,文化主管部门可以取消其代表性传承人资格,重新认定该项目的代表性传承人;丧失传承能力的,文化主管部门可以重新认定该项目的代表性传承人。

第三十二条　县级以上人民政府应当结合实际情况,采取有效措施,组织文化主管部门和其他有关部门宣传、展示非物质文化遗产代表性项目。

第三十三条　国家鼓励开展与非物质文化遗产有关的科学技术研究和非物质文化遗产保护、保存方法研究,鼓励开展非物质文化遗产的记录和非物质文化遗产代表性项目的整理、出版等活动。

第三十四条　学校应当按照国务院教育主管部门的规定,开展相关的非物质文化遗产教育。

　　新闻媒体应当开展非物质文化遗产代表性项目的宣传，普及非物质文化遗产知识。

　　第三十五条　图书馆、文化馆、博物馆、科技馆等公共文化机构和非物质文化遗产学术研究机构、保护机构以及利用财政性资金举办的文艺表演团体、演出场所经营单位等，应当根据各自业务范围，开展非物质文化遗产的整理、研究、学术交流和非物质文化遗产代表性项目的宣传、展示。

　　第三十六条　国家鼓励和支持公民、法人和其他组织依法设立非物质文化遗产展示场所和传承场所，展示和传承非物质文化遗产代表性项目。

　　第三十七条　国家鼓励和支持发挥非物质文化遗产资源的特殊优势，在有效保护的基础上，合理利用非物质文化遗产代表性项目开发具有地方、民族特色和市场潜力的文化产品和文化服务。

　　开发利用非物质文化遗产代表性项目的，应当支持代表性传承人开展传承活动，保护属于该项目组成部分的实物和场所。

　　县级以上地方人民政府应当对合理利用非物质文化遗产代表性项目的单位予以扶持。单位合理利用非物质文化遗产代表性项目的，依法享受国家规定的税收优惠。

第五章　法律责任

　　第三十八条　文化主管部门和其他有关部门的工作人员在非物质文化遗产保护、保存工作中玩忽职守、滥用职权、徇私舞弊的，依法给予处分。

　　第三十九条　文化主管部门和其他有关部门的工作人员进行非物质文化遗产调查时侵犯调查对象风俗习惯，造成严重后果的，依法给予处分。

　　第四十条　违反本法规定，破坏属于非物质文化遗产组成部分的实物和场所的，依法承担民事责任；构成违反治安管理行为的，依法给予治安管理处罚。

　　第四十一条　境外组织违反本法第十五条规定的，由文化主管部门责令改正，给予警告，没收违法所得及调查中取得的实物、资料；情节严重的，并处十万元以上、五十万元以下的罚款。

　　境外个人违反本法第十五条第一款规定的，由文化主管部门责令改正，给予警告，没收违法所得及调查中取得的实物、资料；情节严重的，并处一万元以上、五万元以下的罚款。

　　第四十二条　违反本法规定，构成犯罪的，依法追究刑事责任。

第六章　附　则

第四十三条　建立地方非物质文化遗产代表性项目名录的办法,由省、自治区、直辖市参照本法有关规定制定。

第四十四条　使用非物质文化遗产涉及知识产权的,适用有关法律、行政法规的规定。

对传统医药、传统工艺美术等的保护,其他法律、行政法规另有规定的,依照其规定。

第四十五条　本法自 2011 年 6 月 1 日起施行。

三、湖北省非物质文化遗产条例

(2012 年 9 月 29 日湖北省第十一届人民代表大会常务委员会第三十二次会议通过)

目　　录

第一章　总则

第一条　为了继承和弘扬中华民族优秀传统文化,加强非物质文化遗产保护、保存工作,推动文化强省建设,根据《中华人民共和国非物质文化遗产法》和有关法律、行政法规的规定,结合本省实际,制定本条例。

第二条　本省行政区域内非物质文化遗产的保护、保存工作,适用本条例。

第三条　本条例所称非物质文化遗产,是指各族人民世代相传并视为其文化遗产组成部分的各种传统文化表现形式,以及与传统文化表现形式相关的实物和场所。包括：

（一）传统口头文学以及作为其载体的语言；

（二）传统美术、书法、音乐、舞蹈、戏剧、曲艺和杂技；

（三）传统技艺、医药和历法；

（四）传统礼仪、节庆等民俗；

（五）传统体育和游艺；

（六）其他非物质文化遗产。

第四条　对非物质文化遗产应当采取认定、记录、建档等措施予以保存，对体现中华民族优秀传统文化，具有历史、文学、艺术、科学价值的非物质文化遗产应当采取传承、传播等措施予以保护。

第五条　非物质文化遗产保护、保存工作应当贯彻保护为主、抢救第一、合理利用、传承发展的方针，坚持政府主导和社会参与，与建设文化强省的战略目标相适应。

第六条　县级以上人民政府应当加强对非物质文化遗产保护、保存工作的领导，制定非物质文化遗产总体保护规划，将其纳入国民经济和社会发展规划；建立完善部门联席会议制度，协调解决工作中的重大问题；健全工作机构，加强队伍建设和人才培养；实行政府目标管理责任制，加强考核和监督检查。

第七条　县级以上人民政府应当将非物质文化遗产保护、保存工作所需经费列入本级财政预算，并随着财政收入的增长而增加。

县级以上人民政府设立用于非物质文化遗产调查和代表性项目名录保护、代表性传承人补贴、文化生态保护区建设等方面的专项资金。

省、市（州）人民政府应当在项目、资金、基础设施建设等方面对少数民族地区、贫困地区非物质文化遗产保护、保存工作给予扶持。

第八条　县级以上人民政府文化主管部门负责本行政区域内非物质文化遗产的保护、保存工作。

县级以上人民政府发展和改革、财政、经济和信息、民族宗教、教育、国土资源、住房和城乡建设、卫生、体育、旅游等有关部门在各自职责范围内，负责有关非物质文化遗产的保护、保存工作。

非物质文化遗产保护、保存工作涉及两个以上县级行政区域的，由共同的上一级人民政府及其文化主管部门予以协调。

第九条　乡镇人民政府、街道办事处应当会同县级人民政府文化主管部门做好非物质文化遗产保护、保存工作。

居民委员会、村民委员会应当协助当地人民政府做好非物质文化遗产保护、保存工作。

鼓励和支持公民、法人和其他组织参与非物质文化遗产保护、保存工作。

第十条　县级以上人民政府应当加强非物质文化遗产保护工作的宣传，提高全社会保护非物质文化遗产的意识。

广播、电视、报刊、出版、网络等媒体单位应当开展非物质文化遗产代表性项目的宣传，普及非物质文化遗产知识。

第十一条　县级以上人民政府对在非物质文化遗产保护、保存工作中做出突出贡献的单位和个人，应当给予表彰和奖励。

第二章　非物质文化遗产的调查和代表性项目名录

第十二条　县级以上人民政府文化主管部门应当定期组织开展非物质文化遗产普查，全面掌握本行政区域内非物质文化遗产的种类、数量、分布、生存环境、保护现状等情况，建立档案和相关数据库。普查情况向本级人民政府和上一级人民政府文化主管部门报告。

第十三条　县级以上人民政府文化主管部门应当组织开展非物质文化遗产调查，对非物质文化遗产予以认定、记录、建档，建立健全调查信息共享机制。

县级以上人民政府其他有关部门可以对其工作领域内的非物质文化遗产进行调查。调查取得的实物图片、资料复制件，应当汇交同级文化主管部门。

公民、法人和其他组织可以依法进行非物质文化遗产调查。

第十四条　县级以上人民政府应当建立本级非物质文化遗产代表性项目名录，将体现中华民族优秀传统文化，具有一定的历史、文学、艺术、科学价值和鲜明地域或者民族特色的非物质文化遗产列入名录予以保护。

第十五条　公民、法人和其他组织可以向县级以上人民政府文化主管部门提出将非物质文化遗产列入代表性项目名录的申请或者建议。

第十六条　市(州)、县级人民政府可以从本级非物质文化遗产代表性项目名录中向上一级人民政府文化主管部门推荐列入上一级非物质文化遗产代表性项目名录的项目。

第十七条　向县级以上人民政府文化主管部门提交的申请材料或者推荐材料应当包含下列内容：

（一）项目介绍，包括项目的名称、历史、现状和价值；

（二）传承情况，包括传承范围、传承谱系、传承人的技艺水平、传承活动的社会影响；

（三）保护要求，包括项目的保护单位、保护目标和采取的措施、步骤、管理制度；

（四）有助于说明项目的视听资料等材料。

第十八条　非物质文化遗产代表性项目的认定实行专家评审制度。

评审工作应当遵循公开、公平、公正的原则。

第十九条　县级以上人民政府文化主管部门应当组织五人以上专家组成专家评审小组，对推荐、申请或者建议列入本级非物质文化遗产代表性项目名录的项目进行初评，提出初评意见。

县级以上人民政府文化主管部门应当组织七人以上专家组成专家评审委员会，对初评通过的非物质文化遗产代表性项目进行审议，提出审议意见。

初评意见、审议意见分别经专家评审小组、专家评审委员会成员过半数通过。

第二十条　县级以上人民政府文化主管部门可以建立由较高学术水平和良好职业道德的专家组成的非物质文化遗产专家库。

专家评审小组和专家评审委员会从非物质文化遗产专家库中随机选择相关领域的专家组成。未建立非物质文化遗产专家库的，从相关领域选择专家组成。

专家评审小组成员一般不得同时担任专家评审委员会成员。县级专家评审委员会组成人数不足七人的，专家评审小组成员可以参加专家评审委员会，但不得超过三人。

第二十一条　县级以上人民政府文化主管部门应当将拟列入本级非物质文化遗产代表性项目名录的项目予以公示，征求公众意见。公示期不得少于二十日。

公示期间，公民、法人和其他组织有异议的，应当书面提出。县级以上人民政府文化主管部门经过调查，认为异议不成立的，应当自收到异议之日起三十日内书面告知异议人并说明理由；认为异议成立的，应当按照规定程序重新组织评审。

第二十二条　县级以上人民政府文化主管部门根据专家评审委员会的审议意见和公示结果，拟订本级非物质文化遗产代表性项目名录，报本级人民政府批准、公布，并报上一级人民政府文化主管部门备案。

第二十三条　县级以上人民政府文化主管部门对通过调查或者其他途径发现濒临消失的非物质文化遗产,应当建立本级非物质文化遗产濒危项目目录,并将该目录报上一级人民政府文化主管部门备案。

第二十四条　县级以上人民政府文化主管部门应当制定本级非物质文化遗产代表性项目保护规划,对本级非物质文化遗产代表性项目予以保护。

制定非物质文化遗产代表性项目保护规划,应当对濒临消失的非物质文化遗产代表性项目予以重点保护。

第二十五条　县级以上人民政府及其文化主管部门应当对非物质文化遗产濒危项目及时采取下列抢救性保护、保存措施:

(一)采用文字、图片、录音、录像等方式进行记录和建档;

(二)征集相关资料和实物;

(三)保护、保存相关场所、遗迹;

(四)其他抢救性保护、保存措施。

第二十六条　县级以上人民政府应当对与非物质文化遗产代表性项目直接相关的建筑物、场所、遗迹及其附属物划定保护范围,作出标识说明,建立专门档案。

标识说明包括非物质文化遗产代表性项目的名称、级别、简介等内容。

第二十七条　县级以上人民政府及其文化主管部门应当对非物质文化遗产代表性项目保护规划的实施和濒危项目保护情况进行监督检查,对监督检查中发现的问题,应当及时纠正、处理。

第三章　非物质文化遗产的传承与传播

第二十八条　鼓励和支持开展非物质文化遗产代表性项目的传承、传播。

第二十九条　县级以上人民政府文化主管部门对本级人民政府批准公布的非物质文化遗产代表性项目,可以认定代表性传承人和保护单位。

第三十条　认定非物质文化遗产代表性项目的代表性传承人和保护单位,应当参照本条例有关非物质文化遗产代表性项目评审的规定,并将所认定的代表性传承人名单和保护单位予以公布。

市(州)、县级非物质文化遗产代表性项目的代表性传承人和保护单位名单应当报上一级人民政府文化主管部门备案。

第三十一条　非物质文化遗产代表性项目的代表性传承人应当符合下列条件:

（一）熟练掌握其传承的非物质文化遗产；

（二）在特定领域内具有代表性，并在一定区域内具有较大影响；

（三）积极开展传承活动，培养后继人才。

第三十二条　非物质文化遗产代表性项目的代表性传承人享有下列权利：

（一）开展传艺、技艺展示、艺术创作、讲学及学术研究等活动；

（二）按照有关规定享受传承补贴；

（三）开展传承活动有困难的，可以向同级人民政府文化主管部门申请扶持；

（四）其他与非物质文化遗产保护、保存相关的权利。

第三十三条　非物质文化遗产代表性项目的代表性传承人应当履行下列义务：

（一）采取收徒、培训、办学等方式传授技艺，培养新传承人；

（二）妥善整理、保存相关的实物、资料；

（三）配合有关部门进行非物质文化遗产调查；

（四）参与非物质文化遗产公益性宣传。

第三十四条　非物质文化遗产代表性项目的保护单位应当具备下列基本条件：

（一）有该项目代表性传承人或者相对完整的资料；

（二）有实施该项目保护计划的能力；

（三）有开展传承、展示活动的场所和条件。

第三十五条　非物质文化遗产代表性项目的保护单位应当履行下列职责：

（一）全面收集该项目的实物、资料，并登记、整理、建档，妥善保存；

（二）为该项目的传承及相关活动提供必要条件；

（三）有效保护该项目相关的场所；

（四）积极开展该项目的展示活动；

（五）向当地人民政府文化主管部门报告项目保护实施情况，并接受监督。

第三十六条　县级以上人民政府应当采取下列措施，鼓励、支持和保护非物质文化遗产代表性项目的代表性传承人开展传承与传播活动：

（一）提供必要的传承场所；

（二）资助其开展授徒、传艺、交流和传统节庆表演等活动，以及整理、出版有关技艺资料；

（三）对高龄或者经济困难的代表性传承人，发放生活补贴；

（四）支持其参与社会公益性活动；

（五）支持其开展传承、传播活动的其他措施。

教育、人力资源和社会保障等部门可以采取助学、奖学或者职业培训补贴等方式，资助代表性传承人的学徒学习技艺。

第三十七条　县级以上人民政府文化主管部门应当定期对非物质文化遗产代表性项目的代表性传承人和保护单位进行考评。

非物质文化遗产代表性项目的代表性传承人无正当理由不履行规定义务的，认定该项目代表性传承人的县级以上人民政府文化主管部门可以取消其代表性传承人资格，重新认定该项目的代表性传承人；丧失传承能力的，可以重新认定该项目的代表性传承人。

非物质文化遗产代表性项目的保护单位无正当理由不履行规定职责的，认定该项目保护单位的县级以上人民政府文化主管部门可以取消其保护单位资格，重新认定该项目的保护单位。

第三十八条　文化馆（群艺馆）、图书馆、艺术馆、博物馆、纪念馆、科技馆等公共文化机构，非物质文化遗产学术研究机构和保护工作机构，以及利用财政性资金举办的文艺表演团体、演出场所经营单位等，应当根据各自业务范围，开展非物质文化遗产的整理、研究、学术交流和非物质文化遗产代表性项目的传播活动。

第三十九条　县级以上人民政府应当根据需要建设非物质文化遗产专项公共文化设施，用于非物质文化遗产代表性项目的收藏、展示和传承。

鼓励和支持公民、法人和其他组织依法设立非物质文化遗产展示场所和传承场所，展示和传承非物质文化遗产代表性项目。

鼓励公民、法人和其他组织将其所有的非物质文化遗产实物和资料捐赠或者委托给政府设立的公共文化机构收藏、保管、展出。

第四十条　教育主管部门和中小学校应当将具有本地特色的非物质文化遗产知识编入地方教材，纳入素质教育内容，开展相关教育活动，提高青少年保护和传承非物质文化遗产的意识。

第四章　非物质文化遗产的合理利用与发展

第四十一条　鼓励和支持在有效保护的基础上，合理利用非物质文化遗产代表性项目,开发具有鲜明地域、民族特色和市场潜力的文化产品和文化服务。

第四十二条　县级以上人民政府对适合生产性保护的非物质文化遗产代表性项目,鼓励采取与经贸、旅游相结合的方式进行保护、传承。

县级以上人民政府应当合理规划布局,加强引导扶持,建设非物质文化遗产代表性项目生产性保护示范中心、示范基地或者示范园区,发挥示范带动作用,促进非物质文化遗产的物质化、市场化、社会化。

第四十三条　县级以上人民政府对合理利用非物质文化遗产代表性项目的单位和个人,应当在资金、场所、宣传推介、产品销售等方面予以扶持和帮助。

单位和个人合理利用非物质文化遗产代表性项目的,依法享受国家规定的税收优惠。

第四十四条　县级以上人民政府应当采取限量开采、提高利用率等措施,保护与非物质文化遗产项目密切相关的动物、植物和珍稀矿产等天然原材料,严禁非法获取或者盗卖。

第四十五条　对非物质文化遗产代表性项目数量集中、特色鲜明,形式和内涵保持完整的村镇、街区或者特定区域,可以依法设立文化生态保护区,实行区域性整体保护。

第四十六条　设立文化生态保护区的,由县级以上人民政府文化主管部门会同城乡规划主管部门编制专项保护规划,听取文化生态保护区内居民的意见,报同级人民政府批准公布。

文化生态保护区跨两个以上县级行政区域的,由共同的上一级人民政府批准公布。

第四十七条　县级以上人民政府应当加强对文化生态保护区的保护和建设,在政策优惠、资金投入、基础设施建设等方面予以倾斜。

第四十八条　鼓励和支持依法开展非物质文化遗产代表性项目国内外的合作与交流,提高非物质文化遗产的影响力,弘扬中华民族优秀传统文化。

第四十九条　鼓励和支持公民、法人和其他组织参与非物质文化遗产的科学技术研究和非物质文化遗产保护、保存方法的研究。

鼓励和支持职业学校、高等院校、科研机构设置非物质文化遗产相关专业和课程,或者建立教学、研究基地,开展非物质文化遗产科学研究,培养专业人才。

第五十条 鼓励和支持以弘扬优秀非物质文化遗产为目的的文学艺术创作，有计划、有重点地开展优秀非物质文化遗产原始文献、典籍、资料的整理、翻译、出版和研究工作。

第五十一条 利用非物质文化遗产代表性项目进行艺术创作、出版、产品开发、旅游活动等，应当尊重其原真形式和文化内涵，不得歪曲、贬损、滥用和过度开发。

第五章 法律责任

第五十二条 违反本条例规定，法律、行政法规有处罚规定的，从其规定。

第五十三条 违反本条例规定，在申报非物质文化遗产代表性项目和保护单位、代表性传承人的过程中弄虚作假的，由县级以上人民政府文化主管部门给予警告；已认定为非物质文化遗产代表性项目和保护单位或者代表性传承人的，予以撤销，责令返还保护经费和传承补贴，并处以一千元以上一万元以下罚款，有违法所得的，没收违法所得。

第五十四条 违反本条例规定，非物质文化遗产代表性项目保护单位不履行职责，造成非物质文化遗产实物、资料流失或者场所损毁的，由县级以上人民政府文化主管部门处五千元以上三万元以下罚款。

第五十五条 县级以上人民政府、有关主管部门和非物质文化遗产保护工作机构的工作人员，违反本条例规定，有下列行为之一的，由主管部门或者监察机关依法给予处分；构成犯罪的，依法追究刑事责任：

（一）不履行保护管理职责的；

（二）在非物质文化遗产代表性项目和保护单位、代表性传承人评审认定过程中弄虚作假、徇私舞弊的；

（三）不采取有效保护措施，造成濒危非物质文化遗产失传的；

（四）贪污、挪用非物质文化遗产保护、保存经费的；

（五）其他玩忽职守、滥用职权、徇私舞弊行为的。

第六章 附则

第五十六条 本条例自 2012 年 12 月 1 日起施行。

四、宜昌市非物质文化遗产保护办法

第一条　为加强非物质文化遗产保护,继承和弘扬优秀传统文化,根据国家有关规定,结合本市实际,制定本办法。

第二条　本办法适用于本市行政区域内非物质文化遗产的保护工作。

非物质文化遗产资料、实物、场所等已被确定为文物或者文物保护单位的,依照有关文物保护法律、法规的规定进行保护。

第三条　本办法所称非物质文化遗产,是指各种以非物质形态存在的与群众生活密切相关、世代相承的传统文化表现形式。

非物质文化遗产主要包括:

(一)传统的口述文学和语言文字;

(二)传统的戏剧、曲艺、音乐、舞蹈、美术、杂技等表演艺术;

(三)民俗活动、礼仪、节庆等传统活动;

(四)传统手工艺技能;

(五)与上述传统文化表现形式相关的代表性原始资料、实物和场所;

(六)需要保护的其他形式的非物质文化遗产。

第四条　非物质文化遗产保护贯彻"保护为主、抢救第一、合理利用、传承发展"的方针。

第五条　本市各级人民政府应当将非物质文化遗产保护工作纳入国民经济和社会发展规划以及城乡规划,将文化遗产保护经费列入同级财政预算,保障非物质文化遗产保护工作与经济建设和社会进步协调发展。

第六条　本市及各县市区文化行政主管部门负责本区域内非物质文化遗产的保护工作。

发展改革、规划、财政、民族宗教、教育、旅游、新闻出版等部门应当依照各自的职责,协同做好非物质文化遗产保护工作。

第七条　各级文化行政主管部门应当会同有关部门,根据国家、省非物质文化遗产保护事业的发展规划和本地的历史情况、文化资源条件及自然环境等相关因素,制定本区域内非物质文化遗产保护规划,报同级人民政府批准后组织实施。

第八条　各级文化行政主管部门应当会同有关部门,开展本区域内非物质文化遗产的普查、收集、整理出版等工作,建立非物质文化遗产保护档案和数据库,对非物质文化遗产进行真实、系统和全面的记录。

第九条 各级文化馆、艺术馆、博物馆、图书馆等公共文化机构,应当积极开展对本区域内非物质文化遗产的挖掘、收集、整理、研究、展示和交流。

鼓励公民、法人或其他组织开展对非物质文化的研究和交流。

第十条 对濒危的、有重要价值的非物质文化遗产,各级文化行政主管部门应当会同有关部门及时组织抢救。

第十一条 各级文化行政主管部门可以征集公民、法人或其他组织收藏的非物质文化遗产资料、实物,并妥善保管。征集应以自愿为原则,合理作价补偿,并发给证书。

鼓励拥有非物质文化遗产资料、实物的公民、法人或其他组织将资料、实物捐赠给公益性收藏机构。收藏机构应当发给证书,并可以酌情给予适当的奖励。

第十二条 本市及各县市区人民政府应当建立非物质文化遗产名录体系。

对符合一定标准的非物质文化遗产项目,经单位或个人申报、同级文化行政主管部门组织专家评审并报同级人民政府批准后,列入市、县级非物质文化遗产名录并定期公布。

列入市、县级非物质文化遗产名录项目的评审标准及申报、评审办法,由同级文化行政主管部门拟定,报同级人民政府批准后执行。

市、县级非物质文化遗产名录中的项目符合国家、省级非物质文化遗产名录申报条件的,各级文化行政主管部门应当积极组织申报。

第十三条 对列入市、县级非物质文化遗产名录的项目,各级文化行政主管部门应当明确保护单位及其责任,进行有效保护。

非物质文化遗产项目保护单位应当建立健全保护制度,落实保护责任,妥善保管实物资料,防止毁损、流失。

第十四条 对列入市、县级名录的非物质文化遗产项目,本市及各县市区人民政府可以采取命名、表彰奖励、资助扶持等方式,鼓励传承人或传承单位进行传承活动。

第十五条 对列入市、县级名录的非物质文化遗产项目传承人或传承单位的命名,由单位或个人提出申请,该项目保护单位推荐,经各级文化行政主管部门组织专家评审后批准。

第十六条 符合下列条件之一的个人,可以申请命名为非物质文化遗产项目传承人：

（一）在一定区域内群众公认、通晓某项非物质文化遗产的内涵、表现形式、组织规程的；

（二）熟练掌握某项非物质文化遗产表现形式的技艺，在当地有较大影响或者被公认为技艺精湛的；

（三）保存某项非物质文化遗产原始文献、资料、实物，且有一定研究成果的。

第十七条　符合下列条件之一的单位，可以申请命名为非物质文化遗产传承单位：

（一）从事非物质文化遗产研究，挖掘、发展非物质文化遗产内容和表现形式取得显著成绩的；

（二）以弘扬本区域内非物质文化遗产为宗旨，开展相关活动，传播非物质文化遗产取得显著成绩的；

（三）保存一定数量的非物质文化遗产表现形式的相关资料或实物的。

第十八条　非物质文化遗产传承人、传承单位享有下列权利：

（一）在其作品及宣传材料等载体上使用传承人或传承单位统一标识；

（二）开展传艺、讲学及艺术创作、学术研究等活动；

（三）依照约定有偿提供其掌握的知识、技艺及有关的资料、实物、场所；

（四）经济困难的传承人或传承单位，可以按照有关政策规定获得资助或补贴。

第十九条　非物质文化遗产传承人、传承单位应当履行下列义务：

（一）妥善保存有关的资料、实物、场所；

（二）按照师承形式或其他方式选择、培养新的传承人；

（三）依法进行展示、教育、研讨、交流等传播活动。

第二十条　各级文化行政主管部门应当为非物质文化遗产传承人、传承单位建立档案，鼓励、支持其依法开展传承活动。

第二十一条　各级教育行政主管部门和各级各类学校应当逐步将优秀的非物质文化遗产内容编入地方教材或地方课程，聘请非物质文化遗产传承人为兼职教师，开展教学活动。

新闻出版、广播电视等有关单位应当积极做好非物质文化遗产的展示和传播，普及保护知识，提高全社会非物质文化遗产保护意识。

第二十二条　鼓励通过发展旅游、组织文学艺术创作等方式，开发和合理利用非物质文化遗产资源,大力发展文化产业。

第二十三条 收集、整理、出版非物质文化遗产资料,利用非物质文化遗产发展文化产业,应当尊重本地方的风俗习惯,保持其原有的内涵和风貌。

利用非物质文化遗产开展活动,必须遵守法律、法规规定,维护民族团结,不得扰乱公共秩序、危害公共利益、侵犯公民合法权益和损害公民身心健康。

第二十四条 本市各级人民政府对在非物质文化遗产保护工作中做出显著成绩的单位和个人予以表彰和奖励。

第二十五条 各级文化行政主管部门及有关单位工作人员因玩忽职守,致使非物质文化遗产珍贵资料和实物遭受破坏、被盗或遗失的,由有关行政主管部门视其情节轻重给予行政处分;构成犯罪的,提请司法机关依法追究刑事责任。

第二十六条 本办法自 2009 年 5 月 1 日起施行,有效期至 2013 年 12 月 31 日止。

五、长阳土家族自治县民族民间传统文化保护条例

第一条 为了保护、继承和弘扬民族民间传统文化,促进自治县经济和社会发展,根据国家宪法和有关法律、法规的规定,结合自治县实际,制定本条例。

第二条 本条例所称的民族民间传统文化包括:

(一)民间故事、歌谣、谚语、谜语等口述文学;

(二)长阳南曲、山歌、薅草锣鼓、吹打乐等传统音乐;

(三)撒叶儿嗬、花鼓子等传统舞蹈;

(四)渔猎、农耕、婚嫁、丧葬等生产、生活中的传统习俗和礼仪;

(五)节庆、游艺、体育等传统活动;

(六)西兰卡普、刺绣、雕刻等传统工艺和制作技艺;

(七)白虎神、向王天子、自然崇拜等民族信仰;

(八)与上述传统文化表现形式相关的代表性原始资料、实物、场所;

(九)需要保护的其他形式的民族民间传统文化。

民族民间传统文化资料、实物、场所等已被确定为文物或者文物保护单位的,依照有关文物保护法律、法规的规定进行保护。

第三条 在自治县境内的公民,法人和其他组织,应当遵守本条例。

第四条　自治县民族民间传统文化保护工作,实行保护为主、抢救第一、合理利用、传承发展的指导方针,确保民族民间传统文化保护的真实性和整体性,防止对民族民间传统文化的误解、歪曲或者滥用,使民族民间传统文化得到确认、尊重或弘扬。

第五条　自治县人民政府领导本行政区域内的民族民间传统文化保护工作,并将其纳入国民经济和社会发展计划,鼓励和支持开展健康有益的民族民间传统文化活动,积极争取国家对民族民间传统文化保护工作的扶持和帮助,依法享受国家关于加强民族自治地方文化事业发展的政策待遇。

第六条　自治县文化行政主管部门负责本行政区域内民族民间传统文化的保护工作;其他有关部门应当根据各自的职责,配合文化行政主管部门共同做好民族民间传统文化保护工作。

第七条　自治县建立县、乡(镇)、村三级民族民间传统文化保护网络。

自治县成立民族民间传统文化保护委员会,研究、协调民族民间传统文化保护工作。乡(镇)成立民族民间传统文化保护小组,具体实施民族民间传统文化的保护工作。对传统文化生态保持较完整,具有特殊价值的村寨或者民居,可以设立保护小组。

第八条　自治县人民政府设立民族民间传统文化保护专项资金,实行专款专用,接受审计监督。具体管理办法由自治县人民政府制定。

鼓励国内外机构、个人捐赠财物,用于自治县民族民间传统文化保护工作。

第九条　自治县人民政府鼓励拥有民族民间传统文化资料、实物的公民、法人和其他组织将资料、实物捐赠给自治县公益性收藏机构:收藏机构应当根据具体情况给予奖励,并发给证书。

自治县文化行政主管部门征集公民、法人和其他组织收藏的民族民间传统文化资料或实物时,应当以自愿为原则,合理作价,并发给证书。

第十条　自治县文化行政主管部门应当会同民族事务部门组织开展对本行政区域内民族民间传统文化的普查、收集、整理、出版、研究等工作,建立民族民间传统文化保护档案和数据库,对民族民间传统文化进行真实、全面和系统的记录。

第十一条　自治县鼓励各类文化单位、研究机构、学术团体、院校及专家学者,从事民族民间传统文化的考察、发掘、整理、传承、研究工作,鼓励公民、法人和其他组织开展民族民间传统文化的交流与合作,提倡资源共享。

公民、法人和其他组织投入经费用于民族民间传统文化的保护、研究、整理和出版，依照国家规定享受有关税收优惠政策待遇。

第十二条 对于濒危的、有重要价值的民族民间传统文化，自治县文化行政主管部门应当会同有关部门及时组织抢救。

第十三条 自治县成立由文化行政主管部门有关负责同志和相关领域专家组成的民族民间传统文化评审鉴定委员会（以下简称评审鉴定委员会），承担民族民间传统文化代表作、传承人、传承单位和传统文化生态保护区的评审、鉴定和专业咨询工作。

自治县文化行政主管部门根据自治县民族民间文化保护的实际情况，制定《长阳土家族自治县民族民间传统文化代表作申报评审办法》、《长阳土家族自治县民族民间传统文化传承人（单位）命名办法》、《长阳土家族自治县民族民间传统文化生态保护区划定办法》，报自治县人民政府批准后施行。

第十四条 对自治县行政区域内的民族民间传统文化项目，各单位或者公民认为符合民族民间传统文化代表作申报条件的，可以向自治县文化行政主管部门推荐或者提出要求保护的申请，经评审鉴定委员会评审认定后，由自治县人民政府公布，列入保护范围。

对符合市、省或者国家非物质文化遗产代表作申报条件的民族民间传统文化项目，自治县文化行政主管部门应当积极组织申报。

第十五条 被列入自治县民族民间传统文化代表作名录的项目，其所在乡（镇）、村或者单位，必须履行其保护计划中的各项承诺，并按年度向自治县民族民间传统文化保护委员会递交实施情况报告。

第十六条 符合下列条件之一的公民，可以申报或者被推荐为自治县民族民间传统文化传承人：

（一）本地方群众公认的、通晓某一种或多种民族民间传统文化活动内涵、形式、流程、规则的；

（二）熟练掌握某种或者多种民族民间传统技艺，在当地有影响或者被公认的；

（三）掌握和保存重要的民族民间传统文化原始文献和其他实物、资料的。

第十七条 符合下列条件之一的团体，可以申报或者被推荐为自治县民族民间传统文化传承单位：

（一）以弘扬本行政区域内民族民间传统文化为宗旨，开展相关活动，挖掘、发展民族民间传统文化内容和表现形式有独特之处的；

（二）掌握某种民族民间传统文化表现形式的技艺或者开展相关研究、传播民族民间传统文化取得显著成绩的；

（三）保存一定数量的民族民间传统文化表现形式的相关资料或者实物的。

第十八条　符合下列条件之一的村寨，可以申报为自治县民族民间传统文化生态保护区：

（一）居住相对集中，生产、生活习俗特点突出，保持较好的；

（二）建筑风格独特，并具有一定规模的。

划定民族民间传统文化生态保护区，应当尊重当地公民意愿，由所在乡（镇）人民政府申报，经自治县文化行政主管部门组织评审鉴定委员会评审认定后，报自治县人民政府批准并公布。

第十九条　自治县人民政府每三年公布一次民族民间传统文化代表作名录，并对民族民间传统文化传承人和传承单位进行命名。

自治县民族民间传统文化传承人、传承单位、生态保护区丧失命名条件的，由自治县人民政府撤销其命名。

第二十条　自治县文化行政主管部门应当为自治县命名的民族民间传统文化传承人、传承单位建立档案，鼓励、支持和帮助其依法开展传承活动。

民族民间传统文化传承人可以按照师承形式选择、培养新的传承人。对经济困难的高龄传承人，自治县人民政府应当按照有关政策规定予以救助或者补贴。

第二十一条　民族民间传统文化传承人、传承单位向有关单位或者个人提供民族民间传统文化资料，传承人、传承单位依照约定获得报酬。

第二十二条　自治县人民政府应当重视和发挥文化馆、博物馆、图书馆等公共文化机构，在征集、收藏、研究和展示地方民族民间传统文化中的作用。

新闻出版、广播电视、网站等公共传媒应当积极做好民族民间传统文化的展示和传播工作，提高全社会自觉保护民族民间传统文化的意识。

教育行政主管部门和各级各类学校应当逐步将优秀的、体现民族精神和民间特色的民族民间传统文化内容编入地方教材或者地方课程，聘请民族民间传统文化传承人为兼职教师，开展教学活动。

第二十三条　自治县人民政府应当加强对民族民间传统文化专门人才的培养，有计划地选送人才到高等院校深造。

第二十四条　自治县人民政府鼓励开发创新、合理利用民族民间传统文

化资源,大力发展文化产业:

(一)开发、生产有民族特色的传统工艺品、服饰、器皿等旅游商品;

(二)挖掘、整理具有民族和地方特色的民俗表演项目,增强其艺术性和观赏性;

(三)鼓励以弘扬优秀民族民间传统文化为目的的文学艺术和影视创作活动;

(四)建立和恢复集中反映民族民间传统文化的设施;

(五)建立自治县民族民间传统文化网站,扩大对外宣传;

(六)有重点地对外开放具有民族民间传统文化特色的民居、场所等。

第二十五条 民族民间传统文化工艺美术品的经营按照国家有关规定执行。禁止经营被列入民族民间传统文化代表作名录的原始资料。

第二十六条 整理、出版民族民间传统文化资料,利用民族民间传统文化发展文化产业,应当尊重本地方的民族风俗习惯,保持其原有内涵和风貌。

利用民族民间传统文化开展活动,必须遵守国家法律、法规的规定,维护民族团结,不得扰乱公共秩序、危害公共利益、侵犯公民的合法权益和损害公民身心健康。

第二十七条 自治县人民政府对在民族民间传统文化保护工作中做出显著成绩的公民、法人和其他组织予以表彰和奖励。

第二十八条 违反本条例第二十五条规定的,由自治县文化行政主管部门会同工商行政管理部门,没收实物和违法所得,并处违法所得一倍以上、三倍以下的罚款。

第二十九条 违反本条例第二十六条第二款规定的,由文化行政主管部门给予批评教育;违反治安管理规定的,由公安机关给予治安处罚;构成犯罪的,由司法机关依法追究其刑事责任。

第三十条 在进行民族民间传统文化考察、收集、采访、整理、研究、出版等过程中,违反民族政策,歪曲民族民间传统文化原意,伤害民族感情或者损害民族利益的,由有关行政主管部门给予行政处分或者行政处罚;构成犯罪的,由司法机关依法追究其刑事责任。

第三十一条 自治县文化行政主管部门、相关部门及其工作人员,由于玩忽职守、保护不力致使纳入保护范围的民族民间传统文化珍贵资料和实物遭受损坏、被窃或者遗失的,视其情节轻重,由有关行政主管部门对其主要负责人和直接责任人给予行政处分;构成犯罪的,由司法机关依法追究其刑事责任。

第三十二条　本条例自 2006 年 6 月 10 日起施行。

六、长阳土家族自治县民族民间传统文化项目代表性传承人认定与管理办法

第一条　为有效保护和传承民族民间传统文化，鼓励和支持民族民间传统文化传承人开展传习活动，根据《中华人民共和国非物质文化遗产法》、文化部《国家级非物质文化遗产项目代表性传承人认定与管理暂行办法》和《长阳土家族自治县民族民间传统文化保护条例》的有关规定，制定本办法。

第二条　本办法所称的"民族民间传统文化项目代表性传承人"是指县委、县人民政府认定并命名表彰，具有公认的代表性、权威性与影响力的传承人。

第三条　"民族民间传统文化项目代表性传承人"的认定，坚持公开、公平、公正的原则，严格履行申报、评审、公示、审批等程序。

第四条　符合下列条件的公民可以申请或者被推荐为民族民间传统文化项目代表性传承人：

（一）本地方群众公认的、通晓某一种或多种民族民间传统文化活动内涵、形式、流程、规则的；

（二）熟练掌握某种或多种民族民间传统文化技艺，在当地有影响或者被公认的；

（三）掌握和保存重要的民族民间传统文化原始文献和其他实物、资料的；

（四）努力培养民间艺术后继人才，积极参加文化部门组织的各类民间艺术活动的。

从事民族民间传统文化资料收集、整理和研究的专业人员，不得认定为民族民间传统文化项目代表性传承人。

第五条　民族民间传统文化项目代表性传承人的认定，由个人向乡（镇）综合文化站申请，并提供以下材料：

（一）申请人基本情况，包括年龄、性别、民族、文化程度、职业、工作单位等；

（二）本人学习、实践经历和传承谱系；

（三）本人的技艺特点、成就及相关的证明材料；

（四）本人持有民族民间传统文化的相关实物、资料的情况；

（五）其他有助于说明申请人代表性的材料。

乡（镇）文化站对申请人提供的材料进行审核，提出推荐名单报乡（镇）政府签署意见后，报送县民族民间传统文化保护中心。

第六条　县民族民间传统文化保护中心对申请人的申请表及相关证明材料进行审核后，由县民族民间传统文化评审鉴定委员会进行审核评议，提出民族民间传统文化项目代表性传承人推荐名单。

第七条　县文化行政主管部门对推荐名单向社会公示，公示期15天。

第八条　县文化行政主管部门根据公示结果，将确认的名单报送县人民政府审批，并予以公布。

第九条　县民族民间传统文化保护中心应采用文字、图片、录音、录像的方式，全面记录民族民间传统文化项目代表性传承人掌握的民族民间传统文化表现形式、特点和知识等，征集并保管传承人的代表作品，建立传承人档案。

第十条　县文化行政主管部门应对开展传习活动的民族民间传统文化项目代表性传承人予以支持，如资助有关技艺资料的整理、出版，提供展示、宣传及其他有利于传承的帮助。

第十一条　民族民间传统文化项目代表性传承人应承担的义务：

（一）在不违反国家有关法律法规的前提下，向县民族民间传统文化保护中心提供完整的传统文化项目操作程序、技术规范、原材料要求、技艺等；

（二）制定传统文化项目传承计划，报县民族民间传统文化保护中心备案；

（三）采取收徒、办学等方式，开展传承工作，无保留地传授技艺、培养后继人才；

（四）积极参与各级政府部门组织的展览、演示、研讨、交流等活动；

（五）每年应向县民族民间传统文化保护中心汇报项目传承情况。

第十二条　县文化、教育、民族宗教部门应当对做出突出贡献的民族民间传统文化传承人，给予表彰和奖励。

第十三条　县民族民间传统文化代表性传承人无正当理由不履行传承义务，或歪曲、滥用传统文化的，经文化行政部门核实后，报县人民政府批准，取消其优秀传承人资格。

第十四条　县人民政府设立高龄民间艺人生活困难补贴专项经费，由县文化行政主管部门管理并发放。

第十五条　县民族民间传统文化保护中心负责高龄民间艺人生活困难补

贴申报工作的具体事项。

第十六条　男年满 65 周岁、女年满 60 周岁的县级以上非物质文化遗产项目代表性传承人,可申报高龄民间艺人生活困难补贴。

第十七条　高龄民间艺人生活困难补贴实行一年一申报。已享受各级政府颁发的传承补贴的艺人不得申报高龄民间艺人生活困难补贴。

第十八条　由本人填写《长阳土家族自治县高龄民间艺人生活困难补贴表》,并由村、乡(镇)综合文化站、乡(镇)政府签署意见,报送县民族民间传统文化保护中心。

第十九条　县民族民间传统文化保护中心对申报材料进行资格审核后,提出名单和意见呈报县文化行政主管部门审核、公示和批准。

第二十条　本《办法》由县民族民间传统文化保护委员会办公室负责解释。

第二十一条　本《办法》自 2012 年 12 月 1 日起执行,有效期五年。

后　　记

　　本书是三峡大学宜昌市社会管理法治化协同创新中心的课题成果之一。课题组由三峡大学法学院朱祥贵教授、余澜教授、黄利红副教授、陈秀平副教授、李金玉（研究生）、周宇文（研究生）和长阳县非物质文化遗产保护中心张颖辉、戴曾群组成。感谢三峡大学宜昌市社会管理法治化协同创新中心的资助出版，感谢长阳县委和县政府及各个职能部门的大力支持，感谢长阳县榔坪镇中学黄传峰校长提供的"民族民间文化进校园"的资料，感谢长阳县政府法制办李世荣、统计局覃远洲、旅游局钟庆华等同志提供的资料。本书希望为少数民族非物质文化遗产保护和研究提供一定参考，不足之处，欢迎批评指正。

图书在版编目(CIP)数据

非物质文化遗产保护模式创新实证研究:以宜昌长阳土家族自治县为例/朱祥贵等著. —厦门:厦门大学出版社,2014.4
(三峡大学宜昌市社会管理法治化研究丛书)
ISBN 978-7-5615-5011-3

Ⅰ.①非…　Ⅱ.①朱…　Ⅲ.①文化遗产-保护-研究-长阳土家族自治县
Ⅳ.①K296.34

中国版本图书馆 CIP 数据核字(2014)第 052378 号

厦门大学出版社出版发行

(地址:厦门市软件园二期望海路 39 号　邮编:361008)

http://www.xmupress.com

xmup @ xmupress.com

沙县方圆印刷有限公司印刷

2014 年 4 月第 1 版　2014 年 4 月第 1 次印刷

开本:720×970　1/16　印张:17.5　插页:2

字数:296 千字　印数:1～1 000 册

定价:43.00 元

本书如有印装质量问题请直接寄承印厂调换